LO MEJOR
DE LA
VIDA SEXUAL
DE LA PAREJA

DOCTOR ANTHONII M. LESCAULT

INSTITUTO DE LA FAMILIA

Esta edición contiene el texto integral de la edición original del
DOCTOR ANTHONII M. LESCAULT:
LO MEJOR DE
LA VIDA SEXUAL DE LA PAREJA

Publicado por el
INSTITUTO DE LA SALUD
conjuntamente con
PAN AMERICAN BOOKS, Inc.
45 Valencia
Coral Gables, Florida 33134

Copyright © 1998 by SIERRA MARKETING, INC.
ISBN 0-939193-27-2

DISTRIBUIDORES

ESTADOS UNIDOS Y AMERICA CENTRAL
Spanish Periodical & Book Sales, Inc.
Miami, Florida

MEXICO
Pernas y Cía., Editores y Distribuidores, S.A. de C.V.
México, D.F.

PUERTO RICO
Agencia de Publicaciones de Puerto Rico
San Juan, Puerto Rico

VENEZUELA
Distribuidora Continental, S.A.
Caracas, Venezuela

INTRODUCCION

En mis años de práctica profesional he podido comprobar que para cada persona, las relaciones sexuales tienen un significado diferente:

■ Para algunos –afortunadamente la mayoría, diría yo– el sexo es una especie de fuerza vital que en muchas formas diferentes influye profundamente en nuestras vidas. Estos individuos –hombres y mujeres por igual– disfrutan plenamente de los placeres que proporciona el encuentro sexual, y desarrollan al máximo su sexualidad, sin que el tema *sexo* se convierta en un trauma que de alguna forma afecte su equilibrio emocional.

■ Para otros, el sexo es una necesidad física que se manifiesta en determinadas etapas de la vida; estos individuos consideran que la edad constituye un límite natural al mismo, y que el deseo sexual disminuye con los años (como sucede con otras necesidades humanas como pueden ser comer, beber, y dormir). Probablemente influidos por una educación familiar muy estricta, o por conceptos religiosos muy conservadores, estas personas consideran que el sexo se justifica sólo para procrear... y no muchos lo disfrutan, sino que sencillamente lo aceptan.

■ Algunos ven el sexo con temor, o simplemente lo rechazan. Sienten que el placer físico que proporciona el encuentro sexual es un pecado, y se someten a represiones de todo tipo, todas motivadas por factores mentales. En estos casos, los conceptos estrictos y los traumas provocados por experiencias negativas que se puedan arrastrar desde la niñez constituyen una barrera sólida que neutraliza el instinto sexual... a veces completamente.

Quizás si no hubiéramos avanzado a esta etapa dinámica y abierta con que arribamos al tercer milenio, las personas que pertenecen al segundo y tercer grupo en la clasificación anterior no desarrollarían mayores conflictos con respecto a su sexualidad limitada o reprimida, porque en una época no tan lejana de influencia religiosa decisiva, el sexo era mal visto hasta como manifestación de amor conyugal dentro del mismo matrimonio.

Sin embargo, después de la llamada *revolución sexual* que tomó lugar a nivel mundial durante la década de los años sesenta y setenta, el sexo comenzó a ser considerado de una forma mucho más objetiva y natural, y a ser disfrutado plenamente por muchos. Pero quizás también se hayan cometido algunos excesos con esa apertura, y no se puede negar que en la actualidad el sexo se ha convertido –para muchos– en un tema obsesivo, explotado comercialmente a niveles que jamás habríamos podido imaginar hace cuarenta o cincuenta años. Es decir, después de siglos de represión sexual y de un oscurantismo total con respecto a la sexualidad humana, hemos pasado al extremo opuesto.

¿Cómo nos afecta este estado de cosas...? Profundamente, y de diferentes maneras. Ante todo, en las últimas décadas nos hemos visto inundados por un volumen de información sobre los temas sexuales y el comportamiento del ser humano en la intimidad que es realmente abrumador... sólo que una gran parte de los artículos y libros que se publican sobre el tema en realidad *desinforman* y confunden, debido a que muchos están basados en los promedios de funcionamiento sexual de individuos que son considerados como prototipos de seres humanos, pero que en realidad están lejos de tener puntos de contacto con el verdadero hombre y la verdadera mujer de hoy, sometidos a condiciones muchas veces extremas que afectan su sexualidad de muchas formas diferentes y que –por lo tanto– no pueden "funcionar" íntimamente como los modelos considerados como ejemplos en los libros.

Como consecuencia de todo ello, con frecuencia nos preguntamos si nuestro comportamiento sexual es el adecuado; es decir, si somos normales en lo que respecta a nuestra vida íntima con nuestra pareja. Y nos formulamos preguntas que no todos los especialistas son capaces de responder, los cuales muchas veces recurren a las estadísticas que se obtienen de los estudios y comparaciones que se realizan al respecto, algunas de las cuales nos hacen sentir inferiores e incapacitados en las cuestiones sexuales. No es de extrañar, pues, que en la mente de muchas personas hayan surgido en estos últimos años profundas preocupaciones que repercuten negativamente sobre su estabilidad emocional, afectando igualmente su vida íntima, y a la unión conyugal en sí.

En este libro le ofrecemos **365 PREGUNTAS Y RESPUESTAS** sobre la vida sexual de la pareja. Nuestro propósito es informar con objetividad absoluta, aclarar, y –sobre todo– destruir mitos y conceptos obsoletos sobre el instinto menos comprendido por el ser humano: el sexual.

DOCTOR ANTHONII M. LESCAULT

1

¿CUAL ES SU COEFICIENTE SEXUAL?

Si en estos momentos se considera un verdadero experto (o experta) en cuestiones sexuales, entonces no puedo menos que recomendarle que salte las páginas iniciales de este libro, porque los tres *tests* que le presentamos a continuación –en este capítulo, y en el siguiente– no son para usted. Ahora bien, si sus conocimientos son los de la persona promedio, entonces compare sus conceptos y puntos de vista sobre la sexualidad humana con las respuestas ofrecidas por los Sexólogos de mayor prestigio mundial, aquí recogidas.

Lamentablemente, existe el falso concepto –arraigado en muchos– de que "el sexo es una función instintiva" y de que "los instintos guían en los momentos más íntimos". Se trata, éste, de un concepto demasiado simplista que no está en armonía con las complejidades del mecanismo fisiológico que permite al ser humano disfrutar la actividad sexual plenamente, y mucho menos con los aspectos sicológicos que afectan de mil formas diferentes la plenitud sexual de la pareja. Pero, además, hay ilusos que consideran que han alcanzado un doctorado en Relaciones Intimas; creen conocer todo lo que hay que saber con respecto al sexo, e inclusive hacen alardes en este sentido. Sin embargo, la experiencia demuestra que estos conocimientos no siempre son sólidos. Las *lagunas sexuales* de muchos individuos son inmensas, y en otros casos, aceptan como verdaderos conceptos que son obsoletos, están tergiversados o confundidos y que –definitivamente– están afectando su vida sexual.

Hoy, los especialistas están de acuerdo al afirmar que:

■ Las parejas que logran una vida sexual más plena y satisfactoria son aquéllas en las que los dos cónyuges tienen un conocimiento más definido de cómo reaccionan sus respectivos cuerpos ante estímulos específicos, físicos y emocionales.

Para esclarecer determinados conceptos sexuales que aún permanecen oscuros para muchos hombres y mujeres, hemos preparado la siguiente prueba inicial con el propósito de medir su **coeficiente sexual**. La misma puede ser respondida individualmente, o –preferiblemente– por ambos miembros de la pareja. Compare después los resultados alcanzados con los de su cónyuge, y discuta ampliamente los puntos en los que pudiera haber surgido cualquier divergencia de opiniones. Este procedimiento le permitirá evaluar su **conocimiento sexual**; en el capítulo siguiente, dos *tests* adicionales le llevarán a identificar cuál es su **actitud hacia el sexo**, en términos generales. ¡Adelante! Sólo cuando conocemos las verdades de ese *yo interior* que nos mueve, y al que no siempre nos atrevemos a enfrentarnos, es que se hace posible evaluar de una manera objetiva nuestra sexualidad.

A continuación, las preguntas que le permitirán evaluar su *coeficiente sexual*. Marque la respuesta que considere más acertada.

TEST No. 1
(PARA AMBOS MIEMBROS DE LA PAREJA)
¿SON SOLIDOS SUS
CONOCIMIENTOS SEXUALES?

1
**¿Cuál de estas mujeres considera usted que es capaz
de lograr su clímax sexual con mayor facilidad?**

a) Aquéllas que están conformes con su propio cuerpo, a pesar de que el mismo ya no tiene la lozanía o firmeza de antes... Es decir, la edad no tiene nada que ver con la satisfacción sexual que puede experimentar una mujer.

❏ **b)** Las mujeres que están dispuestas a adoptar diferentes posiciones al hacer el amor, sin mostrar complejos de ningún tipo en los momentos más íntimos.

❏ **c)** Las que tienen la habilidad especialísima de concentrarse en cada parte de su cuerpo. Es decir, están conscientes de su sexualidad, y la disfrutan en todo momento.

✖ **d)** Las que logran una comunicación plena (emocional, además de la sexual) con su pareja.

2
La mujer alcanza su clímax sexual...

❏ **a)** Solamente mediante la estimulación del *clítoris*.

✖ **b)** En el *clítoris* y en la zona vaginal.

✖ **c)** En distintas partes del cuerpo, siempre que estén debidamente estimuladas por su compañero de intimidad.

3
¿Sabe usted dónde se encuentra el clítoris?

❏ **a)** En la parte superior de la abertura vaginal.

✖ **b)** Entre la *vagina* y el *ano*.

❏ **c)** En el interior de la *vagina*.

4
Se habla mucho del clímax femenino, y se ofrecen miles de técnicas para alcanzarlo. Pero... ¿qué es realmente el clímax para la mujer?

✖ **a)** Un grado de excitación muy intenso que únicamente se alcanza cuando los órganos sexuales de la mujer están debidamente estimulados por su compañero de sexo.

❏ **b)** Son los gemidos y la excitación sexual que alcanza la mujer al hacer el amor.

❏ **c)** Durante el amor, la mujer atraviesa diferentes etapas de satisfacción sexual, hasta llegar –en un momento dado– al máximo de las sensaciones y el placer.

5
**¿Existe alguna zona especial en el interior de la vagina
de la mujer que, al ser estimulada debidamente, produzca una
sensación de placer mucho más intensa?**

❑ **a)** Sí.

☒ **b)** No.

❑ **c)** Este es un tema muy discutido; la realidad es que aún no se ha podido comprobar la existencia de esa zona especial.

6
¿Sabe usted qué es la lubricación femenina?

☒ **a)** Una secreción que produce la *vagina* como respuesta a la excitación sexual.

❑ **b)** Son esos fluidos que aparecen en el aparato genital femenino, únicamente después de la menopausia.

❑ **c)** No, la *lubricación femenina* no existe. Hay que crearla artificialmente, y con ese fin se elaboran excelentes productos.

7
**Despúes de haber eyaculado, el hombre requiere que
transcurra un lapso de tiempo determinado antes de volver a
eyacular. ¿Sabe usted el tiempo promedio que
debe esperar un hombre (entre los 30 y 35 años de edad)
entre una eyaculación y otra?**

❑ **a)** 10 minutos.

☒ **b)** 2 horas.

❑ **c)** 24 horas.

❑ **d)** Varía según el hombre y su edad.

8
**La mujer casada que practica el auto-erotismo es,
sin lugar a dudas...**

❑ **a)** Una aberrada sexual.

❑ **b)** Una mujer absolutamente normal.

☒ **c)** Una mujer que, evidentemente, está insatisfecha en su matrimonio, y busca un escape a sus frustraciones más íntimas por medio de la masturbación.

9
¿Por qué algunos hombres se vuelven impotentes...?

❏ **a)** Por la tensión nerviosa que le crean las muchas responsabilidades en su trabajo y en la vida familiar.

❏ **b)** Debido a problemas sentimentales. Los hombres, aunque parezca lo contrario, son muy emotivos... y las emociones afectan su sexualidad.

❏ **c)** Como consecuencia de alguna enfermedad que se pueda estar padeciendo.

☒ **d)** La *impotencia sexual,* generalmente, se debe a varios factores, físicos y sicológicos.

10
Cuando al hombre se le practica la llamada "vasectomía"... ¿existe la posibilidad de que se altere en alguna forma su vida sexual?

❏ **a)** No. La *vasectomía* no afecta en forma alguna el apetito sexual del hombre.

❏ **b)** Es posible que su deseo sexual quede afectado en alguna medida, aunque no de una manera significativa.

❏ **c)** En el 80% de los casos, el hombre sí siente que su interés sexual disminuye.

11
¿Con qué frecuencia debe tener relaciones sexuales una pareja promedio?

❏ **a)** Dos veces al día.

❏ **b)** Tres veces a la semana.

❏ **c)** Una vez al mes; quizás dos.

❏ **d)** Tres o cuatro veces en el año.

☒ **e)** La realidad es que no existe una regla fija; cada pareja representa un caso diferente.

12
Cuando se extirpan los ovarios...

☐ **a)** No se afecta en forma alguna el deseo sexual o la actitud hacia el sexo (en general) de la mujer.

☐ **b)** Se afectan ambos aspectos: tanto el deseo como la actitud con respecto al sexo.

13
Si la mujer siente un dolor intenso al hacer el amor, ello se debe a problemas de origen sicológico, exclusivamente. ¡El amor es indoloro!

☑ **a)** Cierto.

☐ **b)** Falso.

14
¿Cuál es la causa de la frigidez en la mujer?

☑ **a)** Alguna dolencia que pueda estar padeciendo la mujer.

☐ **b)** La actitud de su cónyuge con respecto al sexo.

15
Si usted es hombre... ¿sería capaz de tener relaciones sexuales con una mujer mientras ésta tenga la menstruación? Y si es mujer, ¿aceptaría usted hacer el amor durante el período?

☐ **a)** Sí.

☑ **b)** No.

16
Si usted es hombre, ¿qué actitud adoptaría si su mujer le confesara que ha pensado en otro hombre mientras hace el amor con usted?

☐ **a)** Lo aceptaría. La realidad es que con el pensamiento, no se ofende. No existe lo que pudiéramos considerar como *infidelidad sicológica*.

☐ **b)** No, no lo aceptaría. Los celos que provocaría una situación de este tipo serían superiores a su objetividad.

17
Cuando la mujer está embarazada...
¿disminuyen sus deseos sexuales?

❏ **a)** Sí.
☒ **b)** No.

18
Al hacer el amor, ¿disfruta menos la mujer que está avergonzada de su cuerpo y tiene complejos en lo que respecta a su aspecto físico?

☒ **a)** Sí.
❏ **b)** No.

19
¿Es cierto que el hombre solamente disfruta dos etapas del amor: la excitación y el clímax (cuando eyacula)?

❏ **a)** Cierto.
☒ **b)** Falso.

20
Hay hombres que eyaculan prematuramente, y esto frustra mucho a las mujeres con las que hacen el amor. ¿Se puede evitar la eyaculación precoz?

☒ **a)** Sí.
❏ **b)** No.

CONSIDERE AHORA LAS RESPUESTAS A LAS PREGUNTAS ANTERIORES...

PREGUNTA 1

■ **Respuesta acertada: C**
No hay duda de que las mujeres que tienen un gran poder de concentración disfrutan más del sexo y alcanzan su clímax sexual con mayor

facilidad. Esto se debe a que disfrutan al máximo cada una de las sensaciones que van experimentando; cada zona erógena estimulada es un nuevo afrodisíaco. Podría decirse que, en la intimidad, nada las distrae. Sacan el máximo provecho erótico de cada centímetro de su cuerpo, y logran una mayor intensidad sexual en todo momento. Por supuesto, este tipo de mujer satisface plenamente a los hombres en la intimidad.

PREGUNTA 2

■ **Respuesta acertada: B**

La mujer alcanza su *clímax sexual* en el *clítoris* y en la zona de la *vagina* (*clímax clitoral* y *clímax vaginal*). Ahora bien, es importante aclarar que hay mujeres que prefieren alcanzar el *clímax* por medio de la estimulación directa del *clítoris*. También hay mujeres que a pesar de que logran el momento culminante en el acto sexual por la estimulación directa del *clítoris* o de la *vagina,* expresan que obtienen la mayor intensidad de placer cuando sienten consumado el acto sexual (en el momento de la penetración). En estos casos, no hay duda de que el *factor sicológico* de "ser poseídas" ejerce una influencia importante.

PREGUNTA 3

■ **Respuesta acertada: A**

¿Sabe usted lo que es el *clítoris?* Es un pequeño apéndice de idéntico tejido eréctil al del *pene* masculino; al igual que éste, aumenta en tamaño y circunferencia si se le estimula directamente. Cuando el hombre consume el acto sexual con la mujer en la posición superior (es decir, sobre ella) los movimientos del *pene* no alcanzan a rozar el *clítoris* y se pierde la posibilidad de que este órgano resulte estimulado en la forma debida. Pero esto es fácil de alcanzar si se adoptan otras posiciones, lo que permitirá que la mujer alcance un *clímax sexual* más rápidamente, con mayor plenitud y satisfacción... porque estará experimentando, simultáneamente, la penetración y la estimulación de su *clítoris*.

PREGUNTA 4

■ **Respuesta acertada: C**

Efectivamente, hay una preparación progresiva para alcanzar el *clímax sexual*. Es imprescindible una fase inicial (los llamados *juegos preli-*

minares) que viene a ser como la llama que activa el proceso de la excitación. Y poco a poco el nivel de esa excitación se va haciendo mayor en la medida en que se avanza en las distintas etapas del acto sexual. El *clímax* es el punto más alto de todo este proceso de excitación, en el que las sensaciones se vuelven más intensas y placenteras.

PREGUNTA 5

■ **Respuesta acertada: C**

Han surgido muchas controversias acerca de si existe o no esa *zona especial* en el área de la *vagina,* descrita por diferentes especialistas en sus trabajos de investigación con respecto a la sexualidad humana. Algunos Sexólogos insisten en que este punto estratégico, cuando es estimulado debidamente, lleva a la mujer a alcanzar un *clímax* inmediato. Otros científicos opinan que no existe una comprobación médica para las afirmaciones con referencia a la existencia de ese *punto clave.*

PREGUNTA 6

■ **Respuesta acertada: A**

Esta secreción femenina (también conocida como *licor vaginal)* la produce la *vagina* de la mujer como respuesta a las caricias y estímulos a que es sometida durante el amor; es una señal inequívoca de excitación sexual. No obstante, es importante tener en cuenta que la *lubricación vaginal* disminuye durante la menopausia (debido a la deficiencia en los niveles de la hormona *estrógeno* en el cuerpo femenino) y que la mujer debe entonces lubricarse con cremas y grasas especiales al hacer el amor.

PREGUNTA 7

■ **Respuesta acertada: D**

El tiempo entre una eyaculación y otra puede ser de unos 10 minutos (en un joven de 17 años) o de 30 minutos (para un hombre de 30 ó 35 años de edad). A los 50 años el promedio oscila entre 8 y 24 horas. Pero la realidad es que no se puede establecer una regla rígida en este sentido, pues en este proceso de recuperación interviene un gran número de factores de índole síquica. La experiencia demuestra que si un hombre se siente especialmente estimulado por una mujer que le atrae físicamente, puede volver a hacer el amor sin pérdida de tiempo después de haber alcanzado el *clímax* y haber eyaculado.

PREGUNTA 8

■ **Respuesta acertada: B**
Tanto en la mujer como en el hombre, el auto-erotismo (o *masturbación*) es una práctica sexual normal, pues es una de las formas del ser humano de proporcionarse placer sexual y canalizar la energía sexual cuando no se dispone de un compañero. Además, si uno de los miembros de la pareja se siente indispuesto (o está ausente, por ejemplo), el auto-erotismo puede ser un sustituto agradable.

PREGUNTA 9

■ **Respuesta acertada: D**
Las causas de la *impotencia sexual masculina* pueden ser muchas, y de muy distinta naturaleza. Es preciso considerar desde los problemas de tensión nerviosa originada por las responsabilidades profesionales, hasta los efectos secundarios que provocan algunos medicamentos (la *insulina*, ampliamente utilizada por los diabéticos, es causante de episodios de impotencia... por ejemplo; lo mismo sucede con algunos medicamentos para controlar la presión arterial). En ocasiones, la *impotencia* del hombre puede deberse a factores físicos. Pero, insistimos, los factores sentimentales, anímicos, síquicos (como quiera que se les llame) también pueden influir poderosamente en situaciones de *impotencia sexual*.

PREGUNTA 10

■ **Respuesta acertada: A**
No hay razón alguna –al menos de origen físico– para que la *vasectomía* afecte la actividad sexual normal del hombre que se someta a ella. Ahora bien, muchos individuos confunden este procedimiento de simple *esterilización* con la *castración*... si el individuo se auto-crea problemas síquicos en este sentido, y se obsesiona con la idea de que la operación de alguna forma ha disminuido sus posibilidades y su potencia como hombre, entonces es muy probable que su vida sexual se vea seriamente afectada... a pesar de encontrarse en condiciones físicas óptimas para hacer el amor de la misma manera en que lo hacía antes de someterse al procedimiento de *esterilización*.

PREGUNTA 11

■ **Respuesta acertada: E**

No hay patrón o regla fija que establezca la frecuencia con la que una pareja debe hacer el amor. Las relaciones sexuales se deben practicar tantas veces como la pareja las desee. Precisamente las dificultades conyugales surgen cuando uno de los miembros las desea con más frecuencia que el otro (falta de *sincronización sexual*).

PREGUNTA 12

■ **Respuesta acertada: B**

La *histerectomía* afecta ambos aspectos, pero los problemas son totalmente de origen síquico. Si la mujer observa alguna disminución en sus facultades sexuales, o si su lubricación vaginal disminuye o se le presentan estados depresivos, debe buscar ayuda médica inmediata para corregir estas deficiencias. Es muy importante que la mujer que se somete a la *histerectomía* sepa que su sexualidad está controlada por su mente y no por sus ovarios (el falso concepto arraigado en la mayoría, según encuestas internacionales). Con ayuda y asesoramiento profesional, quizás algún tratamiento a base de *estrógeno,* puede volver a lograr una actividad sexual normal... inclusive más completa y plena que antes de la operación, pues no tiene que preocuparse de la posibilidad de quedar embarazada (una situación que afecta sicológicamente a la mujer y le impide disfrutar del amor en la forma debida).

PREGUNTA 13

■ **Respuesta acertada: B**

¡Falso! La *tensión nerviosa* puede producir molestias, pero el origen fundamental del *dolor al hacer el amor* es puramente fisiológico: infecciones, tejidos vaginales dañados durante el parto, la presencia de hongos, la irritación provocada por los dispositivos anticonceptivos, etc.

PREGUNTA 14

■ **Respuesta acertada: B**

En la mayoría de los casos, el hombre es el culpable de la *frigidez* de la mujer por actuar con torpeza en la intimidad. Sin embargo, un hombre experimentado y con suficiente sensibilidad puede lograr que la mujer supere los obstáculos que limitan su sexualidad y libere toda la carga erótica que lleva dentro de sí.

PREGUNTA 15

■ **Respuesta acertada: A**
Sí, es normal hacer el amor durante la menstruación (aunque no todas las parejas admiten esta realidad comprobada en encuestas anónimas). Es más, algunas mujeres prefieren el sexo durante la menstruación pues es una garantía de que no quedarán embarazadas. Hay mujeres que emplean un diafragma u otro tipo de objeto de barrera uterino para controlar el flujo de la sangre durante el encuentro sexual.

PREGUNTA 16

■ **Respuesta acertada: A**
Si su respuesta ha sido afirmativa a esta pregunta, estamos seguros de que usted es una persona que disfruta ampliamente de las relaciones sexuales, sin mostrar inhibiciones de ningún tipo. El recurrir a las *fantasías sexuales* es una de las formas más naturales y comunes de excitación en el ser humano, y no debe ser reprimido. Sin embargo, de nuevo, pocas parejas admiten esta realidad, e inclusive se engañan mutuamente al no manifestar abiertamente sus instintos. Por otra parte, el hecho de que en un momento dado la mujer (o el hombre) recurra a determinadas *fantasías sexuales* no quiere decir que exista insatisfacción sexual en las relaciones de la pareja, ni que se esté produciendo la *infidelidad sicológica* (el término que algunos sicólogos insisten en emplear para denominar esta situación tan frecuente). ¿Por qué no darle a este tipo de situación otro nombre...? Nosotros proponemos llamarle *Sexo Creativo*.

PREGUNTA 17

■ **Respuesta acertada: A**
Efectivamente, la mujer que desarrolla determinados complejos sobre su físico, disfruta menos del amor, pues no se borran de su mente aquellas partes de su cuerpo que considera ajadas, fláccidas, o simplemente "feas". Si su hombre, por ejemplo, no acaricia sus *senos* caídos en un momento dado (y ella lo espera), este simple descuido será motivo suficiente para

que se frustre o enfríe completamente, aunque se encuentre en el instante de mayor pasión y ardor sexual.

PREGUNTA 19

■ **Respuesta acertada: B**

Este es uno de tantos conceptos completamente falsos con respecto a la sexualidad masculina. El hombre disfruta a plenitud todas las etapas del amor, lo mismo que la mujer. Desde la excitación inicial que se produce durante el *preámbulo amoroso,* su disfrute va progresivamente en incremento hasta llegar al *clímax sexual,* y –finalmente– la eyaculación.

PREGUNTA 20

■ **Respuesta acertada: A**

Sí, si es posible evitar la *eyaculación precoz.* Hay especialistas que consideran que la *eyaculación precoz* no es un problema del hombre en particular, sino de la pareja en sí. Mediante simples técnicas y estrategias el hombre puede detener la eyaculación y *posponerla* (por así decirlo) para cuando ambos lo decidan. Pero es importante que en situaciones de este tipo participen –armónicamente– ambos miembros de la pareja. La *sincronización sexual* en este sentido es imprescindible.

2

¿CUAL ES SU ACTITUD SEXUAL? ¿Y LA DE SU PAREJA?

No sólo es importante conocer los mecanismos físicos de la relación sexual, sino también identificar cuál es la verdadera *actitud* de cada miembro de la pareja en su vida íntima; de ello depende –en gran parte– lo que conocemos por *armonía sexual* y *felicidad conyugal*. Para determinarlo, sométase a los dos *tests* complementarios que le ofrecemos a continuación, y evalúe seguidamente sus conceptos con respecto a la vida sexual de la pareja. ¿Están al día...? Después de identificar su *coeficiente sexual* (en el primer capítulo), y su *actitud* hacia la vida en pareja podrá evaluar de una forma mucho más objetiva las 365 PREGUNTAS Y RESPUESTAS que se ofrecen en este libro.

TEST NO. 1
(PARA MUJERES)
¿QUE SABE SOBRE LA SEXUALIDAD MASCULINA?

El desconocimiento que infinidad de mujeres tienen con respecto al funcionamiento sexual del hombre es muy grande. Así, no es de extrañar que muchas se muestren terriblemente pasivas cuando hacen el amor... Lo esperan todo de sus hombres, y jamás dejan saber cuáles son sus sentimientos sobre la intimidad, por muy anhelantes que estén de un momento de verdadera pasión. Estas mujeres no se dan cuenta de que, al comportarse en esa forma tan pasiva, se están privando de disfrutar plenamente sus relaciones íntimas. Peor aún: con el tiempo la pareja se sumirá en la rutina y el aburrimiento sexual; con frecuencia llega a producirse el rompimiento definitivo.

Este *test* le permitirá determinar si usted forma parte del grupo cada vez mayor de mujeres modernas que ya conocen a fondo su sexualidad y las preferencias masculinas... o si aún está atada a los convencionalismos y tabúes obsoletos del pasado. Marque, a continuación, aquellas preguntas que considere acertadas; después, compruebe el número de respuestas correctas obtenidas.

1

Una mujer que lleva cuatro años de casada, siente deseos de ser ella quien inicie la relación sexual. También quiere innovar su forma de hacer el amor y hasta de comportarse en una forma más activa durante la intimidad. Sin embargo, se abstiene de dar rienda suelta a sus sentimientos, porque piensa que es el hombre quien debe ser (siempre) el que inicie el momento del amor. ¿Qué opina usted?

☐ **a)** Que la mujer actúa correctamente. El hombre es quien debe iniciar la relación sexual puesto que es la parte activa de la pareja. De suceder lo contrario, podría sentirse *poco masculino*... y hasta *algo impotente*. Al mismo tiempo, iría perdiendo poco a poco el interés sexual por su esposa, quien podría parecerle "poco femenina".

☐ **b)** ¡Está en un error! Las relaciones sexuales constituyen una experiencia compartida y los papeles que desempeñan cada uno de los cónyuges son intercambiables. Lo que importa es satisfacer al máximo las necesidades sexuales de cada uno... y una honesta flexibilidad en cuanto a quién debe comenzar el momento del amor, cómo y dónde, serviría de estímulo constante para la intimidad de la pareja.

2

Un hombre consulta al sexólogo porque considera que las dimensiones de su *pene* son inadecuadas para satisfacer sexualmente a su esposa... a pesar de que ésta nunca le ha hecho comentario alguno al respecto.

❒ **a)** Sus preocupaciones, lamentablemente, están bien fundadas. Las dimensiones del órgano masculino son esenciales para la mujer. Se ha dicho que "el *pene* es el músculo del amor" y éste debe estar completamente desarrollado para que el acto sexual pueda ser total.

❒ **b)** Está en un error. El tamaño del *pene* no contribuye necesariamente a la satisfacción sexual de la mujer. Hay muchos otros mecanismos de excitación más importantes que esta cuestión de centímetros más o menos. La *vagina* es un órgano flexible y dilatable... y puede acomodarse a las dimensiones de cualquier hombre. No obstante, el *clítoris* es la fuente principal de placer de la mujer (mucho más que la vagina) y la forma en que se manipula es lo que más importa a fin de contribuir a la gratificación femenina. Incluso existen posiciones para hacer el amor en las que el *pene* fricciona el *clítoris,* produciendo un gran placer a la mujer... y este placer no tiene nada que ver con las dimensiones del órgano masculino.

3

Usted considera que su amiga es una mujer terriblemente feliz... en lo que a su vida sexual se refiere. Su esposo es un hombre que, evidentemente, está muy interesado por el sexo y todas las cuestiones sexuales. Por lo tanto, usted estima que su habilidad para satisfacerla debe estar al mismo nivel del interés que muestra.

❒ **a)** Se equivoca. El interés por el sexo que manifiesta un hombre no guarda relación alguna con la capacidad que tenga para satisfacer sexualmente a la mujer. Recuerde que "querer no es poder"; asimismo, "estímulo" y "potencia" no son términos sinónimos. Es más, puede darse el caso de hombres que sufran de problemas de erección (y hasta de impotencia temporal) que se muestren mucho más interesados que otros en el sexo. Esto, naturalmente, se debe a su repetida frustración al respecto.

❒ **b)** Tiene razón. El interés por el sexo lleva al esposo de su amiga a conocer mucho más los mecanismos sexuales y a intensificar su pasión al hacer el amor. ¿Resultado? Más satisfacción mutua en la intimidad. Además, el hombre que se interesa genuinamente por las cuestiones sexuales, dedica más tiempo a las situaciones íntimas y trata de hacer el amor con más frecuencia que quien no tiene preocupación alguna al respecto.

4

Un hombre casado le plantea sus preocupaciones a un consejero médico. Confiesa que se entrega a la autosatisfacción cuando está a solas, y cree que esto es una señal de problemas conyugales o emocionales. ¿Qué opina usted?

☐ **a)** Sus preocupaciones están bien fundadas... y el individuo en cuestión necesita atención médica. El acto sexual es la relación normal entre un hombre y una mujer; el hombre casado que se masturba puede considerarse inmaduro... quizás hasta le tema a la relación sexual en su manifestación más plena. También podría explicarse este hecho como "una regresión a la adolescencia" o "un complejo de inferioridad respecto a su propia sexualidad".

☐ **b)** No tiene motivo alguno para preocuparse. La masturbación es común en muchos hombres casados. Algunos recurren a ella para aliviar tensiones sexuales en momentos en que su compañera no está disponible (ausente o indispuesta para el amor). Pero hay que tener también presente que las fantasías sexuales son parte de la sexualidad del ser humano, las cuales a veces llevan al hombre casado a refugiarse esporádicamente en el autoerotismo, pudiendo así satisfacer sus necesidades íntimas de variedad sexual... sin tener el riesgo de serle infiel a la esposa.

5

¿Quién alberga mayor cantidad de conceptos erróneos con respecto a las necesidades sexuales del sexo opuesto: el hombre o la mujer...?

☐ **a)** El hombre. Tal vez debido a su calidad de parte activa en la relación, el hombre por lo general ha buscado primero que todo su satisfacción propia... sin tener muy en cuenta la de su compañera de intimidad. Este "egoísmo sexual" (unido al concepto arraigado de que es él quien debe iniciar el acto sexual; ella es quien lo recibe pasivamente, y con placer) ha llevado al hombre a no interesarse demasiado por la sexualidad femenina. Admira sus formas y reconoce que es atractiva o no... pero no penetra profundamente en su siquis. Actualmente son muchos los hombres que están dejando a un lado estos patrones equivocados y cada día son más los individuos que comprenden mejor la sexualidad femenina... o hacen un esfuerzo grande por comprenderla.

☐ **b)** La mujer, desde luego. Producto de la discriminación sexual a la que ha sido sometida por años, la mujer aún hoy en día conoce muy poco los diferentes aspectos de la sexualidad masculina. También su pasividad no le permite desarrollarse al punto de poder conocer todos los mecanismos sexuales de su compañero de intimidad.

6

Si un hombre soltero no responde a las insinuaciones sexuales que le hace una mujer atractiva... ¿Significa esto que es poco viril? ¿Quizás sugiere que es homosexual?

☐ **a)** Sí, por supuesto. El hombre es un animal que debe mostrar, en todo momento, su agresividad sexual. No aprovechar (o secundar) la iniciativa de la mujer equivale a faltar a su hombría.

☐ **b)** No necesariamente. Un hombre puede pasar por alto un episodio sexual, sin que por ello sea "menos viril" o "menos hombre". También se dan casos de hombres que, presionados sicológicamente, no pueden responder sexualmente ante la mujer que se ofrece... sobre todo si ésta ha sido muy deseada por ellos. Por otra parte, un episodio de impotencia imprevista no debe traer dudas respecto a la virilidad de un individuo.

7

Cuando un hombre le hace el amor a una mujer, si no se produce la penetración, el acto sexual no ha sido consumado. ¿Está usted de acuerdo?

☐ **a)** Sí. La penetración es la consumación de todo acercamiento sexual entre un hombre y una mujer. De no hacerlo así, el hombre no estaría actuando como se espera de él... y la mujer, desde luego, quedaría terriblemente frustrada al no poder alcanzar su *clímax sexual*.

☐ **b)** No. Hay muchos juegos eróticos que pueden satisfacer a la pareja sin que sea necesario llegar a la penetración en todos los encuentros sexuales. Inclusive, en el caso en que la mujer no desee consumar el acto sexual, es un rasgo muy varonil el saber entender sus necesidades físicas en un momento determinado. Aunque el hombre considere que se está limitando, tiene que saber que el proporcionar placer es, también, una forma de recibirlo.

8

¿Cómo considera usted que deben reaccionar los hombres cuando se ven afectados por un episodio de impotencia temporal...?

☐ **a)** Deben aumentar sus esfuerzos por lograr un acto sexual normal... recordando aquello de que *la función hace al órgano*.

☐ **b)** No deben pensar más en hacer el amor. Si insisten en continuar intentando el acto sexual, lo más probable es que empeore la situación de incapacidad para lograr la erección.

☐ **c)** Buscar otra pareja. Por lo general, el cambio de mujer revitaliza al hombre, devolviéndole el vigor sexual perdido.

☐ **d)** Debe buscar ayuda médica. Son muchas las causas de tipo sicológico, fisiológico u hormonales que pueden llevar al hombre a la impotencia temporal o total.

9

Las discusiones sobre la sexualidad masculina (llevadas a cabo en la radio, la televisión, y en conferencias públicas) deben servir a los hombres para erradicar los conceptos erróneos que tengan al respecto.

☐ **a)** No son el mejor método. Asistiendo a esas discusiones el hombre no hace más que confundirse. En verdad debe dejarse guiar únicamente por su instinto, por los medios que la Naturaleza le ofrece. Por otra parte, el sólo hecho de asistir a ellas sería una señal de *falta de masculinidad* en el hombre.

☐ **b)** Constituyen un buen método de orientación sexual, no hay duda de ello. Asistiendo a estas conferencias (o escuchándolas por la radio o la televisión) el hombre logra erradicar muchos de sus errores respecto a su propia sexualidad. En realidad, esas discusiones son muy orientadoras y efectivas.

10

Sabemos que hay muchos hombres impotentes, pero... ¿es más frecuente la impotencia entre los hombres actuales que entre los de generaciones anteriores?

☐ **a)** Según las estadísticas médicas, son menos los casos de impotencia sexual entre los hombres actuales que en los de generaciones anteriores. Un factor determinante de que esto sea así es la reciente revolución sexual (ocurrida en las décadas de los años sesenta y setenta). Aunque aún existen muchos conceptos erróneos, son más los hombres que actualmente entienden mejor no sólo su propia sexualidad, sino la sexualidad femenina.

☐ **b)** No, el número de hombres impotentes que hay en la actualidad es mayor que el de generaciones pasadas. Las tensiones nerviosas de la vida moderna y el ficticio mundo sexual que ofrece el erotismo en el cine y en la literatura contribuyen a que el hombre sufra hoy de impotencia con mayor frecuencia que en épocas anteriores.

TEST NO. 2
(PARA HOMBRES)
¿SE CONSIDERA UN EXPERTO EN SEXUALIDAD FEMENINA?

Mire a su alrededor y comprobará que hay infinidad de hombres que se auto-califican de "expertos en mujeres"... ¡Creen que lo saben todo sobre la complejísima sexualidad femenina! No obstante, diferentes encuestas realizadas a nivel internacional demuestran que muchos de estos "expertos" tienen conceptos equivocados al respecto, e incluso no se dan cuenta de que la satisfacción sexual que encuentran ahora al hacer el amor podría incrementarse en gran medida si llegasen a conocer mejor diferentes aspectos de la sexualidad femenina.

¿Es usted uno de estos "expertos"...? Entonces le servirá de mucho someterse a este *test* y conocer algunos mecanismos sexuales de la mujer, sus reacciones sicológicas ante el sexo, lo que ella desea (o no desea) en determinado momento... Seleccione la respuesta que usted considere correcta y determine después cuál es su actitud con respecto a la sexualidad femenina.

1

Una pareja que lleva diez años de matrimonio le expone al sexólogo que sus relaciones íntimas no son del todo satisfactorias. El hombre alega que su mujer es la culpable de la situación que se ha presentado, ya que él es un "amante modelo" (como se describe a sí mismo). Además, según dice, "ninguna otra mujer que ha tenido relaciones sexuales conmigo se ha quejado de que no soy capaz de satisfacerla al máximo". ¿Quién es responsable de la insatisfacción conyugal... él o ella?

☐ **a)** La mujer es responsable, puesto que la capacidad sexual de su esposo está comprobada por todas esas experiencias anteriores que él ahora confiesa.

☐ **b)** Ambos cónyuges, evidentemente, tienen conceptos erróneos sobre lo que deben ser las relaciones sexuales entre un hombre y una mujer. Por lo tanto, necesitan de la ayuda de un consejero profesional que les oriente en la forma de hacer los ajustes correspondientes para que la intimidad entre ambos vuelva a ser placentera.

☐ **c)** Cada cónyuge es un ser único, con necesidades sexuales muy personales. En el caso anterior, es evidente que tanto él como ella necesitan hablar francamente sobre sus necesidades actuales en la intimidad. Sólo por medio de la comunicación es posible que el hastío sexual en una pareja sea vencido.

☐ **d)** No hay duda de que la actividad sexual disminuye a lo largo del matrimonio. Por lo tanto, es lógico que después de diez años de casados, el amor íntimo no sea igual que antes en la pareja que estamos considerando. Por otra parte, la crítica de la mujer respecto a la forma de hacer el amor de su esposo es un reto abierto a su masculinidad y un factor determinante para que éste disminuya su apetito sexual y su habilidad de hombre en la intimidad.

2

Analicemos ahora el caso de un matrimonio que lleva seis años de casados. El se queja de que su esposa comienza a hacer el amor en una forma muy seductora... hasta que él responde a sus insinuaciones. En ese momento, ella cambia de parecer y lo rechaza... provocando en él una frustración grande. En cambio, ella se queja de que "él sólo está interesado en el sexo... no le intereso yo como persona".

❑ **a)** Es evidente que ella aún no ha alcanzado la madurez sexual; está actuando como una adolescente. Le gusta coquetear e insinuar... pero se resiste a tener una relación completa con su esposo.

❑ **b)** Muchos matrimonios obtienen tanta satisfacción sexual con las caricias íntimas como con el acto sexual total. El llamado *juego amoroso* no tiene que terminar, necesariamente, con la penetración. Es obvio que la mujer del ejemplo planteado es romántica y que disfruta más de las caricias tiernas que del acto sexual en sí.

❑ **c)** Hay mujeres a las cuales les gusta más el proceso de la seducción que el acto sexual en sí. Para ello, incitan al hombre prometiéndoles una intimidad que después declinan... la declinan una vez que sus propósitos de seducción han sido logrados.

❑ **d)** El hombre, por ser hombre, debe mostrar más decisión al hacer el amor y al iniciar el contacto íntimo. Es decir, en todo momento debe considerar que un *no* inicial de la mujer equivale a un *sí* posterior.

3

Ella no puede alcanzar el *clímax sexual* cuando hace el amor... y él quiere divorciarse por este motivo. Poco a poco ha ido perdiendo el interés en hacer el amor con su esposa, a pesar de que ésta se somete pasivamente a él cada vez que él la desea. "No creo que vale la pena tener relaciones sexuales con una mujer que no siente", es la queja constante de este hombre. ¿Cuál es su opinión en este caso?

❑ **a)** Por supuesto, el acto sexual es más placentero cuando ambos cónyuges alcanzan el *clímax* al mismo tiempo. No obstante, si esto no sucede, no debe ser motivo de preocupación. Con un tratamiento adecuado, la mujer del caso expuesto puede alcanzar su *clímax sexual*.

❑ **b)** El hombre está actuando correctamente. Si la mujer no alcanza su *clímax* en la intimidad, no puede satisfacer sus necesidades como hombre. La separación es la única alternativa en este caso.

❑ **c)** Muchos hombres se interesan demasiado por el *clímax* femenino. Sin embargo, ésta es una cuestión de la mujer. ¿Por qué estos hombres no se dedican a disfrutar del amor íntimo, sin preocuparse tanto por el hecho de que la mujer alcance el orgasmo o no...?

❑ **d)** No hay duda de que muchas mujeres manifiestan su inconformidad sexual al no poder alcanzar el *clímax*. No obstante, a veces hay otros conflictos y tensiones en la relación matrimonial que pueden impedir el *clímax* en la mujer... y éste es un factor que hay que tener muy en cuenta.

4

A él se le hace muy difícil localizar el *clítoris* de su esposa. Además, cuando lo estimula, ella se queja de que le molesta y de que le duele. Esto lo desconcierta. ¿Qué aconsejaría usted?

❒ **a)** Que la esposa vea a su ginecólogo, cuanto antes. Es evidente que sufre de algún tipo de anormalidad anatómica que puede ser corregida quirúrgicamente. También, las molestias y los dolores que experimenta sugieren una posible infección vaginal.

❒ **b)** El debe esforzarse a estimular el *clítoris* de su esposa. Por lo general –en casos como el expuesto– después del dolor se manifiesta el placer.

❒ **c)** Esta pareja debe disfrutar menos de los *juegos preliminares* al acto sexual, y llegar directamente a la consumación del amor. No hay duda de que el grado de excitación de la mujer convierte en dolor lo que podría ser placer.

❒ **d)** El hombre en cuestión debería saber que hay mujeres que tienen un *clítoris* más prominente; en otras se presenta más retraído. En casos como el expuesto en esta pregunta, lo aconsejable es la estimulación indirecta para lograr el placer.

5

Una pareja se queja de la falta de armonía que existe en sus relaciones sexuales. El acusa a la mujer de "ser frígida" y de "estar poco interesada en el sexo". A su vez ella se queja de que "él hace el amor con una velocidad supersónica" y que "no me permite el tiempo que yo necesito para estimularme sexualmente (antes de consumar el acto sexual)". ¿Cuál es su opinión al respecto?

❒ **a)** No hay duda de que él no sabe qué es en realidad el llamado *juego preliminar* en el amor. Probablemente considere que se trata de un breve contacto físico, dos o tres besos... ¡y los dos están ya listos para consumar la intimidad!

❒ **b)** Si la mujer necesita de unos *juegos preliminares* muy prolongados para alcanzar el grado de excitación que desea, muy pocos hombres logran mantener la erección durante tanto tiempo.

❒ **c)** Es probable que la mujer sea realmente *frígida* y que esté utilizando como estrategia de manipulación femenina el prolongar al máximo los *juegos preliminares*. De esta manera, el hombre se llega a cansar de hacer el amor, pierde el interés, y abandona sus intentos sexuales.

❒ **d)** Todo parece indicar que esta pareja confronta serios problemas sexuales. Ambos cónyuges deben ser tratados por un especialista competente.

6

El esposo considera que ha mantenido relaciones sexuales satisfactorias con su esposa durante cuatro años de matrimonio. Ahora ella se queja de que inmediatamente después del sexo, él se vuelve a un lado de la cama y se queda dormido... sin preocuparse de si ella ha quedado satisfecha o no. ¿Cuál es su opinión sobre este tipo de situación, más frecuente de lo que imaginamos?

❒ **a)** El hombre es un individuo indiferente y poco sensitivo a los deseos sexuales insatisfechos de su mujer.

❒ **b)** La esposa es una *ninfómana*... pretende continuar la relación sexual, con insaciable apetito, aún después de que ambos han alcanzado su clímax sexual.

❒ **c)** En esta pareja, la esposa –como muchas otras mujeres– necesita de una *estimulación post-coital* (como es llamada por los sexólogos) y de la continuación de las caricias. De lo contrario, la mujer se siente frustrada, y hasta utilizada por el hombre.

❒ **d)** La esposa no ha alcanzado el *clímax* durante la relación sexual, y le da vergüenza confesarlo. Por lo tanto, no hay duda de que él debe mejorar sus técnicas al hacer el amor.

7

Después de siete años de matrimonio, ella está tomando la iniciativa en la intimidad... y finalmente está sugiriendo que desea hacer el amor. El está enojado con esta actitud, y la resiente. ¿A qué se debe la inconformidad de este hombre?

❏ **a)** Este hombre opina, equivocadamente, que sólo las mujeres *ninfómanas,* exigentes y agresivas son las que toman la iniciativa para tener relaciones sexuales.

❏ **b)** Sospecha que su mujer le está siendo infiel, puesto que su conducta sexual está completamente alterada; ha dejado de ser la persona pasiva y receptiva que él sedujo.

❏ **c)** Es evidente que, al tomar la iniciativa en la intimidad, la mujer está asumiendo un papel que sólo corresponde al hombre... y él se siente disminuido y amenazado en su virilidad.

❏ **d)** Aunque la mujer está comportándose en una forma diferente (sin mostrar mayores inhibiciones), él está consciente de que toda relación normal entre un hombre y una mujer admite el intercambio de la invitación sexual: el sexo es una experiencia compartida, y los papeles son intercambiables.

EN AMBOS TESTS...
¿CUALES HAN SIDO
SUS RESPUESTAS ACERTADAS?

Si ya ha seleccionado todas las respuestas a los cuestionarios anteriores, identifique aquéllas en las que su *actitud sexual* ha sido más actual, más objetiva. A continuación le ofrecemos las respuestas más positivas:

TEST PARA MUJERES		TEST PARA HOMBRES	
1. b	**6.** b	**1.** c	**5.** a
2. b	**7.** b	**2.** b	**6.** c
3. a	**8.** b	**3.** c	**7.** d
4. b	**9.** b	**4.** d	
5. a	**10.** a		

ADICCION SEXUAL:
CUANDO EL INSTINTO SEXUAL NO PUEDE SER CONTROLADO

1

PREGUNTA: Hay personas –tanto hombres como mujeres– que parecen dominados totalmente por el sexo... una situación que, desde luego, puede afectar severamente la relación conyugal, debido a la tendencia a la infidelidad. ¿Existe en realidad la adicción sexual?

RESPUESTA: Muchas personas hablan en forma figurada sobre la *adicción sexual,* pero en el fondo dudan de que la situación realmente exista; se preguntan si lo que consideran que puede ser sólo una *compulsión por el sexo* (o una *sexualidad exacerbada*) puede llegar a ser tratada exitosamente. Asimismo, quieren saber en qué momento una situación de *apetito sexual saludable* puede llegar a convertirse en una verdadera obsesión.

La respuesta a esta incógnita es sencilla: al igual que la *adicción a las drogas y al alcohol,* la *adicción al sexo* ha existido siempre. A esos individuos les hemos llamado *donjuanes, seductores, ninfómanas...* pero sus excesos sexuales y su promiscuidad exacerbada han sido considerados como "una debilidad de carácter" y nunca como una enfermedad, que es como en verdad debería clasificarse este comportamiento que es riesgoso y debilitante para el individuo que lo presenta... tanto en el aspecto físico como en el emocional.

Para los *adictos sexuales,* el sexo llega a convertirse en una obsesión, con un profundo efecto en sus vidas. La **Doctora Patrick J. Carnes**, una de las líderes en esgrimir la hipótesis de la *adicción sexual* –autora de cuatro libros sobre el tema, y Directora de la **Unidad de Dependencia Sexual del Hospital Del Amo**; en California, Estados Unidos– define claramente la situación de estos pacientes: "Se trata de personas cuya preocupación por el sexo está más allá de su control; el sexo dirige sus vidas... y también las arruina, por supuesto. Por eso repiten compulsivamente las mismas acciones, aun cuando están conscientes de los muchos peligros que corren al ser dominados por sus instintos sexuales, los cuales en ocasiones les llevan a perder completamente su estabilidad... emocional y hasta económica".

2

PREGUNTA: ¿Son muchas las personas que pudieran ser consideradas adictas al sexo?

RESPUESTA: Aunque no hay cifras confiables acerca de la verdadera incidencia que tiene la *adicción sexual* en la población, se estima que –tan sólo en los Estados Unidos, por tomar un ejemplo de un país donde se llevan estadísticas muy precisas– entre un 3% y un 6% de los norteamericanos presentan un *comportamiento sexual obsesivo.* Tan elevada es la tasa de *adicción sexual* en ese país que ya existen cuatro grupos diferentes de **Adictos Sexuales Anónimos** (una organización similar a los *Alcohólicos Anónimos* que funcionan a nivel internacional), con miembros en todos los Estados. Sin embargo, a pesar del creciente número de inscripciones en las organizaciones dedicadas a tratar la *adicción sexual*, muchos sicoterapeutas y sicólogos continúan poniendo en tela de juicio el concepto de que "el sexo pueda llegar a ser adictivo", y advierten que la orientación que a veces ofrecen estas nuevas asociaciones que se están formando para tratar la situación debe ser siempre acompañada de una verdadera terapia profesional.

"Hay quienes están tratando de simplificar un comportamiento sexual negativo", expresan los más escépticos con respecto a que hay personas que se convierten en *adictas al sexo.* "El término *adicción sexual* puede convertirse en una herramienta peligrosa que algunas personas pudieran utilizar para estimular o justificar una serie de actitudes negativas sobre el sexo". Sin embargo, aquellos pacientes que han podido beneficiarse –y hasta rehabilitarse– con estos programas de ayuda para controlar la *adicción sexual* combaten las críticas de los siquiatras y sicólogos que aún no aceptan la existencia de la condición como una enfermedad.

3

PREGUNTA: ¿Cómo se puede diagnosticar que una persona sufre de adicción sexual?

RESPUESTA: Diagnosticar que una persona sufre de *adicción sexual* puede resultar verdaderamente difícil. En primer lugar, los *adictos sexuales* no muestran síntomas visibles o inequívocos de su compulsión por el sexo; no quedan marcas de agujas hipodérmicas (como en los drogadictos), caras inflamadas y aliento etílico (como en los alcohólicos)...

ninguna señal externa causada por su sexualidad exacerbada. Además, determinar en qué momento el *apetito sexual saludable* se convierte en *adicción* exige tener una clara línea divisoria entre *lo normal* y *lo anormal* dentro de la sexualidad... Y, ¿quién puede realmente determinar con absoluta certeza qué es normal o no dentro del más secreto y complejo de todos los comportamientos humanos?

4

PREGUNTA: Quienes sufren de adicción sexual... ¿tienen un patrón de comportamiento que pueda ser identificado? ¿Existe un denominador común en su forma de actuar?

RESPUESTA: En efecto, la mayoría de las personas que sufren de la *adicción sexual* comparten una serie de características peculiares que los distinguen claramente de aquéllos que no están dominados por la compulsión hacia el sexo. Por ejemplo:

- Cuando están en busca de aventuras sexuales (según describen quienes consideran que han llegado a desarrollar la *adicción sexual*) caen en una especie de estado de trance, en el cual no toman en consideración las consecuencias de su comportamiento. Durante ese estado, nada importa para ellos, sólo la necesidad imperiosa de obtener satisfacción sexual inmediata. No piensan en el trabajo, ni en la familia, ni en las finanzas... ni siquiera en los riesgos de contraer enfermedades de trasmisión sexual o ser arrestados.

- Son incapaces de ejercer control ante un estímulo sexual. Desde el punto de vista físico, las personas que sufren de *adicción sexual* no necesitan tener, necesariamente, relaciones sexuales con más frecuencia que otras personas que no están dominadas por el sexo. Es decir, la *adicción* tiene poco ver con la frecuencia de la actividad sexual, sino que es básicamente un problema de control: la vida de estos individuos está totalmente dominada por el sexo.

- Los *adictos al sexo* raramente tienen la necesidad de alcanzar el clímax sexual en sus encuentros físicos. Su estado de excitación se deriva principalmente de la seducción y la caza... el clímax sexual desempeña un papel menor. Es más, en lugar de proporcionarles relajación y alivio, el orgasmo simplemente provoca que la necesidad y el ciclo de búsqueda se activen otra vez. Es precisamente esa indiferencia que llegan a sentir por el *clímax sexual* lo que provoca las primeras sospechas de algunas personas de que están teniendo un comportamiento sexual anormal.

5

PREGUNTA: ¿Cuál es la diferencia evidente entre un adicto sexual y una persona sexualmente equilibrada?

RESPUESTA: En general, no es la *frecuencia,* sino la *calidad* del sexo, lo que separa al *adicto sexual* de las personas que son sexualmente equilibradas. Es precisamente esa diferencia tan sutil lo que provoca infinidad de confusiones en la población. Los especialistas en sexualidad humana, por ejemplo, están acostumbrados a las falsas alarmas que con frecuencia surgen con respecto a la *adicción sexual,* muchas veces creadas por personas (básicamente mujeres) que están convencidas de que sus cónyuges son "adictos sexuales". "Insaciables, enfermos, retorcidos, viciosos...", son solamente algunos de los términos que utilizan para calificar su comportamiento en la intimidad. Sin embargo, cuando estos individuos son evaluados por los especialistas, en una inmensa mayoría de los casos su comportamiento es considerado saludable y normal. En verdad, lo que ocurre es que la pareja preocupada por los excesos sexuales de su cónyuge tiene creencias religiosas muy arraigadas o ha desarrollado una actitud un tanto negativa hacia la sexualidad humana debido a haber recibido una educación sumamente estricta en este sentido, lo cual hace que surja en ella sentimientos de culpa hacia un comportamiento sexual que en verdad es absolutamente normal.

6

PREGUNTA: ¿Existen causas definidas para que se manifieste la adicción sexual en una persona?

RESPUESTA: La *adicción sexual* –lo mismo que otras adicciones– es generalmente un mal que surge en el mismo seno de la familia de la persona afectada, a partir de fallos en los vínculos afectivos que se establecen entre padres e hijos.

■ Por lo general, el *adicto sexual* proviene de una familia desequilibrada, con miembros que son alcohólicos, jugadores compulsivos, o que presentan adicciones de otros tipos. Las investigaciones realizadas al respecto demuestran que en muchas familias, los padres fueron también *adictos sexuales,* o hubo –por el contrario– un ambiente de represión en todo lo relacionado con la sexualidad humana.

■ La *adicción sexual* también se presenta a menudo acompañada de otras adicciones. Por ejemplo, los análisis estadísticos revelan que aproximadamente el 42% de los *adictos sexuales* presentan también algún nivel de *adicción a las drogas y al alcohol;* en el 38% de ellos coexisten trastornos relacionados con la alimentación; y el 27% presenta problemas económicos causados por su compulsión a incurrir en gastos excesivos, muchas veces innecesarios. En esta rara combinación de dependencias, la *adicción al sexo* puede ser una adicción más... pero puede ser también la adición central de la cual se derivan todas las demás.

Es importante mencionar que la *adicción sexual central* –como su nombre indica– es casi siempre profunda y comienza desde muy temprano, muchas veces cuando los niños están creciendo y son forzados a la sexualidad prematuramente y con violencia. No es coincidencia que hasta un 81% de los *adictos sexuales* en recuperación reporten haber sufrido situaciones de abuso sexual o físico durante su infancia. Se considera que es a partir de ese abuso que la *adicción sexual* comienza a desarrollarse, tomando la forma de un deseo que nunca podrá ser realmente satisfecho y que, al llegar a la adultez, sólo podrá ser repetido compulsivamente.

El alivio sólo se encontrará cuando ese niño que fue víctima del abuso sexual o físico, y que aún se encuentra atrapado dentro del adulto, deje de identificarse con la persona que lo sometió al abuso. Los propios *adictos al sexo* repetidamente admiten que con su comportamiento compulsivo hacia el sexo en realidad están reproduciendo el abuso que sufrieron (en ellos mismos o en otras personas), tratando de esa manera de satisfacer los deseos que quedaron arraigados enfermizamente en sus mentes cuando se produjo la situación de agresión sexual.

7

PREGUNTA: ¿Cuál es el tratamiento más adecuado para una situación de adicción sexual?

RESPUESTA: Aunque el tratamiento para la *adicción sexual* requiere

¿OBSESIONADO CON EL SEXO?

El siguiente *test* puede ayudarle a determinar si usted muestra algún nivel de propensión a la **adicción sexual**. Fue desarrollado con la cooperación de hospitales que se dedican a la atención de trastornos sexuales, directores de programas de tratamiento, y siquiatras especializados en el tratamiento de la *adicción sexual*. Su objetivo es tratar de identificar un comportamiento sexual que pueda considerarse potencialmente compulsivo o adictivo.

Responda cada una de las siguientes preguntas con absoluta sinceridad. Anótese 1 punto por cada respuesta afirmativa, considerando que 13 (o más) respuestas afirmativas constituyen un punto de referencia significativo para comenzar a sospechar sobre la posibilidad de un comportamiento sexual adictivo.

1. ¿Fue usted víctima del abuso sexual durante su infancia o adolescencia?

2. ¿Ha estado suscrito o ha comprado regularmente revistas sexualmente explícitas (como *Playboy* o *Penthouse,* por ejemplo?). ¿Le estimula la lectura de contenido erótico...?

3. ¿Considera que sus padres tuvieron problemas con respecto a la sexualidad...? ¿Fueron muy estrictos en este aspecto...?

4. ¿Con frecuencia surgen en su mente pensamientos de carácter sexual?

5. ¿Considera usted que su comportamiento sexual no es completamente normal?

6. Su cónyuge... ¿alguna vez se ha preocupado o quejado por su comportamiento sexual?

7. Si considera que su comportamiento sexual no es el más apropiado, ¿es capaz de controlar sus impulsos?

8. ¿A veces considera que su comportamiento sexual no es el más adecuado?

9. Su comportamiento sexual, ¿le ha creado alguna vez problemas con otras personas?

10. ¿Alguna vez ha buscado ayuda u orientación para tratar de eliminar (o neutralizar) un comportamiento o actitud sexual que considera impropio...?

11. ¿Se ha preocupado alguna vez porque otras personas descubran cuáles son sus actividades o preferencias sexuales?

12. ¿Ha habido alguien que haya resultado afectado –emocional o físicamente– a consecuencia de su comportamiento sexual?

13. Su comportamiento sexual, ¿es ilegal?

14. ¿Ha tratado usted de modificar su comportamiento sexual en algún momento?

15. ¿Se ha esforzado usted por dejar de practicar algún tipo de actividad sexual... y ha fallado?

16. ¿Evita usted que otras personas sepan cuál es su comportamiento sexual...?

17. ¿Se siente usted degradado por su comportamiento sexual?

18. ¿Utiliza usted el sexo como una forma de escapar a los problemas que lo embargan?

19. ¿Se siente deprimido después de tener relaciones sexuales...?

20. ¿Siente usted que es necesario modificar su comportamiento con respecto al sexo?

21. Sus actividades sexuales, ¿interfieren con su vida familiar?

22. ¿Siente usted inclinación sexual hacia menores...?

23. ¿Se siente usted controlado a veces por sus deseos sexuales?

24. ¿Considera que –en determinados momentos– sus deseos sexuales son más fuertes que su voluntad...?

PUNTUACION

■ **DE 0 A 4 :** 89.3% probabilidades de **no-adicción** / 10.7% probabilidades de **adicción**.

■ **DE 5 A 8:** 89.6% probabilidades de **no-adicción** / 10.4% probabilidades de **adicción**.

■ **DE 9 A 12:** 77.2% probabilidades de **no-adicción** / 22.8% probabilidades de **adicción**.

■ **13 O MAS:** 3.5% probabilidades de **no-adicción** / 96.5% probabilidades de **adicción**.

inicialmente de un período de abstinencia, el objetivo de la terapia (en contraste con el tratamiento para la *adicción a las drogas)* no es que el paciente renuncie completamente a tener relaciones sexuales, sino que su actitud hacia el sexo sea más equilibrada, más positiva.

■ La recuperación de la *adicción sexual* es parecida a la recuperación de la *adicción a comer excesivamente,* en la cual la meta es que el individuo desarrolle un patrón de alimentación verdaderamente saludable, equilibrado. Para que un *adicto sexual* llegue a rehabilitarse (un proceso que, como promedio, se estima que puede tomar hasta cinco años) es necesario, primeramente, que él reconozca que presenta un problema... y es en este aspecto en el que más ayuda y orientación ofrecen los grupos de *Adictos Sexuales Anónimos.* Estas organizaciones confían en un programa de doce pasos básicos, desarrollado inicialmente por los *Alcohólicos Anónimos* para lidiar con situaciones de *alcoholismo.*

Los mismos principios del programa que ha resultado tan efectivo para tratar el *alcoholismo* están siendo aplicados actualmente para tratar muchos otros problemas de adicción, incluyendo la adicción a las drogas, la compulsión por el juego, y la adicción por la comida. Entre otras metas, este programa está encaminado a que los participantes admitan que ellos son incapaces de controlar su problema, y que hagan una especie de inventario mental de todas las faltas que han cometido y las personas a las que han podido lastimar con su *compulsión hacia el sexo.* De igual forma, se les incentiva a aceptar la existencia de Dios (o de alguna especie de poder especial), y se les anima a tratar de confiar en ese poder para llegar a superar los problemas que ahora confrontan.

■ Una vez identificada y reconocida la situación en que se hallan, los *adictos sexuales* deberán mantenerse en tratamiento bajo la orientación de un sicoterapeuta. Algunas clínicas especializadas en el tratamiento de la *adicción sexual* ofrecen un programa de treinta días, en el cual los pacientes hacen un compromiso inicial de abstinencia sexual total (de unos noventa días de duración, más o menos), en los que se prohíbe también la auto-satisfacción por medio de la masturbación. Algunos siquiatras igualmente recomiendan a sus pacientes el uso de medicamentos anti-depresivos, los cuales ejercen un efecto secundario en la reducción del apetito sexual.

■ Finalmente, los sicoterapeutas también dirigen sesiones de discusiones –en grupo o individuales– las cuales ayudan a los pacientes a comprender las causas de su adicción y a diseñar diferentes vías para controlar su comportamiento sexual obsesivo.

8

PREGUNTA: ¿Por qué hay especialistas que se niegan a aceptar la existencia de la adicción sexual, si se trata de una situación que resulta tan evidente...?

RESPUESTA: La *adicción sexual* ha encontrado la misma resistencia que se desarrolló con respecto al *alcoholismo* durante la década de los años cincuenta, cuando la comunidad científica internacional rehusaba aceptar el *alcoholismo* como una enfermedad. De acuerdo con el concepto popular, en esa época se consideraba que la *adicción al alcohol* surgía por fallos morales de la persona, y tomó mucho tiempo para que se comenzara a considerar el *alcoholismo* como lo que en realidad es: una enfermedad... y sumamente peligrosa, por cierto. Con la *adicción sexual* está ocurriendo actualmente una situación similar. Pero como en este caso se trata del más complejo y poco entendido de todos los comportamientos humanos (que afecta lo más íntimo de nuestra naturaleza), es muy posible que su aceptación como patología tarde algunos años más. No obstante, a pesar de la crítica y la duda de que "el sexo puede ser adictivo", tanto los sicólogos como los propios miembros de los grupos de ayuda coinciden en un mismo punto: una persona que admite sufrir de *adicción sexual* es un individuo que se encuentra profundamente afectado por un comportamiento negativo con respecto a su sexualidad, y que necesita ayuda, desesperadamente... Si es así, entonces... ¿por qué no brindársela?

ALTA SEXUALIDAD FEMENINA:
HAY ETAPAS EN QUE EL DESEO SEXUAL EN LA MUJER ES MAS INTENSO

9

PREGUNTA: ¿Existe realmente un momento en que la mujer alcanza su máximo potencial de sexualidad...?

RESPUESTA: Es muy probable que usted haya escuchado que la mujer alcanza su mejor momento sexual al llegar a la etapa entre los 30 y los 35 años de edad. Y, ciertamente, en esta ocasión la sabiduría popular no está equivocada. Es verdad que durante su tercera década de vida la mujer alcanza un punto cumbre en lo que a su sexualidad respecta, aunque ése no es el único momento cúspide que se presentará en su vida sexual, ni tampoco el único factor que puede ayudarle a disfrutar al máximo de su vida íntima. Por ello es importante tomar en consideración la opinión de los especialistas:

■ Las investigaciones muestran que la anatomía es sólo una pincelada gruesa en el enorme cuadro de la sexualidad femenina. La actitud de la mujer con respecto al sexo, la confianza en sí misma, en su cuerpo, y en su relación con su pareja son factores que influyen más en su satisfacción sexual que su edad o las hormonas y elementos químicos que circulan por su cuerpo.

■ De hecho, algunos investigadores sospechan que –como consecuencia de la ya muy conocida y divulgada relación entre la mente y el cuerpo– la buena salud física y la adecuada actitud con respecto al sexo pueden llegar a desatar cambios hormonales que favorecen la intensidad del placer sexual en la mujer.

No hay duda de que toda mujer va a disfrutar de varios momentos sexuales de alta intensidad a través de toda su vida, y no nos referimos únicamente a noches aisladas de romanticismo muy especial, sino a períodos enteros en los que todos los elementos –hormonas, emociones, y las circunstancias de la vida– se unirán para propiciar un placer sexual espectacular. Si usted identifica cuáles son esos momentos de *alta sexualidad,* qué le pueden proporcionar, y por qué se producen, toda mujer puede conseguir que estas cúspides sexuales naturales resulten aún más intensas y satisfactorias.

10

PREGUNTA: ¿Podría considerarse que es cuando se casa –es decir, durante el primer año de matrimonio– que la mujer alcanza su mayor plenitud sexual?

RESPUESTA: Es muy probable. Muchas mujeres sienten que, aunque tuvieron relaciones con su hombre durante años antes de que se casaran, una vez que se firma el acta matrimonial la relación se vuelve más profunda... no sólo en el aspecto físico, sino también en el emocional. Después del matrimonio, la mayoría de las mujeres sienten que se establece con el hombre que aman un lazo emocional más fuerte, más permanente... y esto las hacer desear hacer el amor con más frecuencia y lograr una mayor intensidad durante las relaciones sexuales. El deseo por el sexo en la mujer, después del matrimonio, se vuelve casi un *hambre física* que debe ser satisfecha.

Este deseo sexual más intenso en la mujer es muy común que se prolongue durante todo el primer año de matrimonio. Las mujeres casi siempre sienten que su apetito sexual es mayor a causa del romanticismo que proporciona el iniciar la vida conyugal, el sentido de seguridad que les proporciona el compartir su vida con la del hombre que aman... Muchas nuevas esposas también sienten que con un certificado de matrimonio de alguna manera la sociedad les confiere la autorización para ser más abiertas en la intimidad, y hasta para pedir lo que quieren y necesitan durante los encuentros sexuales. Después de varios meses de unión conyugal no hay duda de que surge un sentimiento de confianza entre ambos miembros de la pareja que provoca que cada uno se sienta más cómodo con el otro y más dispuesto a experimentar y explorar sus cuerpos, lo cual resulta en encuentros íntimos de gran excitación y pasión.

11

PREGUNTA: ¿Puede considerarse que cuando la pareja decide que ha llegado el momento de concebir la mujer desarrolla aún más su sexualidad...?

RESPUESTA: Una vez que los miembros de una pareja deciden que están listos para comenzar a una familia, y se inician los intentos por concebir, no solamente están encaminándose hacia la paternidad sino que también están entrando en una de las etapas sexuales más intensas de toda la vida.

Concebir un bebé es diferente a *hacer el amor...* Si dos personas se unen para crear una nueva vida, la experiencia resulta verdaderamente excitante, estimulante. Además, una vez que los miembros de la pareja dejan de usar anticonceptivos por primera vez, alcanzan un nuevo sentido de libertad que hace que los encuentros sexuales sean más espontáneos e intensos.

Para las mujeres que dejan de usar los anticonceptivos orales con el propósito de concebir, puede presentarse una recompensa adicional:

■ Las investigaciones científicas muestran que algunos tipos de anticonceptivos orales suprimen las hormonas sexuales naturales de la mujer y causan una cierta disminución en sus niveles de deseo sexual. Esto significa que por el simple hecho de dejar la píldora puede manifestarse un apetito sexual mayor, lo cual se reflejará seguramente en la frecuencia e intensidad de los encuentros en la intimidad.

12

PREGUNTA: Y después de producirse el embarazo, ¿continúa en niveles elevados la sexualidad de la mujer?

RESPUESTA: En efecto; el intento por concebir un bebé puede estimular la sexualidad en una pareja. Una vez que el embarazo se ha logrado, la excitación por lo general continúa, sobre todo después que haya pasado el primer trimestre del embarazo. ¿Por qué?:

■ El nivel de *estrógeno* en el cuerpo de la mujer aumenta durante el tercero al sexto mes de gestación, y este incremento hormonal puede estimular el deseo sexual.

■ Por otra parte, el flujo de sangre a los órganos sexuales y senos de la mujer también puede activar su apetito sexual.

■ Y hasta la propia imagen del bebé en desarrollo puede favorecer el sexo en el aspecto emocional. Para muchas mujeres, saber que en sus entrañas llevan una criatura que ha sido concebida en un momento de amor con el hombre con quien comparten su vida constituye un estímulo sexual muy poderoso.

Aunque es evidente que un alto número de mujeres se sienten enfermas y se preocupan por la posibilidad de un aborto espontáneo durante los primeros meses del embarazo, una vez que se supera esa primera etapa, los dos miembros de la pareja usualmente se sienten tan complacidos por el bebé que han concebido y que ahora esperan para iniciar una familia, que los encuentros sexuales son más frecuentes y más intensos.

13

PREGUNTA: Cuando el embarazo no se produce, a pesar de los intentos realizados... ¿cómo afecta esta situación la vida sexual de la pareja?

RESPUESTA: Cuando una pareja trata de concebir un hijo y no puede, no hay duda de que surgen tensiones en la relación sexual; a veces grandes. La presión de lograr un embarazo puede llegar a ser tan intensa que la pareja sencillamente no puede funcionar íntimamente con la espontaneidad necesaria para disfrutar el encuentro sexual.

Sin embargo, es importante aclarar que no sólo las parejas infértiles se privan del placer sexual que generalmente trae la etapa de inicio de una familia. Otras parejas también se privan de él, temiendo por su fertilidad mucho antes de que surja una causa real para la duda, o por estar muy preocupados acerca de cuándo se va a concebir finalmente al bebé que tanto se desea.

Si tanto el hombre como la mujer ven el proceso de crear un bebé como "un trabajo" (lo cual sucede con más frecuencia de la que imaginamos), es evidente que no habrá diversión ni espontaneidad en el proceso, y que en muchas ocasiones los encuentros sexuales llegarán a ser forzados. Pero hay formas de reducir el estrés de los intentos para concebir el bebé, y en este sentido es muy importante la ayuda profesional para que los miembros de la pareja no se preocupen inútilmente sobre una situación en la que –en definitiva– no tienen control.

14

PREGUNTA: ¿No se supone que a los 30 años la mujer se encuentre en la plenitud de su sexualidad?

¡INTENSIDAD SEXUAL PARA LA MUJER!

¡APRENDA A ESTAR A TONO CON SU SEXUALIDAD!

Para obtener el máximo placer de un momento sexual de alta intensidad, es imprescindible aprender a reconocer cuándo se encuentra en una de esas etapas de sexualidad en la cúspide. Para ello, anote sus pensamientos, sentimientos, y sueños sexuales... incluyendo las *fantasías,* que son muy importantes porque revelan muchas veces inhibiciones que deben ser superadas. Este ejercicio le ayudará a concentrarse en su sexualidad. ¿El siguiente paso? ¡Satisfacer las necesidades ya identificadas!

¡NO ANALICE TANTO! ¡DISFRUTE MAS!

La mayoría de las mujeres, cuando llegan a una etapa de alta sexualidad en sus vidas, tienen la tendencia a analizar lo que está sucediendo en ellas. Es una actitud equivocada. Cuando una situación se intelectualiza demasiado (especialmente si esta situación se refiere a deseos y necesidades sexuales), fácilmente se puede alejar el placer.

¡SEA MAS ACTIVA EN SUS ENCUENTROS SEXUALES!

Disfrutar los momentos de *alta sexualidad* no quiere decir que aumente la frecuencia de sus encuentros sexuales manteniendo una actitud pasiva. El secreto de hacer el amor de una forma excitante, estimulante, placentera; es comprometer más su cuerpo en la actividad sexual, y tomar una actitud más activa (agresiva, si quiere) para satisfacer sus necesidades físicas más íntimas.

¡CONSIDERE LAS FANTASIAS SEXUALES!

Las *fantasías sexuales* son fundamentales para exacerbar el deseo sexual. No inhiba su imaginación cuando piense en sus momentos íntimos, sino déjese llevar por sus pensamientos... y no se sienta mal por los excesos en que su mente pueda incurrir, porque todas estas *fantasías* son absolutamente normales, y todos los seres humanos en ocasiones nos refugiamos en ellas... aunque muchos se resistan a admitirlo.

¡CUIDADO CON LOS MEDICAMENTOS!

Los mayores asesinos del deseo sexual son las píldoras con dosis elevadas de *progesterona,* los medicamentos anti-depresivos, y algunos para controlar la hipertensión. Si comprueba que afectan su apetito sexual, hable con su médico para que le recete otro similar o para variar las dosis. En muchos casos, es posible.

¡EXPLORE SU CUERPO!

Mírese en el espejo... ¡ése es su cuerpo, y usted tiene que aprender cómo excitarlo, o nunca va a lograr esos momentos de alta tensión sexual que se presentan en determinadas etapas de la vida de toda mujer! Explórelo detenidamente y descubra cómo estimularlo.

¡ESTIMULE LA SECRECION DE SUS ENDORFINAS!

El ejercicio, los masajes, o un simple baño caliente pueden causar la secreción de las *endorfinas* (un grupo de sustancias que alivian el dolor y que hacen que la persona sienta un bienestar general), lo cual la hará sentirse maravillosamente bien. Recurra a estas técnicas para que sus momentos de alta sexualidad adquieran nuevas dimensiones.

RESPUESTA: Sí, éste es, posiblemente, el período de más alta sexualidad en la mayoría de las mujeres. La mujer espera esta famosa *cúspide sexual* durante muchos años... y la verdad es que vale la pena esperarlo. Una vez que se presenta, muchas mujeres no saben describir qué es lo que les está pasando, pero –sin saber exactamente por qué– se descubren propiciando los encuentros sexuales con mayor frecuencia, deseando los momentos íntimos con mayor intensidad, y entregándose a fantasías sexuales que desean llevar a la realidad. Durante esta etapa de alta sexualidad, el sexo parece estar siempre en la mente de la mujer... y mientras más frecuentes son las relaciones sexuales, mejor. Algunas mujeres, incluso, comienzan a experimentar emociones íntimas antes nunca logradas, como son los famosos *orgasmos múltiples*.

15

PREGUNTA: Pero, ¿a qué se debe este cambio?

RESPUESTA: Según los especialistas, los propios cambios de la vida, y no precisamente las hormonas, desatan esta *cúspide sexual* en la mujer. A esta edad, las mujeres consiguen unir todo lo que se necesita para disfrutar plenamente de su sexualidad: se sienten más confiadas, han alcanzado un grado mayor de seguridad en sí mismas, saben identificar lo que desean y necesitan en la intimidad, y pueden pedirlo a sus parejas de una manera más inteligente, más hábil. Además, comienzan a interesarse más en satisfacer sus necesidades íntimas y no se preocupan únicamente por brindar satisfacción a su compañero de sexo... que es lo que probablemente sucede a los 20 años. Y en efecto, las encuestas revelan que en sus 20, las mujeres son más propensas a ser condescendientes en la intimidad, a acomodarse a los gustos y deseos de sus hombres; pero en sus 30, sus prioridades cambian.

16

PREGUNTA: ¿Qué sucede en la vida sexual de la mujer a los 40 años? ¿Disminuye la intensidad sexual...?

RESPUESTA: Al cumplir sus 40 años, muchas mujeres están emergiendo de los años más propicios para tener hijos (es decir, llegando al final de sus años fértiles), y muchas temen que se apodere de ellas una total apatía sexual. Sin embargo, no hay razón para preocuparse. Aunque a esta edad la mujer se encontrará en desventaja hormonal (a medida que sus niveles de *estrógeno* desciendan), la realidad es que ha ganado en muchos otros factores a su favor, incluyendo experiencia y conocimiento de sí misma. De hecho, un estudio reciente –llevado a cabo por la **Universidad de Chicago** (Estados Unidos)– asegura que:

■ Las mujeres, al llegar a sus 40 años, son más propensas que las mujeres de cualquier otro grupo de edad a alcanzar *orgasmos* durante el encuentro sexual.

17

PREGUNTA: ¿Qué factores pueden influir en esta mayor facilidad de la mujer de alcanzar su clímax sexual cuando cumple los 40 años de edad...?

RESPUESTA: Varios.

■ A esta edad, muchas mujeres sienten un grado mayor de libertad que les permite ser más espontáneas en la intimidad con sus hombres: sus hijos son ya mayores (lo cual les ofrece más tiempo para concentrarse en sí mismas), y muchas disfrutan de una posición sólida en el trabajo, o regresan a éste después de años en la casa.

■ Otro factor que contribuye a que los encuentros sexuales después de los 40 sean más placenteros es que en esta edad los hombres y las mujeres se vuelven más compatibles sexualmente; es decir, el encuentro sexual es más relajado, hay menos exigencias de ambas partes. A medida que las mujeres avanzan en años, se interesan más en alcanzar el *orgasmo* durante los momentos de intimidad; al mismo tiempo, los hombres están más interesados en explorar minuciosamente el cuerpo de la mujer y se demoran más en llegar al momento de la eyaculación, no sólo por el factor físico de la edad, sino porque quieren prolongar los momentos de placer. También son más abiertos y están más dispuestos a complacer las necesidades de sus compañeras de intimidad.

¿El resultado? Encuentros físicos verdaderamente formidables.

ATRACCION SEXUAL:
¿QUE ELEMENTOS ACTIVAN LA REACCION QUIMICA ENTRE LOS MIEMBROS DE LA PAREJA?

18

PREGUNTA: ¿Existe realmente eso que llamamos "química sexual"...? ¿Cómo es que funciona este mecanismo?

RESPUESTA: Nuestro apetito sexual está regulado por las llamadas *hormonas...* y es preciso saber cómo actúan en el organismo y en qué momentos se encuentran en sus niveles más elevados para lograr que la actividad sexual sea más intensa.

Para determinar lo que es la *química sexual*, es imprescindible saber qué son las *hormonas sexuales* y cuáles son sus funciones en el cuerpo humano:

■ Una definición sencilla: son las *hormonas* que controlan el desarrollo de los caracteres sexuales primarios y secundarios en el ser humano, y que regulan una serie de funciones relacionadas con el sexo, como son el ciclo menstrual y la producción de los *óvulos* (en la mujer) y los *espermatozoides* (en el hombre).

19

PREGUNTA: ¿Cuáles son las hormonas sexuales?

RESPUESTA: Hay tres tipos de *hormonas sexuales:*
■ Las *hormonas andrógenas.*
■ Las *hormonas del estrógeno.*
■ La *progesterona.*

20

PREGUNTA: ¿Cuáles son las hormonas andrógenas? ¿Cuál es su función en el cuerpo humano?

RESPUESTA: Son las *hormonas sexuales masculinas,* entre las cuales la más activa es la **testosterona**.

- Estas hormonas son las que determinan el proceso llamado de *virilización;* es decir, el desarrollo de los caracteres masculinos secundarios, tales como el crecimiento del vello facial, la profundidad en el tono de la voz, y el aumento de la masa muscular (especialmente en el tórax y en los hombros).
- Son producidas por células especializadas en los *testículos* (en el hombre), así como en las *glándulas suprarrenales* (en este caso, en ambos sexos). Los *ovarios* (en la mujer) también segregan una cantidad muy limitada de *hormonas andrógenas* hasta la etapa de la menopausia.
- Las *hormonas andrógenas* igualmente estimulan la agresividad en el hombre, una característica que es considerada masculina.
- Igualmente activan la secreción del sebo (por las glándulas sebáceas), lo cual causa el acné.
- En la edad adulta, las *hormonas andrógenas* promueven la calvicie (la ausencia de éstas evita la caída del cabello).
- Al terminar la pubertad, las *hormonas andrógenas* hacen que los huesos dejen de crecer.
- La producción de las *hormonas andrógenas* en los *testículos* está controlada por determinadas hormonas que son elaboradas por la *glándula pituitaria,* las cuales reciben el nombre de *gonadotropinas.*
- En las *glándulas suprarrenales,* las *hormonas andrógenas* están controladas por la *hormona ACTH,* también elaborada por la *glándula pituitaria.*

21

PREGUNTA: ¿Qué sucede cuando se presenta una deficiencia en el nivel de hormonas andrógenas... en el hombre, específicamente?

RESPUESTA: Esta situación puede presentarse si existe alguna condición que afecte los *testículos* o si la *glándula pituitaria* no segrega el volumen normal de *hormonas gonadotropinas.* En estos casos, estos hombres *(hipo-gonadotrópicos)* no presentan el crecimiento de vellos en sus cuerpos, la piel es más suave y lisa que la de los hombres con niveles normales de *gonadotropinas,* su voz tiene un tono más agudo, su apetito sexual es limitado, su comportamiento sexual no es el más adecuado, los músculos no se desarrollan debidamente, y sus órganos genitales muchas veces no llegan a desarrollarse normalmente.

22

PREGUNTA: Y cuando se presenta una sobre-producción de las hormonas andrógenas –tanto en el hombre como en la mujer– ¿qué sucede?

RESPUESTA: Esta situación puede presentarse como consecuencia de trastornos en las *glándulas suprarrenales,* o por tumores en los *testículos.*

- **En los hombres** adultos, el exceso de *hormonas andrógenas* acentúa las características masculinas; en los niños, un desarrollo sexual prematuro.
- Inicialmente las *hormonas andrógenas* incrementan el crecimiento de los huesos, pero la estatura al llegar a la edad adulta se reduce, porque impide que los huesos más largos del cuerpo continúen creciendo.
- **En las mujeres**, el exceso de *hormonas andrógenas* provocan el proceso de *virilización;* es decir, se manifiestan características masculinas, tales como el crecimiento de vellos en el cuerpo, el desarrollo de un tono de voz más grave, el crecimiento del *clítoris,* y la ausencia de menstruación (una condición que recibe el nombre médico de *amenorrea).*

23

PREGUNTA: ¿Cuáles son las hormonas del estrógeno?

RESPUESTA: Constituyen un grupo de hormonas esenciales para el desarrollo sexual de la mujer, así como para el funcionamiento normal de su sistema reproductor.

- En la mujer, las *hormonas del estrógeno* son elaboradas principalmente por los *ovarios,* aunque también son producidas por la *placenta* (durante el embarazo), y por las *glándulas suprarrenales,* en cantidades muy limitadas (tanto en el hombre como en la mujer). Hasta el presente no se ha logrado determinar cuál es la función específica del *estrógeno* en el hombre.

24

PREGUNTA: ¿Cuál es la función de la progesterona en la mujer?

RESPUESTA: Se trata de una hormona femenina que es esencial para el funcionamiento normal del aparato reproductor en la mujer.

■ Es elaborada en los *ovarios* en la segunda mitad del ciclo menstrual, así como por la *placenta* (durante el embarazo); en los *testículos,* en el caso del hombre. Asimismo, en las *glándulas suprarrenales* (en el hombre y en la mujer) también se elaboran pequeñas cantidades de *progesterona.*

■ Después de la ovulación, el aumento en el organismo de la mujer de la hormona *progesterona* hace que el *endometrio* (el tejido de revestimiento del *útero)* aumente su espesor para prepararse para la implantación del *óvulo* que haya sido fertilizado por el *espermatozoide.* Si esta fertilización no se produce, la producción de *progesterona* (así como de *estrógeno)* disminuye, y entonces se elimina este tejido de revestimiento, lo mismo que el *óvulo* no fertilizado.

■ Durante el embarazo, la *progesterona* es esencial para el funcionamiento normal de la placenta, y para el desarrollo del feto. La *progesterona* también pasa a la sangre del feto, donde es convertida (en las *glándulas suprarrenales)* en *hormonas corticosteroides.* Al finalizar el proceso del embarazo, los bajos niveles de *progesterona* contribuyen a iniciar el proceso del alumbramiento.

■ Otros efectos de la *progesterona* son los cambios que se manifiestan en la *cérvix* (o cuello del *útero)* y en la *vagina* de la mujer durante el ciclo menstrual, así como los depósitos mayores de grasa, y una actividad mayor de las glándulas sebáceas en la piel.

■ El término *progestina* es otro nombre que se emplea para la *progesterona,* así como para la *progesterona sintética.*

25

PREGUNTA: ¿Qué relación hay entre el deseo sexual y las hormonas sexuales en el ser humano?

RESPUESTA: En la actualidad, la relación entre el *deseo sexual* y las *hormonas sexuales* finalmente comienza a ser comprendida por los científicos. Ya se han realizado importantes estudios cuyas conclusiones

LAS HORMONAS

Las **hormonas** son elementos químicos que se originan en un tejido o glándula y que son liberados –a través del torrente sanguíneo– a otras partes del cuerpo, estimulándolas mediante la actividad química para incrementar la actividad funcional de esas partes o provocar la secreción de otra hormona. Las *hormonas* producen sus efectos en tejidos que se encuentran más o menos distantes del lugar en donde éstas son elaboradas, y controlan numerosas funciones del organismo, incluyendo el metabolismo (actividad química) de las células.

Las llamadas **glándulas endocrinas** (o **glándulas de secreción interna**), que son las encargadas de elaborar las *hormonas* más importantes de nuestro organismo, incluyen las siguientes:

■ Pituitaria.
■ Las glándulas suprarrenales.
■ Páncreas.
■ Ovarios (en mujeres).

■ Tiroides.
■ Paratiroides.
■ Testículos (en hombres).
■ Placenta (en mujeres).

Los **testículos** y los **ovarios** son conocidos como **gónadas**, y son las glándulas que producen las llamadas *hormonas sexuales*.

Además del metabolismo, entre los procesos fisiológicos que regulan las *hormonas* se encuentran los siguientes:

■ El crecimiento y desarrollo del cuerpo.
■ La actividad excretora de otras glándulas endocrinas.
■ El desarrollo de la personalidad.
■ El desarrollo y funcionamiento de los órganos reproductores.
■ Las características sexuales secundarias.
■ El deseo sexual.

Las *hormonas sexuales* del organismo humano se encuentran sometidas a diversos procesos cíclicos, por lo cual sus niveles se elevan y.disminuyen periódicamente. Estos ciclos tienen diversas duraciones; así, existen ciclos diarios, mensuales, y anuales.

resultan verdaderamente sorprendentes. Por ejemplo, durante muchos años se creyó que el *estrógeno* gobernaba la sexualidad femenina; hoy se sabe que la *testosterona* (una hormona considerada por mucho tiempo como masculina) es la responsable del deseo sexual en ambos sexos.

Los hombres tienen un nivel de *testosterona* diez veces mayor que las mujeres, pero ello no significa que tengan una potencia sexual diez veces superior. En ellos, esta hormona no solamente tiene una función sexual, sino que también es la responsable de mantener los caracteres secundarios del varón. Aunque el cuerpo de las mujeres produce un volumen mucho menor de *testosterona*, ésta es suficiente para proporcionarles el estímulo sexual que necesitan para sentir el *apetito sexual* y funcionar sexualmente.

Investigaciones científicas recientes demuestran el importante papel que la *testosterona* desempeña en el organismo femenino. En un estudio efectuado recientemente con mujeres que sufrían de deficiencias hormonales, cuando se les suministró *testosterona*, además de *estrógeno* y otras hormonas, estas pacientes experimentaron un aumento notable en sus deseos sexuales: se sintieron excitadas sexualmente con mayor facilidad, tuvieron fantasías sexuales, y en general se mostraron con un nivel de energía y con un entusiasmo superior en sus relaciones íntimas.

26

PREGUNTA: De acuerdo con el nivel de hormonas en el organismo, ¿cuál es la mejor hora del día para tener relaciones sexuales?

RESPUESTA: Dentro del ciclo diario de veinticuatro horas, la hormona **testosterona** (que regula el apetito sexual, tanto en el hombre como en la mujer) alcanza su nivel máximo en horas de la mañana. Esto ocurre lo mismo en las mujeres como en los hombres, y muchas mujeres llegan a estar conscientes de este hecho, pues saben que un simple beso en horas de la mañana puede provocar una erección en sus compañeros, y el deseo en ellos de cambiar el desayuno por un encuentro sexual.

No obstante, aunque las variaciones en los niveles de *testosterona* son similares en los hombres y las mujeres, la experiencia demuestra que sus respuestas a estos cambios son por lo general completamente diferentes: en horas de la mañana el hombre busca las relaciones sexuales, mientras que la mujer no está mayormente interesada en participar de un encuentro íntimo.

27

PREGUNTA: ¿A qué se debe la diferente respuesta sexual entre los hombres y las mujeres?

RESPUESTA: Este hecho obedece a factores diversos:

- Los aspectos sociales parecen tener más peso en las mujeres que en los hombres. Ellas están casi siempre más conscientes de que tienen que llevar a cabo una serie de tareas durante el día: el trabajo, la atención de los hijos y el hogar... El cúmulo de actividades a realizar que tienen delante de sí al comenzar el día les hace más difícil el desear sostener relaciones íntimas.

- Las mujeres disfrutan más de los preámbulos amorosos, como el juego de besos y caricias anterior a la actividad sexual; para ellas, ese ritual que antecede al acto sexual en sí, y el ambiente que puede envolver la habitación (luz tenue, música ligera, y otros aspectos) es fundamental, y de ello depende que alcance un grado mayor o menor de excitación sexual. Todos estos elementos son más difíciles de conseguir en horas de la mañana.

- Por último, la mujer muestra mayor preocupación por no encontrarse en la forma adecuada al comenzar el día. Tener sexo sin peinarse, lavarse la boca, y arreglarse un poco, a veces preocupa tanto a la mujer que provoca que su nivel hormonal disminuya... un hecho comprobado en infinidad de investigaciones científicas.

28

PREGUNTA: ¿Existe también un mejor momento del mes para hacer el amor?

RESPUESTA: Los niveles de *testosterona* varían también en forma de ciclo mensual. En la mujer esta hormona se encuentra en su nivel más elevado unos doce o catorce días antes de que comience su período, en el momento en que posiblemente ya se encuentre ovulando. Durante esos días le es más fácil excitarse sexualmente, ya que el nivel de sus hormonas sexuales (incluyendo la *testosterona)* aumenta. Estas hormonas reducen los niveles de la *serotonina* (una sustancia que se encuentra principalmente en el cerebro, y que trasmite los impulsos nerviosos entre las células nerviosas), lo que hace que aumente el deseo sexual.

Junto con estos cambios en los niveles de energía sexual también se presentan las variaciones emocionales, las cuales deben ser igualmente tomadas en consideración:

■ Durante la primera parte del mes, las mujeres tienden a sentirse mejor física y emocionalmente.

■ En la segunda es más frecuente que sufran de estados depresivos, se sientan cansadas, y padezcan de dolores de cabeza.

Los ciclos hormonales mensuales no ocurren sólo en el organismo femenino. La barba de los hombres también crece según fases mensuales, un hecho que los investigadores atribuyen a la existencia de un *ciclo de testosterona,* con una duración que ha sido estimada por los científicos entre 4 y 6 semanas. De igual manera, se presentan cambios emocionales durante este ciclo. Investigaciones realizadas entre las tripulaciones de los submarinos atómicos (que a veces permanecen sumergidos durante varios meses) sugieren la existencia de ciclos emocionales en los hombres, en los que el estado de ánimo evoluciona siguiendo un patrón que va desde la euforia o estado de alegría total, hasta una depresión ligera.

29

PREGUNTA: ¿También hay un determinado momento del año que es más propicio para el amor y el sexo...?

RESPUESTA: Sí. Al igual que existen ciclos diarios y ciclos mensuales para los niveles de la *testosterona,* también hay un ciclo anual, aunque aún no se conocen las causas o factores que influyen en el mismo. No obstante, las investigaciones científicas señalan que –en ambos sexos– el comienzo del otoño es la época en que el nivel de *testosterona* alcanza sus niveles máximos. Ello explica el mayor número de niños que son concebidos durante esa estación, pues los nacimientos –de acuerdo a estadísticas a nivel mundial– alcanzan sus cifras máximas al iniciarse el verano o a finales de la primavera, justamente nueve meses después de estos primeros días otoñales.

Según los especialistas que han estudiado este fenómeno, una de las explicaciones más obvias para el mismo es la reducción en el número de horas de claridad durante el día; en el otoño, el día comienza a hacerse más corto, y a más horas de oscuridad, mayor es la actividad sexual de la pareja humana. Sin embargo, esta relación no es completamente adecuada para los seres humanos, pues el hombre tiene gran capacidad de adaptación al ambiente en que se desenvuelve. Por ejemplo, las personas que trabajan de noche y que duermen de día logran adaptar sus ciclos hormonales a estos cambios. Debe señalarse al respecto que el organismo siempre requiere de un período de adaptación. Y es por ello que cuando los cambios se hacen muy frecuentes –como sucede en el caso de aquellas personas que trabajan turnos rotativos– el cuerpo experimenta dificultades en adaptarse y las personas tienden a enfermarse con más frecuencia y a tener un nivel de energía sexual deficiente.

30

PREGUNTA: ¿Qué factores afectan la producción de hormonas?

RESPUESTA: Además de los ciclos que se repiten regularmente, otros factores también influyen en la producción de hormonas; algunas de forma positiva y otros negativamente:

■ La actividad sexual frecuente incrementa los niveles de *testosterona*. Dentro de ciertos límites, las investigaciones de los especialistas revelan que mientras más frecuentes sean los encuentros sexuales, mayor es la producción de esta hormona que regula el apetito sexual de la pareja.

■ Hechos que contribuyen a incrementar el nivel de auto-estimación de ambos miembros de la pareja (como lograr un aumento de salario, o ganar un partido en los deportes, por ejemplo) tienen también como consecuencia un aumento en el nivel de la energía sexual.

■ La dieta, desde luego, actúa sobre la *química sexual* del cuerpo humano. Un estudio realizado recientemente en los Estados Unidos demuestra que las personas que observan una dieta vegetariana tienen solamente el 50% del *estrógeno* que normalmente se encuentra en el flujo sanguíneo de las personas que ingieren carne, aunque no se puede determinar a qué obedece este hecho.

■ A más estrés, menor es el nivel de energía sexual. Los científicos consideran al estrés como el factor que tiene un mayor efecto negativo sobre la producción de las hormonas sexuales. Cuando el cerebro emite órdenes para que se incremente la producción de las hormonas asociadas al estrés (*adrenalina*, por ejemplo), al mismo tiempo disminuye la producción de las hormonas sexuales. Asimismo, si una persona está preocupada le es mucho más difícil excitarse sexualmente; no está en disposición de hacer el amor.

31

PREGUNTA: ¿Hay alguna forma de evitar que disminuya la producción de las hormonas sexuales?

RESPUESTA: Conocer las variaciones hormonales que se producen en el organismo nos permite comprender las altas y bajas que se pueden presentar con respecto a la energía sexual. Podemos aprovechar este conocimiento para disfrutar mejor del sexo en las ocasiones más propicias, o para saber por qué otras veces el llamado *apetito sexual* es más moderado. Sin embargo, estos ajustes pueden efectuarse automáticamente en la pareja con el transcurso de los años. Un estudio sugiere que:

■ Cuando una pareja permanece unida por varios años, sus niveles hormonales tienden a elevarse y a disminuir en armonía: si –por ejemplo– habitualmente hacen el amor los miércoles y viernes, la producción de hormonas tiende a sincronizarse con este horario.

■ Sin embargo, si el horario se convierte en una rutina, existe el peligro de que la energía sexual falle. El cerebro tiende a considerar a las actividades repetitivas como "actos aburridos" que requieren de poca energía... y esto hace que la producción de hormonas baje. Por lo tanto, el apetito sexual, y el nivel de excitación ante la posibilidad de un encuentro íntimo, disminuyen.

32

PREGUNTA: Una pareja que se conoce por muchos años no puede esperar que todos sus encuentros sexuales sean espectaculares. ¿Qué hacer, entonces, cuando la química sexual no se produce en la intensidad esperada...?

RESPUESTA: Para tratar de evitar situaciones de este tipo, sólo existe una alternativa: romper con la rutina íntima; ser cada vez más creativo a la hora de hacer el amor. Unas vacaciones a un lugar alejado de todo lo cotidiano, un fin de semana en un hotel, una ropa de dormir especialmente atrevida y atractiva pueden bastar para incrementar la producción de las hormonas sexuales y estimular el deseo sexual.

CIRCUNCISION:
¿MEDIDA RELIGIOSA, PROFILACTICA... O MUTILACION?

33

PREGUNTA: ¿Qué es la circuncisión?

RESPUESTA: Se trata de una intervención quirúrgica muy común, y la única que se practica sin anestesia. La *circuncisión* elimina entre una tercera parte y la mitad de la piel del *pene* del varón, precisamente una porción de piel que luego serán 31 centímetros cuadrados de piel de alta sensibilidad sexual. Es preciso considerar que el llamado *prepucio* (la piel que cubre el extremo del pene) es una de las principales zonas erógenas en el cuerpo del hombre. Cuenta con 73 metros de nervios y unas mil terminaciones nerviosas similares a las de la yema de los dedos o los labios. En otras palabras: en términos generales se considera que los hombres que son sometidos a la *circuncisión* son privados de mayores posibilidades de obtener placer en sus relaciones sexuales.

34

PREGUNTA: Pero... ¿no es la circuncisión un procedimiento con significado religioso? ¿Por qué se practica con tanta frecuencia, entonces?

REPUESTA: Los judíos y los musulmanes practican la *circuncisión* a todos los varones recién nacidos. En los Estados Unidos, actualmente se sigue circuncidando (como rutina) al 80% de los bebés varones... En otras regiones del mundo, la *circuncisión* es una práctica muy limitada.

Para la mayoría de los padres la *circuncisión* es una decisión no médica, que depende de la religión que se profese y de las tradiciones familiares. Si en su país o en su familia se acostumbra a circuncidar a los niños, aceptan someter a sus hijos a este procedimiento quirúrgico menor; de lo contrario, se niegan a que el recién nacido sea circuncidado, aunque realmente no tengan ni la menor idea acerca de las razones médicas o higiénicas que pudieran apoyar u oponerse a este procedimiento.

CIRCUNCISION

En algunos países de América, por ejemplo, la *circuncisión* ha sido –hasta hace muy poco tiempo– un procedimiento rutinario; en muchas clínicas y hospitales –a menos que los padres decidieran lo contrario, y así lo especificaran antes del nacimiento del bebé– la *circuncisión* se practicaba como una rutina a todos los varones recién nacidos (entre un 60% y un 95% de los bebés son sometidos a la circuncisión). Hoy, sin embargo, los padres lo consideran largamente antes de aceptar someter a su hijo a la *circuncisión;* no obstante, el procedimiento aún sigue siendo una costumbre muy expandida (en los Estados Unidos, por ejemplo, se estima que el 60% de todos los niños varones siguen siendo circuncidados en la actualidad).

En otras regiones del mundo –como en Europa, Asia y Africa– siempre ha ocurrido lo opuesto; es decir, los varones no son circuncidados al nacer. En realidad, de acuerdo con las estadísticas de la **Organización Mundial de la Salud (OMS)**, en todo el mundo solamente el 20% de los varones son circuncidados.

35

PREGUNTA: ¿Es necesario que todos los varones sean sometidos a la circuncisión?

RESPUESTA: La decisión de circuncidar o no a un bebé varón debe basarse en muchos otros factores además de las tradiciones religiosas y las costumbres nacionales. Inclusive la **Academia de Pediatría de los Estados Unidos** recomienda hoy a los padres que antes de responder sí o no a la *circuncisión,* valoren detenidamente todas las ventajas y desventajas que este procedimiento quirúrgico puede reportarles a sus hijos, especialmente en el futuro. No obstante, en realidad –de acuerdo a encuestas llevadas a cabo– muchos padres no ponen reparo alguno a que sus hijos sean sometidos a la *circuncisión.* ¿Por qué? Consideran que, sencillamente, es un procedimiento conveniente. Además se preguntan... ¿no se ha realizado siempre? Entonces, no hay por qué oponerse al mismo.

La realidad es que la inmensa mayoría de los padres no saben lo que es la *circuncisión.* Muchos médicos no orientan debidamente a los padres en cuanto al procedimiento, no les informan cuáles son sus riesgos, cuáles son los beneficios potenciales, y ni siquiera les informan sobre su costo. Sin embargo –de acuerdo a encuestas internacionales– la inmensa mayoría de los padres permiten que los médicos practiquen la *circuncisión* a sus hijos varones, sin siquiera formular preguntas (o manifestar las inquietudes normales que provoca todo procedimiento quirúrgico) al respecto.

36

PREGUNTA: Se supone que el prepucio proteja la sensible piel del pene. Si esto es así, ¿cómo afecta la circuncisión la sensibilidad del hombre durante sus relaciones sexuales? ¿No disminuye considerablemente una vez que la protección deja de existir?

RESPUESTA: Aquéllos que son circuncidados ya en la adolescencia (o posteriormente), una vez que han tenido experiencias sexuales, informan que su sensibilidad disminuye considerablemente al tener relaciones sexuales. Para los que fueron sometidos a la *circuncisión* al nacer (o aún muy pequeños), es evidente que no tienen un patrón de referencia que les permita comparar si tenían más sensibilidad en el pene antes del procedimiento, y el nivel en que pudieron ser afectados al someterse a la *circuncisión*. Por lo tanto, no son muchos los que se quejan; en verdad, el único placer sexual que conocen es el que han obtenido ya circuncidados.

No es sino en los últimos años que se han empezado a emprender estudios realmente profundos sobre la estructura y función del *prepucio* en el varón de la especie humana. Su superficie representa el 50% de toda la piel del *pene,* y se pliega por encima del extremo del *pene.* Está diseñado para proteger al *pene* de la abrasión y de las infecciones. Su superficie interior está compuesta de una mucosa suave que segrega lubricantes anti-virales y anti-bacterianos, los cuales ofrecen aun mayor protección al pene de los efectos que pudieran ser causados por la fricción durante el acto sexual, y de las infecciones.

Precisamente, el contar con esta envoltura húmeda es lo que permite al *glande* retener toda su sensibilidad. El *prepucio* se pliega y se repliega durante el acto sexual, ofreciendo la lubricación y el estímulo adecuado. Esta lubricación y estimulación hace innecesarias las numerosas cremas y gelatinas lubricantes a la venta para uso por parte de las mujeres. Según encuestas, las mujeres que están casadas con hombres que no han sido sometidos a la *circuncisión* no necesitan mayormente usar cremas lubricantes y, en términos generales, disfrutan de una excelente lubricación natural que facilita el acto sexual.

37

PREGUNTA: ¿Por qué comenzó a practicarse la circuncisión como procedimiento profiláctico?

RESPUESTA: Sin considerar el número de *circuncisiones* que se practican en la comunidad judía y musulmana como un rito religioso, en muchos países se empezó a oír hablar de *circuncisión* a partir de 1870, cuando grupos de especialistas empezaron a alegar que el procedimiento podía curar, por ejemplo, enfermedades en las caderas, la epilepsia, las hernias, las convulsiones, la elefantiasis, la tuberculosis, el prolapso rectal, y los problemas de la visión. Por supuesto, estas afirmaciones no tenían fundamento científico alguno y, una vez que fueron desmentidas con el resultado de investigaciones profundas llevadas a cabo, entonces los defensores de la *circuncisión* promovieron el procedimiento sobre la base de que era "una cura para la masturbación"; es decir, los hombres que eran circuncidados no tenían que recurrir al auto-erotismo para canalizar sus inquietudes sexuales.

Es importante tomar en consideración que en esa época de finales del siglo pasado, los preceptos victorianos atribuían a la masturbación numerosos males sociales, e inclusive enfermedades físicas (incluyendo la locura y la ceguera). Los médicos de la época –y así consta en infinidad de tratados médicos– alegaban que "la eliminación de la cubierta protectora del *glande* tiende a anular la sensibilidad" del *pene* y por tanto "disminuye el apetito sexual"; es decir, para estos médicos, la *circuncisión* era un método para controlar la sexualidad humana.

Es más, en 1888, John Harvey (un afamado médico en los Estados Unidos), escribió: "Un remedio para la masturbación que casi siempre tiene éxito en los niños pequeños es la *circuncisión*. La operación debe ser realizada por un cirujano sin administración de anestésicos, ya que el dolor de la operación tendrá un efecto saludable en la mente". A pesar de que los conceptos divulgados con respecto a la *circuncisión* eran falsos, millones de personas los aceptaron... y millones de varones fueron circuncidados para evitar que sucumbieran a "la tentación de la masturbación" y "los excesos de una vida sexual muy activa".

Ya para inicios de la segunda mitad de este siglo se demostró –mediante infinidad de estudios médicos debidamente documentados– que la *circuncisión* no era obstáculo alguno para la masturbación; en análisis estadísticos fue fácil comprobar que la masturbación era practicada indistintamente por varones circuncidados y no circuncidados. Pero tampoco estas comprobaciones impidieron que la *circuncisión* se siguiera practicando como rutina en muchos países. Al no existir un apoyo científico a las consideraciones divulgadas hasta entonces, surgieron nuevas hipótesis con respecto a los peligros de la masturbación, y entre los nuevos conceptos expuestos, el que mayor arraigo adquirió fue el que proclamaba que "el *prepucio* es anti-higiénico, propicia el desarrollo de las enfermedades, y debe ser eliminado".

Por supuesto, este concepto (y otros muchos similares) resultó ser erróneo desde el punto de vista científico. Las comparaciones estadísticas mostraban que las infecciones en el pene se desarrollaban igualmente en los hombres, fueran circuncidados o no. De cualquier manera, surgieron otras hipótesis, e inclusive éstas llegaron al extremo de proclamar que "los hombres no circuncidados causaban infecciones en las mujeres con las que tenían sexo", y hasta que "el cáncer del útero es más frecuente en las mujeres que tienen relaciones sexuales con hombres no circuncidados". En otras palabras: los partidarios de la *circuncisión* siempre han estado buscando razones médicas para apoyar el procedimiento.

Finalmente, en 1971 un grupo de prestigiosas organizaciones de salud internacionales proclamaron públicamente, y comenzaron a divulgar información al respecto, enfatizando que "la *circuncisión* es un procedimiento médicamente innecesario"... una afirmación contundente. Sin embargo, aún hay muchos partidarios de la *circuncisión,* y algunos aseguran en la actualidad que "la *circuncisión* en los recién nacidos tiene beneficios médicos potenciales", aunque admiten que también presenta desventajas e inclusive riesgos.

El nuevo argumento que esgrimen los defensores de la *circuncisión* en estos momentos es que "el procedimiento de eliminar el *prepucio* en el varón es una medida preventiva contra el desarrollo de infecciones y enfermedades; pudiera ser comparado con la inmunización, cuyo mayor beneficio para la salud es la disminución del riesgo de que se manifiesten determinadas enfermedades. La *circuncisión* evita las infecciones en los conductos urinarios, además de que disminuye el riesgo de que se desarrollen tumoraciones cancerosas en el *pene* y de que se contraigan las peligrosas enfermedades de trasmisión sexual".

Parecerían factores a tomar muy en consideración por quienes van a someterse a la *circuncisión* (o a someter a sus hijos pequeños al procedimiento). Pero el riesgo de desarrollar el cáncer del *pene* es –de acuerdo con estadísticas proporcionadas por la **Organización Mundial de la Salud**– de 1 en cada 100,000 casos, un riesgo realmente demasiado bajo para basar en él una cirugía dolorosa en un bebé a las pocas semanas de nacido. Además, es preciso tomar en consideración que el número de varones (especialmente niños muy pequeños) que mueren debido a las complicaciones que pueden presentarse al ser sometidos al procedimiento de la *circuncisión* puede ser comparable a la tasa de mortalidad en pacientes afectados por el cáncer del *pene*. Según análisis estadísticos, se estima que el nivel de complicaciones que se pueden presentar como consecuencia de la *circuncisión* oscila entre el 2% y el 6%. En otras palabras: definitivamente, el riesgo de que se presenten problemas médicos como consecuencia de la *circuncisión* es mucho mayor que cuando se deja el *prepucio* intacto.

38

PREGUNTA: Existe el concepto generalizado de que la circuncisión puede evitar las infecciones en el tracto urinario. ¿Es esto cierto?

RESPUESTA: Desde el año 1975, la **Academia de Pediatría de los Estados Unidos** manifestó la opinión de la inmensa mayoría de los pediatras norteamericanos al proclamar públicamente que no había ninguna razón médica para que los médicos practicaran la *circuncisión* a los varones recién nacidos como un procedimiento de rutina. Sin embargo:

■ De acuerdo con una serie de estudios realizados a mediados de los años ochenta se pudo comprobar que los niños que no eran circuncidados mostraban una propensión diez veces mayor a desarrollar infecciones del tracto urinario durante su primer año de vida. Si estas infecciones no son debidamente tratadas, pueden provocar problemas renales a largo plazo.

■ Otras investigaciones más recientes también sugieren que el número de infecciones del tracto urinario es igualmente mucho mayor en los hombres adultos no circuncidados.

Evidentemente, ésta será probablemente la primera razón que los defensores de la *circuncisión* van a mencionarles a los padres para convencerles de las ventajas del procedimiento. Sin embargo, las cifras sobre el riesgo de infecciones del tracto urinario entre los hombres son debatibles:

■ Las causas de estas infecciones en el sexo masculino nunca han sido verdaderamente definidas, lo que pone en duda el verdadero papel que la *circuncisión* puede desempeñar en la propensión o protección contra ellas.

■ Por otra parte, las infecciones del tracto urinario en los bebés varones y en los hombres adultos son realmente raras, independientemente de que estén circuncidados o no.

De acuerdo con la **Organización Nacional de Centros y Fuentes de Información sobre la Circuncisión** (un grupo que se opone a la *circuncisión* en los Estados Unidos), el 99% de los niños no circuncidados jamás desarrollarán infecciones del tracto urinario. Es evidente, entonces, que el problema de las infecciones en el tracto urinario es una posibilidad que debe ser tomada en consideración por los padres antes de decidir si circuncidar o no a sus hijos varones, pero las cifras no sugieren en ningún momento que se deba circuncidar a todos los bebés varones simplemente para evitarlas.

39

PREGUNTA: Y con respecto al cáncer del pene... ¿ofrece realmente protección el procedimiento de la circuncisión?

RESPUESTA: Los factores a considerar son similares a los de las infecciones del tracto urinario: estar circuncidado reduce las posibilidades de un hombre a desarrollar *cáncer del pene.* Aunque es cierto que el *cáncer del pene* es casi desconocido entre los hombres a los que se les ha practicado la *circuncisión,* la realidad es que las oportunidades de desarrollar este tipo de tumoración cancerosa son muy bajas para todos los hombres (tan sólo en los Estados Unidos, el cáncer del *pene* representa menos del 1% de todos los tipos de tumoraciones malignas que afectan al sexo masculino).

Aparentemente, el culpable en el caso del *cáncer del pene* no es el *prepucio,* sino una sustancia blanca que se acumula debajo de él (llamada *esmegma),* la cual puede albergar algunos tipos de virus y bacterias. El cáncer del *pene* está básicamente relacionado con la higiene de los genitales masculinos; pero una vez que el *prepucio* se separe del resto del pene –están unidos inicialmente, pero gradualmente se van separando uno del otro hasta quedar completamente separados alrededor de la edad de 3 años– la limpieza diaria es suficiente para prevenir la acumulación de *esmegma.*

40

PREGUNTA: Los hombres que no han sido circuncidados, ¿constituyen un riesgo para la mujer en la intimidad sexual? ¿Pueden causarles enfermedades de trasmisión sexual... infecciones?

RESPUESTA: Existe un riesgo ligeramente mayor de que la mujer pueda contraer enfermedades de transmisión sexual (incluyendo el SIDA) si tiene contacto íntimo con hombres que no han sido sometidos a la *circuncisión*. De igual forma, también las tasas de cáncer cervical parecen ser más altas entre las mujeres cuyos compañeros de sexo no están circuncidados. Es preciso considerar que el cáncer de la cérvix es asociado generalmente con un virus (el llamado *virus del papiloma humano)*, el cual es más propenso a desarrollarse en las membranas húmedas y cálidas que se hallan debajo del *prepucio,* si éstas no se mantienen limpias.

En efecto, ciertos tipos de tumoraciones cancerosas en la *cérvix* de la mujer prácticamente no existen en regiones donde virtualmente todos los hombres están circuncidados. Sin embargo, el vínculo entre la *circuncisión,* el SIDA, y otras enfermedades que se trasmiten por medio del contacto sexual es todavía vago. En todo caso, es cierto que la higiene deficiente sí puede causar inflamación debajo el *prepucio,* convirtiendo esa zona del *pene* del hombre en un medio más fácil para el desarrollo de las infecciones. Pero —es preciso enfatizar— la limpieza diaria puede resultar suficiente para reducir esos riesgos.

41

PREGUNTA: En definitiva, ¿tienen más sensibilidad los hombres no circuncidados en sus relaciones sexuales?

RESPUESTA: Quienes critican la *circuncisión* aseguran que la sensibilidad en el *pene* del adulto circuncidado es menor. ¿Qué hay de cierto en ello? Es verdad que el *prepucio* contiene una terminación nerviosa altamente sensible, la cual también puede ser encontrada en el *clítoris* de la mujer; sin embargo, si los hombres circuncidados en verdad sienten menos placer sexual en la intimidad, es prácticamente imposible de saber. El sexo es disfrutable para todos los hombres (tengan o no tengan *prepucio),* por lo que este argumento también parece ser poco consistente a la hora de decidir si someter o no a nuestros hijos al procedimiento.

42

PREGUNTA: ¿Sienten los bebés menos el dolor al ser circuncidados que los niños de más edad?

RESPUESTA: Los bebés no sienten menos dolor que los adultos, como la creencia popular sostiene; en realidad suelen sentir más dolor todavía. Los estudios llevados a cabo en este aspecto permiten comprobar que los bebés tienen un *umbral de dolor* más bajo que el de los adultos o niños de más edad, por lo que el dolor que les ocasiona la *circuncisión* puede afectar su alimentación, interrumpir su sueño, y hacerlos mucho más irritables por lo menos durante todo un día.

Aunque muchos especialistas sostienen que la experiencia de dolor de los bebés durante la *circuncisión* no es mayor que el dolor de otros procedimientos menores que suelen practicárseles (tales como los pinchazos en los talones, los cuales son rápidamente olvidados), hay diferentes estudios que sugieren que el impacto del dolor causado por la circuncisión quizás no sea enteramente temporal. En una reciente investigación desarrollada con niños de entre los 4 y los 6 meses de edad:

■ Los bebés a los cuales se les había practicado una *circuncisión* al nacer lloraron por más tiempo, considerándose que el dolor en ellos era más intenso que al recibir la vacuna contra la difteria, el tétanos, y la tos ferina.

■ Inclusive los investigadores consideran que el dolor de estas vacunas fue mayor en ellos, después de haber sido sometidos a la *circuncisión,* que en los bebés que igualmente fueron vacunados pero que no habían sido circuncidados.

Como se estima que la llamada *memoria del dolor* es un factor importante en las percepciones de dolor subsiguientes, es concebible que el dolor de la *circuncisión* pueda tener efectos duraderos en la respuesta y percepción del dolor que los niños manifiesten en lo sucesivo.

43

PREGUNTA: ¿No pueden recibir medicamentos anestésicos los niños antes de ser sometidos a la circuncisión...?

RESPUESTA: A pesar de que los medicamentos para combatir el dolor

¿COMO CUIDAR EL PENE DEL RECIEN NACIDO?

CON CIRCUNCISION

■ Aunque durante los primeros días después de la *circuncisión,* el *pene* de su bebé estará irritado y enrojecido, es importante limpiarlo cada vez que cambie su pañal. Utilice una mota de algodón empapada en agua tibia.

■ Después de lavar el área con agua, aplique (con otro algodón) un poco de vaselina en el extremo del *pene,* para de esta forma mantener alejadas de esta zona las sustancias irritantes de la orina.

■ Una secreción amarillenta inicial será normal, pero si se desarrollaran unas pequeñas úlceras, o si el enrojecimiento persistiera por más de siete días, pudiera existir una infección.

■ Después que la *circuncisión* haya sanado, ningún cuidado adicional será requerido más allá de la rutina del baño diario.

SIN CIRCUNCISION

■ En el momento del nacimiento, el *prepucio* se encuentra unido al extremo del *pene,* pero finalmente se separará permitiendo que pueda ser llevado hacia atrás para su limpieza. Esta separación –aunque generalmente no se completa hasta alrededor de los 3 años– puede comenzar a ocurrir después de unos pocos meses de vida; es más, el 50% de los niños muestran una considerable separación al final de su primer año de vida.

■ Consulte con su pediatra acerca de cuál es el momento en que puede retraer el *prepucio* para limpiar debidamente el área. Hasta ese momento, limpie el pene del bebé con jabón y agua.

■ Después de la separación, usted necesitará asegurarse de retraer el *prepucio* hacia atrás todos los días mientras baña al niño, y limpiar cuidadosamente toda esa área.

no han sido ampliamente empleados en los niños más pequeños –debido a la vieja creencia de que "los bebés no los necesitan", así como la preocupación de los pediatras con respecto a los posibles efectos secundarios que los mismos puedan causar– se considera que los mismos pueden ser administrados antes de practicar una *circuncisión;* de hecho, muchos de ellos ya están siendo usados más comúnmente. Los padres deben exigir un cuidado más suave y amable hacia sus hijos varones recién nacidos cuando se les practique la *circuncisión.*

Entre las opciones anestésicas con que hoy se cuentan se incluyen:

- Una inyección de bloqueo del nervio en la base del *pene.*
- Inyecciones menos profundas, justamente debajo de la piel que se encuentra próxima o sobre el lugar donde se practicará la incisión al hacer la *circuncisión.*
- Una crema tópica que adormece la piel antes de que sea cortada.

Asimismo:

- Una dosis de *acetaminofén* –una hora antes de la operación y cada cuatro a seis horas después de practicada– también puede ayudar a aliviar el dolor.
- Un chupete cubierto con una solución azucarada igualmente puede contribuir a calmar al bebé adolorido después de ser sometido a la operación. En un estudio realizado en la **Universidad Johns Hopkins** (Estados Unidos), los bebés que chuparon teteras mojadas en agua azucarada lloraron significativamente menos cuando fueron circuncidados que los que no recibieron el azúcar. Quizás éste es el motivo por el cual algunas veces los rabinos les dan a los bebés que van a circuncidar teteras mojadas en vino antes de practicarles la *circuncisión.*

DOLOR DE AMOR (DISPAREUNIA): A VECES EL SEXO PUEDE SER DOLOROSO

44

PREGUNTA: ¿Qué es la dispareunia... o dolor de amor, como lo llaman muchas personas?

RESPUESTA: Experimentar dolor a la hora de hacer el amor es una de las experiencias más desagradables y frustrantes que puede presentársele a una persona en su vida sexual; es la causa secreta de que muchos matrimonios felices se lleguen a separar, sin motivo aparente alguno. Sin embargo, son muchas las personas –tanto hombres como mujeres– que padecen de la llamada *dispareunia,* una condición que médicamente es definida como:

■ Un dolor genital o pélvico intenso, experimentado durante el encuentro sexual.

Sí, la *dispareunia* puede presentarse también en los hombres, contrariamente a la creencia popular, aunque en realidad no es una situación frecuente. La *prostatitis* (o inflamación de la glándula prostática) o el uso de determinados medicamentos anti-depresivos (como la *amoxapina, imipramina* y la *clomipramina)* pueden provocar que el hombre experimente un dolor intenso al alcanzar el *orgasmo.*

De cualquier forma, la *dispareunia* es más común en las mujeres, y se puede manifestar durante las primeras experiencias sexuales, pero también después de años de llevar una vida sexual activa y normal. Lamentablemente, es una condición que muchas mujeres sufren en silencio, a pesar de que podría ser tratada con éxito... una vez que se determinan sus causas. Muchas se niegan a hablar del tema por considerarlo "muy fuerte", "vergonzoso" y "demasiado privado"... los calificativos que fueron empleados con mayor frecuencia por un grupo de mujeres a quienes se les preguntó recientemente su opinión sobre esta condición femenina que es más frecuente de lo que se sospecha.

45

PREGUNTA: Si el sexo es un acto natural, ¿por qué hay ocasiones en que puede ser doloroso?

RESPUESTA: El *dolor de amor* se produce casi siempre por dos causas fundamentales:

■ Orgánicas.
■ Sicológicas.

Entre las *causas orgánicas* se hallan las siguientes:

■ La mujer que nunca ha tenido relaciones sexuales presenta un pliegue membranoso (el *himen*) que cubre parcialmente o completamente la entrada de la *vagina*. Al producirse la penetración durante el encuentro sexual, el *himen* es rasgado, lo cual provoca sangramiento y dolor.

■ También la *dispareunia* puede presentarse como consecuencia de lesiones genitales debidas a un encuentro sexual muy intenso (rozaduras, rasgaduras), o a la falta de lubricación adecuada (por lo general esta situación se presenta cuando los juegos preliminares del amor son muy breves y la mujer no logra alcanzar el nivel de lubricación adecuado para la penetración).

■ También puede manifestarse si las glándulas en el área genital (*glándulas de Bartolini* o de *Skene*) se infectan o inflaman, causando dolor.

■ Un preservativo mal puesto, o un diafragma que no ajuste debidamente, puede provocar dolor genital en la mujer al hacer el amor.

■ Asimismo, la mujer puede manifestar una reacción alérgica contra las jaleas anticonceptivas y otros productos espermicidas; algunos irritan la *vagina* o el *cuello del útero*.

■ También la mujer puede presentar una anormalidad congénita (como el *himen rígido* o una pared anormal que divide la *vagina*).

■ Cuando se presenta la etapa de la menopausia, la disminución en los niveles de *estrógeno* provocan la sequedad vaginal, además de que las paredes de la *vagina* se vuelven más finas... factores que pueden provocar dolor al hacer el amor.

■ También la cirugía para reparar los tejidos rasgados después del parto, o cualquier otro tipo de cirugía que pueda provocar que la *vagina* se estreche, puede provocar dolor.

■ La inflamación y la infección de la *vagina (vaginitis)* causa dolor durante el contacto sexual, lo mismo que las infecciones en la *cérvix,* el *útero,* las *trompas de Falopio,* la *endometriosis,* los tumores en la pelvis y las adhesiones (de tejido fibroso) que se forman después de una enfermedad pélvica o de la cirugía.

■ La terapia de radiación para el tratamiento de tumoraciones cancerosas puede provocar cambios en los tejidos genitales, haciendo dolorosas las relaciones íntimas.

Es preciso enfatizar que el *dolor de amor* no es un trastorno nuevo (está tratado en infinidad de obras clásicas de la Literatura universal) pero que, curiosamente –y por motivos desconocidos– está afectando a un número cada vez mayor de mujeres en la actualidad. Así, estudios realizados recientemente con mujeres que se quejan del *dolor de amor* arrojan estadísticas sumamente interesantes. Por ejemplo, después de reconocimientos ginecológicos:

■ Un 25% de las mujeres afectadas presentaban causas anatómicas; es decir, físicas.

■ Un 30% padecía de alguna lesión orgánica.

■ Otro 30% esperimentaba algún trastorno funcional en su organismo.

■ Solamente el resto –entre un 15% y un 20%– tenía problemas de índole sicológica.

Entre las *causas sicológicas,* es preciso mencionar que hay determinado tipo de dolor que, hasta cierto punto, puede ser confundido con un nivel de placer; resulta relativamente agradable, sobre todo si se produce en momentos de pasión intensa que culminan con el *clímax sexual.* Por supuesto, por *dolor de amor* no nos referimos a esa pequeña molestia que pudiera manifestarse en un momento dado en el área genital, sino a un gran dolor que impide, inclusive, la penetración, o que convierte el acto sexual en una verdadera tortura para la mujer en cuestión.

46

PREGUNTA: ¿Cómo pueden afectar los factores sicológicos las relaciones sexuales...? ¿Es que la mente puede provocar dolor al hacer el amor?

RESPUESTA: La mente propicia las condiciones para que se manifieste el dolor de amor. Por ello, lo primero que debe hacer la mujer que sufre de *dolor de amor* es consultar la situación que le está afectando con un ginecólogo. En algunos casos el *dolor de amor* puede deberse a una condición en la que, en efecto, prevalecen los factores sicológicos y que es conocida como *vaginismo:* una contracción o espasmo involuntario de los músculos inferiores que se encuentra a la entrada de la *vagina* (se cierran e impide que el *pene* penetre en el momento en que el acto sexual va a ser consumado).

Muchos ginecólogos son capaces de detectar el *vaginismo* por medio del tacto digital, y lo describen como "una especie de pared rígida a la entrada de la *vagina*". Su causa es el deseo inconsciente de la mujer de evitar la penetración debido a experiencias sexuales dolorosas en el pasado, para evitar un embarazo no deseado, o para no permitir ser controlada por el hombre con el que mantiene relaciones íntimas, o no perder el control de sí misma en un momento de pasión, o no ser lesionada durante el acto sexual.

47

PREGUNTA: ¿Cuál es el tratamiento para el vaginismo?

RESPUESTA: Para tratar el *vaginismo* hay diferentes alternativas. En primer lugar es necesario que la paciente sea examinada físicamente por el ginecólogo, el cual deberá informarse además de su historia médica. Si se descarta la presencia de factores físicos que están provocando el *dolor de amor,* entonces se le enseñan a la mujer diferentes técnicas para reducir los espasmos musculares que impiden la relación sexual normal. Casi todos estos procedimientos consisten en ir dilatando paulatinamente la *vagina:* con el dedo debidamente lubricado, con tampones, o por medio de unos dilatadores especiales, graduados, que van funcionando gradualmente y adaptando el cuello de la *vagina* a las dimensiones que hayan sido recomendadas por el ginecólogo.

También se le enseña a la mujer ejercicios especiales para fortalecer los músculos de la pelvis (los llamados *ejercicios de Kegel,* por ejemplo), mientras que los dilatadores son aplicados. Estas contracciones y relajamientos de los músculos en la *vagina* le permiten a la mujer lograr un mayor control sobre los mismos.

Una vez que la mujer puede tolerar dilatadores de mayor tamaño en la *vagina,* sin sentir mayores molestias, entonces puede ensayar nuevamente su vida íntima. En algunos casos, es conveniente que la mujer practique ejercicios de relajamiento para lograr controlar la ansiedad durante la intimidad sexual.

48

PREGUNTA: ¿Qué otros factores sicológicos pueden provocar dolor al hacer el amor?

RESPUESTA: El *dolor de amor* puede deberse igualmente a determinados trastornos sicológicos, casi siempre asociados con ideas preconcebidas por la mujer con respecto a las relaciones sexuales, prejuicios sobre las cuestiones relativas al sexo, o algún trauma sexual que exista en la vida de la mujer en cuestión (haber sido violada, por ejemplo). En estos casos, el *dolor de amor* es exclusivamente mental y sólo puede ser tratado por medio de la terapia siquiátrica, con la que generalmente se logran excelentes resultados.

No podemos dejar pasar por alto, al tratar las causas sicológicas del *dolor de amor* el temor que muchas mujeres sienten al comprobar que las dimensiones del *pene* de su pareja son superiores a las que ellas considerarían normales. Y, en efecto, si el *pene* del hombre es muy desarrollado (en longitud o espesor) es importante que la mujer esté consciente de que la *vagina* es un órgano sumamente elástico, y que con los estímulos eróticos necesarios, puede lubricarse y distenderse a proporciones formidables para acomodar inclusive a un *pene* de dimensiones mayores que el promedio.

49

PREGUNTA: ¿Puede evitarse el dolor de amor...?

RESPUESTA: Afortunadamente, con la excepción de los problemas anatómicos muy específicos (falta de *vagina,* trastornos óseos de la pelvis, o estrucutras anormales) que se pudieran presentar, la mayoría de los casos de *dolor de amor* se pueden evitar (y hasta curar) sin mayor esfuerzo. Para lograrlo, lo único que se debe definir es la causa (o las causas) que lo provocan.

- ■ Si las mismas son de origen fisiológico o funcional, el único indicado para recomendar el tratamiento a seguir es el ginecólogo.
- ■ Si se trata de cuestiones asociadas con actitudes mentales o problemas síquicos, lo más conveniente es obtener la orientación de un

sicólogo o siquiatra.

En la inmensa mayoría de los casos, el *dolor de amor* puede ser controlado (y evitado) si se atienden los factores que lo provocan:

- Las inflamaciones e infecciones de la *vagina* pueden ser tratadas hoy con los medicamentos adecuados.
- Si la vulva presenta algún nivel de inflamación, las compresas de una solución de *acetato de aluminio* pueden ser beneficiosas para aliviar el dolor.
- La cirugía puede ser una alternativa efectiva en casos de quistes o abscesos, así como para abrir un *himen* rígido o reparar cualquier anormalidad anatómica en el área de la *vagina*.
- También se puede recurrir a un *pesario,* un elemento que es insertado en la *vagina* para dar apoyo al *útero.*
- Si es un diafragma mal ajustado el causante del dolor en la intimidad sexual, el mismo puede ser reemplazado por otro que ajuste con mayor precisión, o se puede recurrir a cualquier otro tipo de método anticonceptivo de efectividad probada.

Los analgésicos y los sedativos pueden ser empleados, pero en ocasiones muy especiales.

ENFERMEDADES Y LA VIDA SEXUAL:
¿COMO INFLUYE LA SALUD EN EL AMOR?

50

PREGUNTA: ¿Cómo pueden llegar a afectar las enfermedades la vida sexual de la pareja?

RESPUESTA: Por supuesto, cuando un miembro de la pareja se siente indispuesto debido a los síntomas de una enfermedad, es probable que sus deseos sexuales se afecten y que en lo menos que piense sea en hacer el amor... ya sea hombre o mujer. Sin embargo, hay tres condiciones que pueden afectar de una forma muy especial la vida sexual de la pareja:

- La *artritis reumatoidea,* por la dificultad en los movimientos.
- La *diabetes,* debido a que provoca en el hombre la incapacidad de alcanzar y mantener la erección, causando episodios de *impotencia sexual* temporal.
- El dolor en los *testículos,* por la incapacidad para el acto sexual.

LA ARTRITIS

51

PREGUNTA: ¿Qué sucede en la vida íntima de una pareja cuando uno de los cónyuges desarrolla la artritis reumatoidea?

RESPUESTA: De acuerdo a las estadísticas, muchas parejas deciden pasar por alto las relaciones sexuales cuando el dolor de la *artritis* es intenso... Naturalmente, la vida conyugal de estas parejas se afecta profundamente, y muchas veces queda interrumpida definitivamente. Afortunadamente, hay soluciones... ¡Sólo es preciso buscarlas!

Cuando nos referimos a la *artritis* (consideremos la *artritis reumatoidea,* por ejemplo), muchas personas inmediatamente piensan en individuos de edad avanzada, porque consideran que "la *artritis* es una enfermedad que se manifiesta progresivamente a medida que el individuo avanza en edad". Quienes así piensan se sorprenderían ante las siguientes estadísticas:

■ La *artritis* puede presentarse entre los 20 y los 60 años de edad.

■ Su incidencia es más alta nada menos que en las personas que tienen entre 35 y 45 años de edad.

■ Afecta tres veces más a las mujeres que a los hombres.

Es decir, en mis años de especialista como Neurólogo y Sexólogo, he tratado a muchas parejas jóvenes que han buscado ayuda profesional debido a que uno de los cónyuges se hallaba afectado por la *artritis*... y su vida sexual había quedado abruptamente paralizada, con todas las implicaciones de conflictos conyugales que una situación de este tipo por lo general presenta. Sin embargo, lo que más me ha sorprendido en muchos de estos casos que he tratado, es que estas parejas buscaron orientación profesional inicial con el especialista que diagnosticó la condición y que implementó el tratamiento a seguir... sólo que éste no les ofreció la orientación debida con respecto a la forma en que la *artritis* afectaría su vida íntima, sino que se limitó a tratar a la enfermedad en sí, considerando –quizás– que una vez que la situación lograra ser mantenida bajo control, desaparecerían todos los problemas laterales que provocaba: las dificultades sexuales y conyugales entre ellas.

52

PREGUNTA: ¿Por qué los especialistas a veces se limitan en la orientación que pueden ofrecerle a la pareja cuando una enfermedad –como la artritis– va a afectar su vida sexual...? ¿Acaso por pudor...?

RESPUESTA: Es difícil de definir... No hay duda de que nuestra sociedad ha experimentado cambios realmente inconcebibles desde hace sólo unas décadas, sobre todo en aspectos relacionados con la sexualidad humana. El tema del sexo permaneció prohibido durante siglos, pocos se atrevían a hablar de "esas cuestiones", y –como consecuencia de esa actitud evasiva– fueron muchos los falsos conceptos y los errores que infinidad de personas desarrollaron sobre un aspecto tan importante de la vida misma como son las relaciones íntimas entre un hombre y una mujer que se aman.

Afortunadamente, hoy mucho ha cambiado en este sentido y existe un ambiente general de mayor espontaneidad sobre la sexualidad humana. Hablar de *situaciones sexuales* se ha convertido en un tópico central en muchas conversaciones. Sin embargo, no deja de ser curioso que todavía hayan profesionales para quienes estos temas, si no forman parte integral de su especialidad médica, los consideran un terreno poco menos que prohibido. Esto, por supuesto, es paradójico ya que infinidad de estudios y encuestas confirman que la mayor parte de los pacientes prefieren hablar de las *cuestiones sexuales* que los afectan con sus médicos, porque consideran que son éstos quienes mejor pueden entenderlos.

¿La consecuencia directa de este fenómeno? Muchos pacientes esperan la ayuda (cuando menos, orientación) de sus médicos para solucionar sus problemas sexuales, sobre todo si éstos se encuentran relacionados con ciertas limitaciones de índole física... ya sea una enfermedad cardiovascular, una situación de impotencia o frigidez, o una enfermedad degenerativa del cuerpo (como es la *artritis).*

Esto es lo que sucede, precisamente, con los pacientes que padecen enfermedades reumáticas, los cuales muchas veces se ven impedidos de llevar una vida sexual normal porque no saben qué hacer para evitar que la enfermedad afecte su intimidad. Hay que enfatizar, pues, que todo médico debe tratar de explicar a sus pacientes la correlación tan íntima y directa que existe entre la salud y unas relaciones sexuales satisfactorias. Y, al mismo tiempo, el profesional debe saber enfocar y explicar cómo algunas dificultades físicas (la *artritis,* definitivamente, entre ellas) pueden repercutir en la relación sexual de la pareja... y afectar la vida conyugal, naturalmente.

53

PREGUNTA: ¿Por qué la artritis es una enfermedad que incapacita a la pareja para llevar una vida sexual activa?

RESPUESTA: La persona que padece de *artritis,* y que lleva una vida sexual activa, la enfermedad no sólo provoca en ella los dolores y los síntomas característicos que todos conocemos, sino que sicológicamente llega a causar un trauma que afecta profundamente las relaciones conyugales. Sí, los problemas íntimos sí existen para la persona que sufre de *artritis...* y pueden ser muy variados. Sin embargo, hay soluciones para muchos de ellos. Fundamentalmente debemos comenzar a enfrentarnos a este tipo de situación analizando cómo es que la *artritis* afecta a algunas zonas de nuestro cuerpo e influye en nuestra vida sexual...

Consideremos tres partes vitales de nuestro cuerpo que desempeñan una función activa en nuestra vida íntima:

■ Las caderas. Para poder disfrutar de unas relaciones sexuales completamente normales, la persona debe estar capacitada para mover sus caderas con cierta libertad. Lamentablemente, algunas formas de *artritis* (así como determinadas operaciones quirúrgicas) impiden ese movimiento, dificultando la vida sexual de la pareja... muchas veces paralizándola. El mejor tratamiento para este tipo de dolor consiste en sesiones de terapia dirigidas a mejorar el movimiento de las caderas; en algunos casos es necesario una intervención quirúrgica, y en situaciones extremas se requiere hasta la implantación de una prótesis. ¡Pero hay soluciones! En este último caso es preciso mencionar que los pacientes a los que se les ha implantado estas nuevas caderas logran experimentar una gran mejoría en sus relaciones íntimas, aunque deben observar ciertas limitaciones para no dislocar la prótesis mediante los movimientos bruscos de una posible actividad sexual no controlada.

■ La columna vertebral. La rigidez en la columna vertebral puede impedir el movimiento total o parcial del cuerpo durante las relaciones sexuales. Esta es una condición más frecuente en los hombres, y en algunos casos, la *artritis* que se manifiesta en la columna vertebral puede llegar a neutralizar los estímulos sexuales y a dificultar hasta la erección del pene. Pero también hay soluciones para este tipo de situación: una operación quirúrgica y un tratamiento a base de medicamentos anti-inflamatorios que permitan controlar la condición.

■ Las manos. Se trata, sin duda, de una de las zonas más afectadas del cuerpo por las diferentes modalidades de *artritis*. El dolor ocasionado por la enfermedad puede llegar a impedir las relaciones sexuales normales, sobre todo en lo que a las caricias y juegos íntimos se refiere. Nuevamente, el tratamiento de esta situación puede ser variado: desde el suministro de medicamentos anti-inflamatorios hasta baños en parafina y sesiones de terapia.

54

PREGUNTA: Entonces... ¿es el dolor causado por una enfermedad como la artritis el enemigo mayor para que la pareja pueda llevar una vida íntima activa y satisfactoria...?

RESPUESTA: No hay duda de que el factor que influye decisivamente en las relaciones sexuales de las personas que sufren de enfermedades artríticas es el intenso (y prácticamente continuo) dolor que experimentan. Se trata de un dolor que –a menudo– puede llevar al individuo a sumirse en estados depresivos profundos, creando así más de un problema serio para una persona que probablemente llevaba una vida sexual normal y activa antes de que se le desarrollara la enfermedad. No deja de ser curioso, sin embargo, que esas mismas relaciones íntimas, ese contacto físico entre dos seres que se aman, puede representar la solución para que el dolor desaparezca por largos períodos de tiempo.

Ahora bien, a la hora de analizar la *artritis* se comete el frecuente error de pensar que el dolor está confinado exclusivamente a las articulaciones óseas. Con mucha frecuencia, algunos males artríticos (así como ciertos tratamientos) causan lesiones orales, genitales, anales o cutáneas que –de un modo u otro– afectan igualmente el funcionamiento en la intimidad de la persona enferma. Estas lesiones pueden impedir directamente esa vida sexual o –debido al dolor y al mal aspecto de las mismas– disminuir la intensidad o frecuencia de los encuentros sexuales. Naturalmente, un tratamiento acertado de estas lesiones puede normalizar la situación y permitir que los pacientes se reintegren al ritmo de intimidad que observaban antes de manifestarse el problema.

55

PREGUNTA: ¿Es posible llevar una vida sexual aceptable... a pesar de sufrir una enfermedad incapacitante como la artritis?

RESPUESTA: Existe un problema, y es preciso estar consciente de ello. Es decir, un paciente de *artritis* no está capacitado para mantener una vida sexual idéntica a la que puede llevar alguien absolutamente saludable. De todos modos, sí existen soluciones que permiten la realización sexual, sin mayores contratiempos... en ocasiones, hasta con una normalidad absoluta. Por ejemplo:

■ Muchos especialistas recomiendan sesiones de calor húmedo y ejercicios previos al acto sexual.

■ Del mismo modo, también puede ayudar considerablemente el hecho de tomar algún tipo de analgésico algunos momentos antes de la intimidad.

■ Y muchos especialistas aconsejan que la pareja se de un baño o ducha tibia antes de hacer el amor, aprovechando este tratamiento como una forma de juego amoroso preliminar.

56

PREGUNTA: Los medicamentos que se recetan para la artritis, ¿pueden afectar la relación sexual?

RESPUESTA: Sí. Es preciso tener mucho cuidado con los *medicamentos corticosteroides* para combatir los dolores de la *artritis*. Estas sustancias son útiles para reducir el dolor que la *artritis* causa en la persona, pero al mismo tiempo impiden la erección (en el hombre), imposibilitando una relación íntima completa. Tampoco se debe pensar que estos efectos tienen que ver con las dosis, ya que son causados por el medicamento en sí, sin importar cuál sea su dosis.

Dentro de las soluciones posibles, es preciso aconsejar a estos pacientes las ventajas del cambio frecuente de posiciones durante el encuentro sexual, así como de experimentar con varios métodos de relaciones íntimas. Por supuesto, es comprensible que un médico no siempre aconseje qué tipo de movimientos y de posturas pueden ser los más apropiados para la vida sexual satisfactoria de estos pacientes; pero en estos casos, es importante que les recomiende la visita a consejeros sexuales u otros profesionales especializados en ofrecer terapia sexual, muchos de los cuales trabajan hoy en los centros especializados en la lucha contra la *artritis,* conscientes de que es ésta una de las enfermedades que mayormente afecta la vida sexual de las personas que la padecen.

57

PREGUNTA: Además de los problemas físicos que causa la artritis, deben considerarse también las complicaciones sicológicas. ¿Cierto?

RESPUESTA: Sin duda, los dolores y otras complicaciones físicas ocasionadas por la *artritis* son las barreras inmediatas que los pacientes que sufren de *artritis* deben superar para llegar a disfrutar de una vida sexual lo más normal posible. Lamentablemente, no son las únicas, ya que hay consecuencias de tipo sicológico que resultan tan (o más) difíciles de superar. Y estas reacciones sicológicas no sólo surgen en la persona que padece de *artritis* (al comprobar cómo su vida íntima puede verse afectada), sino también en su compañero sexual.

En efecto, una de las consecuencias más directas que se manifiesta en las personas que sufren de *artritis* es la inseguridad, ya que la enfermedad casi siempre afecta negativamente su sexualidad... hasta el punto en que, si su compañero de intimidad prefiere evitar la relación sexual para no ocasionar más dolor (o por cualquier otro motivo), la persona con *artritis* puede interpretar esa reacción como una señal de rechazo... convirtiendo esa idea en un factor que crea en ella desajustes sicológicos de todo tipo.

Situaciones como ésta (tan frecuentes como dolorosas) exigen una comunicación absoluta y sincera entre los miembros de la pareja sexual... y es en este sentido en el que la orientación del profesional adquiere tanto valor. Sólo a través de ese intercambio de impresiones, de sentimientos y de deseos, será posible evitar otros problemas que podrían afectar no sólo la relación sexual, sino la relación general de amor y comprensión que pueda existir entre la pareja.

Finalmente, es importante tener en cuenta también que, a veces, los pacientes de *artritis* se ven obligados a permanecer durante largos períodos de tiempo en hospitales, sometidos a tratamiento y alejados de sus compañeros de intimidad. Esta separación crea una cierta tensión inevitable que, a su vez, dificulta las relaciones sexuales en particular y, más ampliamente la relación humana y sentimental de la pareja.

DIABETES

58

PREGUNTA: Cuando la diabetes es la causa de episodios de impotencia sexual en el hombre... ¿existe algún tratamiento que pueda considerarse efectivo?

RESPUESTA: Muchos hombres que sufren de *diabetes,* más tarde o más temprano llegan a desarrollar la *impotencia sexual:* no logran alcanzar o mantener la erección adecuada, aunque la capacidad para lograr el clímax durante el acto sexual, y eyacular, pocas veces se vean afectados. De ahí que la *impotencia* en el diabético en muchas ocasiones pueda ser mal interpretada... Y, desde luego, esta condición se agrava por factores sicológicos, lo que hace que los episodios de *impotencia* sean cada vez más frecuentes en el paciente diabético, debido a la presencia de estados de ansiedad, actitudes negativas hacia el sexo, y a una disminución (o ausencia) de auto-estimación y confianza en sí mismo.

Es por ello que se hace necesario el conocimiento científico de las causas que originan la *impotencia sexual* en los diabéticos, así como el dominio de los tratamientos más recientes que se han desarrollado para controlarla. Debe tenerse bien presente el hecho de que la *diabetes* es el trastorno endocrino que con mayor frecuencia se asocia a la *impotencia*. Entre las causas orgánicas (o no sicológicas) de la *impotencia sexual* en el hombre, la *diabetes* ocupa el primer lugar. Es más, análisis estadísticos recientes revelan que:

■ Aproximadamente el 15% de todos los hombres que padecen de *diabetes* se vuelven impotentes (o desarrollan deficiencias sexuales que conducen a la *impotencia)* a partir de los 30 años de edad.

■ Esta cifra llega a cuadruplicarse a medida que el hombre avanza en edad.

■ Y a los 60 años, se estima que cerca del 60% de los diabéticos sufren de *impotencia.*

59

PREGUNTA: ¿Cuáles son las causas de la impotencia diabética?

RESPUESTA: Muchos especialistas consideran que la causa de la llamada *impotencia sexual diabética* es de naturaleza orgánica:

■ La *diabetes* acelera la obstrucción de las arterias del *cuerpo cavernoso* del *pene,* las cuales tienen la función de suplir la sangre necesaria para que el *pene* desarrolle su capacidad de erección.

■ También se estima que la *diabetes* afecta la capacidad de los nervios del aparato reproductor masculino para trasmitir la información vital al cerebro con el fin de que se produzca la erección.

Se trata de una situación grave, y la elección del tratamiento más adecuado depende no sólo de la causa de la condición, sino también de los riesgos relativos de la terapia a la que el paciente sea sometido, a su edad, así como a sus deseos.

60

PREGUNTA: En una situación de este tipo, ¿ayudan los medicamentos que el paciente pudiera tomar para controlar la impotencia?

RESPUESTA: El observar una dieta adecuada, y un tratamiento a base de medicamentos apropiados, muchas veces permiten revertir la *impotencia sexual* que se manifiesta en el diabético, especialmente en los diabéticos jóvenes. Sin embargo, por regla general los pacientes de edad más avanzada no responden positivamente a estas medidas. También es preciso tomar en consideración los siguientes factores:

- Algunos medicamentos disminuyen la capacidad de erección en algunos diabéticos, por lo que en estos casos debe disminuirse la dosis o recurrir a medicamentos alternos.
- El dejar de fumar, y el reducir o suprimir la ingestión de bebidas alcohólicas también redunda en beneficio del paciente, así como el iniciar un programa de reducción de peso, siempre bajo la supervisión del médico.

En todo caso, la terapia sexual y la orientación sicológica pueden ayudar a disminuir los estados de ansiedad que experimenta el paciente diabético al comprobar que su potencia sexual se ve afectada, además de que permiten resolver los problemas conyugales que se hayan podido desarrollar, e inclusive modificar actitudes erróneas relacionadas con la actividad sexual.

De igual manera, este tratamiento sicológico complementario al empleo de medicamentos contribuye a mejorar la auto-estimación del paciente diabético, lo cual influye definitivamente en su comportamiento sexual. Sin embargo, en pacientes de edad ya avanzada, con una *impotencia* predominantemente orgánica (causada por la *diabetes),* la sicoterapia y la terapia sexual no brindan resultados tan satisfactorios como los que se logran en el caso de pacientes más jóvenes.

61

PREGUNTA: ¿Qué es la llamada erección inducida?

RESPUESTA: Los pacientes que aún pueden lograr una tumescencia de forma natural en el *pene,* aunque la misma sea sólo parcial, pueden beneficiarse con el uso de un auxiliar externo para alcanzar la erección. Se trata de un instrumento capaz de crear un vacío externo alrededor del pene, el cual permite un mayor flujo sanguíneo hacia el *cuerpo cavernoso,* provocando de esta manera la erección. Sin embargo, este instrumento no es efectivo en aquellos pacientes que son incapaces de aumentar el tamaño del *pene* en forma natural.

Este auxiliar sexual es empleado con frecuencia en los casos de pacientes que rehusan someterse a inyecciones en el cuerpo cavernoso del pene o a intervenciones quirúrgicas para implantes peniles. También es utilizado como auxiliar temporal para tratar una situación de *impotencia* de origen sicológico, o en aquellos pacientes que estén considerando someterse a una operación de implante de *pene*.

62

PREGUNTA: Y las inyecciones directamente en el pene... ¿son más efectivas?

RESPUESTA: La auto-administración de inyecciones en el *cuerpo cavernoso* del *pene* requiere de una gran motivación por parte del paciente, conocer a la perfección cómo llevar a cabo el tratamiento, y seguir con mucho cuidado las medidas profilácticas que sean recomendadas por el especialista. Este tratamiento no es recomendable a pacientes que presenten trastornos mentales o una personalidad sicopática.

Los pacientes que se inyectan por sí mismos deben seguir al pie de la letra las instrucciones del médico y asistir al consultorio regularmente. El tratamiento de inyecciones en el cuerpo cavernoso no es aplicable a todos los casos de *impotencia diabética;* por lo tanto, un especialista debe autorizar el mismo. Con frecuencia, los resultados de esta terapia por inyecciones son poco satisfactorios, ya que la calidad de la erección tiende a disminuir luego de un tiempo determinado.

Esta técnica además tiene en su contra que con frecuencia inhibe la realización espontánea del sexo; también puede resultar desagradable a la pareja sexual. Algunos pacientes temen a las posibles complicaciones que se pueden presentar como consecuencia del tratamiento o simplemente sienten fobia ante la aguja de la jeringuilla. Entre las posibles complicaciones se incluyen el *priapismo* (o erección sostenida por un período largo de tiempo... a veces hasta por cuatro horas).

63

PREGUNTA: ¿Cómo puede ayudar al paciente diabético el someterse a una intervención quirúrgica para evitar los episodios de impotencia sexual?

RESPUESTA: La cirugía para los pacientes de *impotencia* por lo gene-

LA DIABETES Y LA IMPOTENCIA SEXUAL

La **diabetes mellitus** es una enfermedad crónica del metabolismo, la cual se caracteriza por la incapacidad del cuerpo para producir suficiente *insulina* para procesar eficientemente los carbohidratos, las grasas, y las proteínas en los alimentos que se ingieren. La *insulina* es una hormona elaborada por el *páncreas,* que ayuda a regular el nivel de azúcar en la sangre y a producir energía. Y entre las muchas complicaciones que puede presentar la *diabetes* se encuentra la *impotencia sexual,* debida a los trastornos cardiovasculares que llega a sufrir el paciente.

La *diabetes* es una enfermedad que hasta el presente se considera incurable. No obstante, sus síntomas y el proceso de la condición pueden ser controlados mediante un tratamiento riguroso. Es más, muchas personas que padecen de *diabetes* pueden llegar a tener una vida completamente normal.

El tratamiento médico para la *impotencia orgánica* causada por la diabetes consiste en tomar las medidas siguientes:

■ En primer lugar, mejorar el control de la *diabetes.*

■ Incorporar cambios en el estilo de vida; es decir, dejar de fumar, limitar el consumo de alcohol, observar una dieta debidamente balanceada, hacer ejercicios físicos, y perder peso.

■ Utilizar medicamentos que combaten directamente la *impotencia sexual.*

■ Ajustar la terapia de algunos medicamentos que puedan estar asociados con la *impotencia.*

En cuanto a la impotencia que es producida por problemas sicológicos asociados a la *diabetes,* el tratamiento debe consistir en la terapia sexual y la sicoterapia.

Si el tratamiento médico para la *impotencia orgánica* falla, será necesario recurrir entonces a otros métodos... y en este sentido hay varios que pueden resultar efectivos.

ral puede ser de tres tipos:

- Revascularización de las arterias del *pene*.
- Ligadura de las venas del *pene*.
- Inserción de una prótesis en el *pene*.

En el caso de pacientes diabéticos, la primera forma de intervención quirúrgica es raramente recomendada. Las propias características de la enfermedad hacen poco adecuada una cirugía reconstructiva de los tejidos vasculares.

En el caso de que el paciente tenga que someterse a la ligadura de las venas del *pene* (el segundo método mencionado), es posible que los resultados sean sólo temporales, ya que el deterioro del flujo arterial en el *cuerpo cavernoso* del *pene* traerá como consecuencia una recurrencia de la *impotencia*. Afortunadamente, cuando se presentan estos casos puede recurrirse a otros tratamientos de efectividad probable: entre ellos, las inyecciones intracavernosas, el empleo de una bomba exterior al vacío, o la implantación de una prótesis en el *pene* (la tercera alternativa a considerar por el especialista).

64

PREGUNTA: ¿Quiénes pueden someterse a implantes de prótesis en el pene, como alternativa a la impotencia sexual?

RESPUESTA: Las estadísticas muestran que entre el 30% y el 40% de los pacientes que se someten a la implantación de una prótesis en el *pene* son diabéticos. La prótesis –que se implanta en el interior del *pene,* en la zona de los cuerpos cavernosos– no es visible. Además, tiene la ventaja de que el paciente puede activarla cuando lo desee. El paciente que decida someterse a este tipo de operación debe poseer una energía sexual adecuada para su edad, la capacidad de alcanzar el clímax sexual, eyacular normalmente, y tener sensibilidad en el *pene*.

Se considera que, en su conjunto, las probabilidades de éxito en las operaciones de implante de prótesis en el *pene* es de un 90% para los pacientes diabéticos de todas las edades. Las posibilidades de infección no superan –en general– al 2%, y los pacientes diabéticos no parecen tener más posibilidades de sufrir de estas infecciones que otros pacientes (siempre que se cumplan los tratamientos adecuados de administración de antibióticos durante todo el proceso quirúrgico).

Muchos médicos reconocen que, de todos sus pacientes, los diabéticos son quienes se muestran más satisfechos después de recibir un implante en el *pene*.

65

PREGUNTA: Los pacientes que sufren de episodios de impotencia sexual debido a la diabetes, ¿deben someterse regularmente a la terapia sicológica?

RESPUESTA: Los pacientes diabéticos que sufren de *impotencia sexual* –en la cual están involucradas causas sicológicas– pueden beneficiarse con un tratamiento sicoterapéutico, incluso en los casos de que también estén presentes –en algún grado– las causas orgánicas de la condición. Esto incluye pacientes diabéticos afectados por problemas conyugales, el abuso de drogas y alcohol, desórdenes de la personalidad, hipocondria, o una historia clínica de trastornos siquiátricos.

En la actualidad los especialistas coinciden en que un paciente con problemas sexuales y de *impotencia* debe ser evaluado sicológicamente para determinar si su padecimiento obedece o no a causas orgánicas. De igual manera, los médicos están conscientes de que pueden presentarse casos de diabéticos cuyos problemas de *impotencia* no obedezcan a factores orgánicos, sino a un elevado estado de ansiedad, depresión, y a otros trastornos emocionales. Se considera que hasta un 72% de los diabéticos que sufren de impotencia causada por problemas sicológicos puede responder de forma adecuada al tratamiento profesional.

66

PREGUNTA: ¿Cómo se puede determinar cuál es el tratamiento adecuado para estos episodios de impotencia que son causados por la diabetes?

RESPUESTA: Nunca como en nuestros días habían existido posibilidades tan diversas de tratar la *impotencia sexual* en el paciente diabético. Los diferentes tratamientos para la *impotencia diabética* no son sólo alternativas viables, sino también terapias específicas para cada caso determinado. Es por ello que se hace imprescindible la consulta con el especialista; sólo él podrá decidir cuál es el mejor tratamiento a seguir, de acuerdo con el estado de salud personal del paciente.

DOLOR CRONICO EN LOS TESTICULOS

67

PREGUNTA: ¿A qué se debe el dolor crónico en los testículos?

RESPUESTA: Los especialistas definen el *dolor testicular crónico* como un dolor intermitente o constante en uno o ambos testículos, el cual se prolonga por lo menos durante tres meses, y que llega a interferir con las actividades diarias del paciente a tal punto que éste debe acudir al médico en busca de tratamiento.

Esta *orquialgia crónica* (como es llamada por los especialistas) debe ser diferenciada de otro dolor, el llamado *dolor agudo del escroto,* que puede ser causado por una torsión testicular, un trauma, una *epididimitis aguda* (inflamación del *epididimo* o conducto del *testículo* donde maduran las *células espermáticas* en el hombre hasta que son capaces de fertilizar el *óvulo* femenino), y cualquier otra condición inflamatoria que requiera atención médica urgente.

El *dolor testicular crónico* tampoco se refiere a los casos en que existen cálculos uretrales ni otros trastornos similares. Las causas del *dolor crónico* y las del *dolor agudo* son generalmente diferentes, por lo tanto, los tratamientos también son distintos para ambas condiciones.

68

PREGUNTA: ¿Cuáles son las causas del dolor testicular crónico?

RESPUESTA: Si no existen causas físicas aparentes para explicar el dolor que se manifiesta en los *testículos* del paciente, lo más probable es que esté experimentando un *dolor testicular crónico*. Este dolor puede ser causado por diferentes trastornos, entre los cuales se incluyen:

- Infecciones.
- Tumoraciones.
- Hernias.
- Varicocele (venas varicosas alrededor de los *testículos).*
- Hidrocele (inflamación del *escroto* que se produce cuando el espacio alrededor de los *testículos* se llena de fluido).

■ Torsiones.

■ Procedimientos quirúrgicos previos.

■ Otras causas.

Debido a que estos factores son muy variados y numerosos, para poder determinar la naturaleza del *dolor testicular crónico* es necesario descartar todas las causas probables del dolor que se presenta. Asimismo, se debe conocer perfectamente la historia sexual del paciente, así como las operaciones quirúrgicas a las que ha sido sometido, y las enfermedades que ha padecido.

El examen físico debe centrarse en el sistema urogenital para determinar la presencia de masas anormales, inflamaciones del *epidídimo,* anormalidades del cordón espermático, problemas del *pene,* trastornos de la *próstata,* la presencia de *neoplasias* (tumores malignos), hernias, y cualquier otra señal que pueda servir para finalmente llegar a un diagnóstico acertado.

Por otra parte, el *dolor crónico testicular* no solamente afecta físicamente al paciente, sino que también causa estragos en el aspecto emocional, limitando tanto su vida sexual, como su interacción con las demás personas.

En general, el médico efectúa exámenes físicos al paciente, lo somete a pruebas de laboratorio para descartar infecciones, exámenes radiológicos, sonografías, ultrasonido, y cuantas pruebas sean necesarias para poder llegar a una conclusión. Además, se procede a una evaluación sicológica del paciente. Si las pruebas anteriores no revelan la existencia de ninguna causa física probable para ese dolor crónico, es preciso entonces buscar su origen en otros factores de índole sicológica (como son los estados depresivos, por ejemplo).

69

PREGUNTA: ¿Cuál es el tratamiento para esta condición?

RESPUESTA: El tratamiento médico casi siempre consiste en la administración de antibióticos o de medicamentos anti-inflamatorios que no contengan esteroides, así como analgésicos. Por supuesto, este tratamiento debe ser celosamente supervisado por un especialista y administrado únicamente en las dosis adecuadas. Antes de llevarlo a la práctica, el especialista debe realizar cultivos específicos para diagnosticar el problema que está causando el dolor.

Si el tratamiento anterior no logra los resultados esperados se intenta obstruir el conducto espermático; es decir, se inyecta *xilocaína* sin *epinefrina,* con una dosis pequeña de *metilprednisolona* en cada *cordón espermático* para efectuar una invasión mínima que alivie el dolor... aunque es preciso aclarar que se trata solamente de un alivio el que se logra, y no de una cura definitiva. Sin embargo, el hecho de que se presente una mejoría al efectuar la obstrucción del *cordón espermático* indica que en muchos casos de *orquialgia* el origen del dolor está en los *testículos,* y no en otra parte. (La obstrucción impide la trasmisión de los impulsos nerviosos procedentes de los *testículos,* una especie de anestesia local temporal).

Cuando el paciente no experimenta alivio con este tratamiento, habrá que considerar otros factores que puedan estar causando la condición: quizás un cálculo o una *prostatitis* benigna. En ambos casos es preciso proceder a efectuar los exámenes médicos correspondientes, inclusive análisis de los *fluidos prostáticos.* En estos momentos se está aplicando un estimulador eléctrico que ayuda a obstruir el *cordón espermático,* pero la efectividad de su uso no está totalmente comprobado.

70

PREGUNTA: Si los tratamientos ensayados no logran los resultados que se esperan para controlar la condición, ¿cuál es la alternativa?

RESPUESTA: Cuando ninguno de los tratamientos anteriores logra los resultados que el especialista espera, es preciso recurrir a la *orquiectomía;* es decir, a la extirpación del *testículo* afectado mediante una operación quirúrgica. Lamentablemente, la cirugía tampoco garantiza la remisión del dolor, y en algunos casos se ha comprobado que la intensidad del mismo puede ser inclusive mayor después de la operación.

En muchos casos de *dolor testicular crónico* no solamente hay que remover los *testículos,* sino eliminar el *epididimo* y los vasos sanguíneos del *escroto.* Afortunadamente, cuando se procede a una operación quirúrgica completa se obtiene un buen porcentaje de curación. Las estadísticas, así lo confirman. Por ejemplo, en unos 40 casos tratados en el **Departamento de Urología de la Universidad de Kansas** (Estados Unidos), hubo 29 pacientes a quienes se les efectuó cirugía múltiple que reportaron una curación total, 9 se mejoraron notablemente, pero 2 continuaron padeciendo del dolor (un porcentaje relativamente bajo).

En los casos de *orquiectomía,* el *testículo* eliminado es reemplazado por una prótesis, un *testículo* artificial que se implanta en el *escroto* en el momento de la operación, y que no crea complicaciones secundarias. Esta prótesis ayuda considerablemente a la recuperación emocional del paciente, quien no regresa del salón de operaciones sintiéndose *incompleto,* y su masculinidad afectada, ya que puede continuar palpando el *testículo* que le ha sido implantado en su cuerpo.

Por supuesto, antes de llegar a estos extremos siempre es imprescindible agotar todas las alternativas no quirúrgicas, entre las cuales se incluyen las ligaduras de los vasos y conductos, así como otros tratamientos. En general, el concepto actual que prevalece entre muchos urólogos es que se prefiere la *orquiectomía* cuando hay que efectuar un procedimiento quirúrgico. Esto se basa en el hecho de que muchos pacientes operados del *epidídimo* tienen que volver nuevamente al salón de operaciones para eliminarles el *testículo* (o los *testículos),* con todos los riesgos que implica una segunda operación.

De todas maneras, el *dolor testicular crónico* debe ser tratado y nunca pasarse por alto. Además, el paciente es el primero en buscar ayuda médica. Aunque en muchos casos el dolor no impide las relaciones sexuales normales (lo cual excluye en esos pacientes la posibilidad de que se trate de desajustes sicológicos), lo cierto es que al efectuar el acto sexual aumenta el dolor, sobre todo en el momento en que se produce la eyaculación. Esto puede llevar a los pacientes a evitar la frecuencia de las relaciones sexuales y crear ulteriormente trastornos depresivos.

Existen diferentes alternativas para solucionar la situación, y en casos extremos siempre se puede proceder a erradicar el mal mediante la cirugía, con un alto porcentaje de probabilidades de éxito. Actualmente la *orquiectomía* puede solucionar definitivamente la *orquialgia,* ese *dolor testicular crónico* que impide a muchos hombres disfrutar plenamente su vida sexual.

ERECCION:
EL MECANISMO MASCULINO
ESENCIAL PARA HACER EL AMOR

71

PREGUNTA: ¿Cuál es la preocupación mayor del hombre actual con respecto a su vida sexual?

RESPUESTA: Por supuesto que la *impotencia sexual* es una de las preocupaciones mayores del hombre actual... pero contrariamente a lo que muchos opinan por lo general son factores físicos los que impiden los mecanismos de erección adecuados en el hombre y no los conflictos emocionales a los trastornos sicológicos, no obstante, el hombre hoy también se preocupa por otros dos elementos: como tener *erecciones espontáneas* (porque considera que ello significa que está perdiendo su potencia sexual), y alcanzar únicamente la *erección a medias* que no siempre le permite disfrutar del encuentro sexual en una forma plena.

De acuerdo a encuestas recientes con respecto a la sexualidad masculina, son tres los temores sexuales más secretos de los hombres:

■ El temor a desarrollar la *impotencia sexual*, y no lograr controlar una situación en la que el mecanismo de la erección no se produzca normalmente.

■ El temor a no tener *erecciones espontáneas* (nocturnas o matinales), ya que -para muchos hombres- ello significa una pérdida de su potencia sexual y el preámbulo de una situación de *impotencia* que no tardara en presentarse.

■ El temor a no disfrutar plenamente el acto sexual; es decir a hacer el amor en una forma automática, a veces forzado por las circunstancias, y como un deber u obligación... en vez de derivar la debida satisfacción física y emocional del encuentro sexual.

72

PREGUNTA: Se habla tanto de la impotencia sexual masculina que tal parecería que es una condición que afecta a un gran número de

hombres. ¿Cuáles son las estadísticas en este sentido?

RESPUESTA: En efecto *la impotencia sexual* es una de las condiciones médicas que experimenta un mayoe número de hombres al punto de que muchos especialistas consideran de que se trata de una "epidemia masculina silente", ya que son muy pocos los afectados que admiten sufrir de esta incapacidad sexual que en muchos casos se refleja severamente en su auto-estimación y llega a destruir sus relaciones conyugales, causando frustraciones de todo tipo para ambos miemgros de la pareja. En algunos países, la *impotencia sexual* es causal de divorcio, y la Iglesia Católica igualmente considera la condición como un factor importante en el proceso de anulación del matrimonio. Por ello, no es de extra;ar que, de acuerdo con un estudio reciente realizado por la **Universidad de Boston** (Massachusets, Estados Unidos).

■ Hasta un 52% de los hombres que se hallan entre los 40 y los 70 años de edad padecen hoy de algún tipo de *disfunción sexual* que les impide alcanzar la erección y mantenerla para poder consumar el acto sexual; es decir, mediante la penetración.

Es decir:

■ Más del 50% de la población masculina mundial va a sufrir de problemas relacionados con la *impotencia sexual* en algún momento de sus vidas.

73

PREGUNTA: Y los hombres ...¿Están conscientes de esta situación que afecta tan severamentesu vida sexual?

RESPUESTA: Por supuesto. La mayoría de los hombres en la actualidad están conscientes de estas realidades , y es por ello lo que la *impotencia* es uno de los temores masculinos mas extendidos. Pero a pesar de lo frecuente que es ésta incapacidad sexual entre la población masculina mundial, hasta hace solo unos cuantos años la *impotencia masculina* era una condición de la que poco se sabía atribuyéndosele generalmente a "elementos sicológicos" (a veces sin definir), ya que muchos especialistas partían de la base (no siempre exacta desde luego) de que "el hombre saludable no tiene por que verse afectado en la capacidad para realizar sus relaciones sexuales, a menos que su sexualidad esté severamente influída por factores sicológicos (temores, complejos,ansiedades,culpabilidad, aversiones, estados de depresión,etc.)" En la actualidad -y aunque los miembros más conservadores de la Asociación Médica de los Estados Unidos continúa considerando que "los principales causantes de la *impotencia sexual* en el hombre son los factores sicilógocos (incluyendo también entre ellos a la fatiga y el estrés). se estima que:

■ Un alto porcentaje de los casos de *impotencia sexua*l masculina tiene un origen físico, una situación que quizás antes no se detectaba tan fácilmente en hombres que aparentemente eran completamente saludables.

Es decir, muchos hombres a primera vista pueden parecer totalmente saludables y funcionar eficientemente en la mayoría de sus actividades habituales... pero a veces presentan problemas para lograr y mantener la erección ya que -sin saberlo- están afectados por diferentes condiciones físicas: un elevado nivel de azúcar en la sangre *(diabetes)*, un desbalance hormonal, desajustes neurológicos (da;os en la médula espinal o causados por el alcoholismo), así como el tomar determinados medicamentos entre ellos anti-depresivos, los diuréticos y otros para controlar la presión arterial elevada).

Muchos de estos hombres sufren calladamente de episodios de *impo tencia sexual,* los cuales los especialistas atribuyen a veces a los consabidos "trastornos sicológicos" cuando en realidad las dificultades en el proceso de erección se deben a los factores totalmente físicos... sencillamente, no detectados.

74

PREGUNTA: ¿En realidad puede ser prevenida la impotencia sexual en el hombre?

RESPUESTA: Afortunadamente una vez que los aspecialistas lograron determinar que los factores físicos son en muchos casos los responsables de un número cada vez mayor de los casos de *impotencia sexual masculina* (parcial o total), es evidente que:

■ La condición puede ser prevenida (tomando en consideración ciertas medidas), o también puede ser tratada médicamente (una vez que ya se ha manifestado).

En otras palabras: en los últimos años la *impotencia sexual* ha dejado de ser una situación devastadora para el hombre que tiene problemas en el proceso de su erección, ya que puede ser tratada médicamente... y con éxito, en una inmensa mayoría de los casos.

Y aunque no hay duda de que el tratamiento sicológico siempre puede ser efectivo para devolver al hombre afectado el nivel de auto-confianza y auto-estimación que es imprescindible para funcionar adecuadamente en la intimidad, el tratamiento de la condición hoy no se limita –como antes– a neutralizar los "factores emocionales y sicológicos", sino a explorar una serie de causas físicas que es posible que no se hayan manifestado abiertamente y que son, precisamente, las que pueden estar interfiriendo en que el hombre afectado pueda lograr y mantener la erección durante el acto sexual.

75

PREGUNTA: ¿Por qué si está tan generalizada la impotencia sexual, masculina existe una especie de conspiración de silencio con respecto a esta condición?

RESPUESTA: Son varios los factores que causan este silencio con respecto a la *impotencia masculina;* esto ha provocado que millones de hombres sufran calladamente un verdadero calvario con respecto a su vida sexual:

■ Básicamente, porque la *impotencia sexual* avergüenza al hombre que la sufre, al comprobar que su vitalidad y capacidad como hombre están afectadas... además de las muchas frustraciones y complejos que la incapacidad para lograr y mantener la erección provoca en sus relaciones íntimas. Es más –de acuerdo con numerosos estudios realizados al respecto– es más fácil que el hombre acepte que sufre de cáncer o de cualquier enfermedad infecciosa a que admita (inclusive a su propio médico) que tiene dificultad en lograr la erección durante sus relaciones sexuales.

Debido a esta actitud equivocada de tantos afectados, hasta el presente son pocos los hombres que buscan ayuda u orientación médica al comprobar que comienzan a tener problemas de erección, al punto de que se considera que menos de un 10% de los hombres que sufren de *impotencia sexual* (parcial o total) se someten a tratamiento para superar la condición; la inmensa mayoría acepta en silencio la situación y se resigna a sobrellevar la frustración de una vida sexual totalmente nula.

■ Pero, además, es preciso mencionar que existe cierta complicidad femenina en cuanto a los motivos por los que el hombre que comienza a sufrir de *impotencia sexual* no busque tratamiento médico inmediato: son muy pocas las mujeres que, al comprobar que sus hombres tienen dificultad para alcanzar y mantener la erección, se atreven a mencionar abiertamente la situación y a sugerir la importancia de recibir el tratamiento médico adecuado. El hombre, en muchos casos, se niega a aceptar que sus temores más secretos (su incapacidad sexual) se están convirtiendo en realidad y, sencillamente, evade los encuentros sexuales (recurriendo a pretextos de cualquier tipo). Muchas mujeres aceptan los episodios sexuales cada vez más esporádicos y frustrantes, hasta que la *impotencia* del hombre llega a volverse total, y entonces la relación conyugal termina en el aislamiento de los cónyuges e, inclusive, en el rompimiento y la separación definitiva.

Quizás esta aceptación de la *impotencia sexual* como una realidad inevitable –tanto por el hombre afectado como por su compañera de intimidad– se deba a que muchas personas no están conscientes de que la condición no se debe tanto a factores sicológicos (como se ha creído hasta el presente) y que, por lo tanto, puede ser superada con la ayuda médica adecuada en la mayoría de los casos.

76

PREGUNTA: ¿Cómo se produce el mecanismo de la erección en el hombre?

RESPUESTA: En una forma sencilla, la erección puede ser descrita como "el endurecimiento, inflamación, y elevación de la posición normal del *pene* en el hombre". Se trata de un proceso físico natural del organismo humano que puede ser causado por el estímulo sexual, o por la estimulación física del *pene,* aunque también puede producirse regularmente durante el sueño y puede presentarse –sin causa aparente alguna– en los varones más pequeños.

ERECCION

Recordemos que el *pene* incluye tres cilindros de tejido eréctil, regados por una red de vasos sanguíneos controlados por los nervios de la médula espinal. Durante el proceso de la erección, el *pene* se satura de la sangre que fluye hacia el área, y los vasos sanguíneos se dilatan para permitir el aumento en el flujo sanguíneo. Asimismo, los músculos alrededor de estos vasos sanguíneos se contraen y evitan que la sangre se retire del *pene,* lo cual permite que la erección se mantenga para poder consumar el acto sexual (la penetración). Es evidente, entonces, que tres factores fundamentales influyen en forma determinante en que se produzca y mantenga la erección:

- Las arterias deben permitir que la sangre fluya adecuadamente hacia el *pene.*
- Los músculos del *pene* deben estar debidamente relajados para permitir que la sangre fluya hacia el área.
- El *pene* debe tener la capacidad de almacenar temporalmente la sangre (mientras se mantiene la erección, para permitir que se produzca el proceso sexual).

Si uno de estos tres factores falla, la erección no se produce debidamente. También es evidente que son dos los elementos principales en todo este proceso natural del organismo:

- El *oxígeno,* ya que el *pene* es igual que cualquier otro músculo u órgano en el cuerpo humano: necesita oxígeno.
- La sangre, que es la que nutre los tejidos de este órgano.

De acuerdo con diferentes estudios realizados sobre el mecanismo sexual en el hombre, es solamente durante el proceso de la erección, cuando el volumen de sangre que irriga al *pene* es máximo, que hay suficiente volumen de *oxígeno* en los músculos del *pene* para producir *protaglandinas E-1,* la sustancia natural que mantiene en forma las arterias peniles evitando el desarrollo de tejido fibroso en ellos. La propia Naturaleza se ocupa de que este proceso se produzca en una forma automática:

- Cuando el hombre es adolescente o se halla entre los 20 y los 30 años, el *pene* recibe suficiente *oxígeno* debido a las llamadas *erecciones nocturnas* que se producen mientras duerme, y las cuales equivalen a un promedio de dos o tres horas todas las noches. Es una forma natural de la que se vale el organismo para recargar las baterías sexuales del hombre.

■ No obstante, a medida que el hombre va avanzando en edad, esas *erecciones nocturnas* van siendo menos frecuentes, por lo que es importante entonces asegurarse de que se producen las *erecciones matinales.*

77

PREGUNTA: ¿Es necesario que el hombre provoque erecciones frecuentes para que el mecanismo de la erección no se interrumpa... a medida que avanza en edad?

RESPUESTA: Sí. Cuando el *pene* del hombre no desarrolla normalmente el proceso de la erección, entonces es preciso provocarla. Y en este sentido los especialistas están de acuerdo en que al menos deben producirse tres *erecciones provocadas* a la semana. Si ello no es posible, entonces es imprescindible que el hombre se someta a un examen físico completo, ya que la dificultad para alcanzar la erección puede ser el síntoma de una condición médica subyacente.

78

PREGUNTA: ¿Qué condiciones médicas pueden afectar el mecanismo de la erección en el hombre?

RESPUESTA: Varias, pero especialmente:

■ **LA DIABETES.** Se trata de una peligrosa enfermedad, no siempre detectable, la cual no solamente daña los vasos sanguíneos que irrigan el *pene,* sino que puede afectar las terminaciones nerviosas en el pene que son las que controlan el mecanismo de la erección (vea también la página 79). La *diabetes* aflige a millones de personas en todo el mundo, muchas veces inconscientes de que sufren de esta enfermedad hasta que un análisis para determinar el nivel de *glucosa* en el organismo pone de manifiesto la enfermedad. En muchos casos, la *impotencia sexual* es uno de los síntomas preliminares de la *diabetes.*

■ **LA HIPERTENSION.** La *presión arterial elevada* daña de manera progresiva el revestimiento interior de las arterias, haciéndolas más susceptibles a la acumulación de la placa de grasa y, por lo tanto, impidiendo que la sangre fluya en el volumen adecuado al *pene* para que se produzca el proceso de la erección.

■ **EL NIVEL ELEVADO DE COLESTEROL.** El nivel elevado de *colesterol* contribuye a la acumulación progresiva de la placa de grasa en las arterias del corazón, pero también obstruye progresivamente las arterias que irrigan el *pene,* disminuyendo la fluidez de la sangre en el área y haciendo más difícil el proceso de la erección.

■ **LOS GOLPES EN EL AREA DE LOS GENITALES.** Muchas veces los problemas relacionados con la erección son el resultado de un golpe recibido en el área genital, en ocasiones debido a accidentes mientras se hacen ejercicios o se practican deportes. A veces, hasta un golpe sufrido en los órganos genitales durante la adolescencia puede tener consecuencias en la vida sexual futura del hombre afectado.

79

PREGUNTA: ¿Qué medidas puede tomar el hombre para evitar los problemas de la erección?

RESPUESTA: Es importante que actúe rápidamente:

■ En primer lugar, el hombre que presenta problemas de erección debe someterse rápidamente a un examen médico total para determinar qué factores en el funcionamiento de sus diferentes sistemas vitales puede estar provocando esas dificultades en el mecanismo de la erección. Ahora bien, si el hombre en cuestión logra *erecciones nocturnas* (es decir, mientras duerme), es evidente que tiene la capacidad de lograr y mantener la erección. Por lo tanto, ese hombre no sufre de *impotencia sexual,* ya que el proceso se produce automáticamente.

■ Por supuesto, en estos casos es importante considerar entonces los factores sicológicos. No obstante, de acuerdo con las estadísticas obtenidas con los nuevos conceptos con los que se considera hoy la *impotencia sexual masculina,* se considera que solamente 1 de cada 10 casos de *impotencia* tienen un origen sicológico.

Desde luego, es importante tener presente que el no poder lograr (o mantener) la erección en alguna que otra oportunidad no se trata de una situación de *impotencia* ya que en todos los hombres el mecanismo de la erección puede fallar en algún momento debido a diferentes factores emocionales (un estado de ansiedad, estrés, etc.).

■ También es fundamental que el hombre afectado por los problemas de erección considere cuáles son los medicamentos que está tomando. Hay medicamentos recomendados para controlar la *hipertensión* que pueden interferir en el proceso de la erección. Lo mismo sucede con los medicamentos anti-depresivos, para la artritis, para las úlceras, etc. En el caso de que se estén tomando medicamentos (cualquiera que sean los mismos), y que se presente una dificultad para alcanzar la erección, la situación debe ser consultada inmediatamente con el médico.

■ Es importante vigilar el nivel de *colesterol* en el organismo. Considere que el llamado *colesterol bueno (lipoproteínas de alta densidad),* permite alcanzar más fácilmente la erección; por ello es fundamental elevarlo. Asimismo, el *colesterol malo (lipoproteínas de baja densidad),* contribuye a que se acumule la placa de grasa en las arterias, obstruyendo la fluidez de la sangre por todo el sistema circulatorio... incluyendo la irrigación sanguínea del *pene.* Además, hay que tomar en cuenta que el *colesterol bueno* contribuye a eliminar la placa de grasa acumulada en las arterias, lo cual facilita el proceso de la erección. ¿Cómo aumentar el nivel de *colesterol bueno?* Evitando el consumo de grasas saturadas (de origen animal).

80

PREGUNTA: Si el hombre presenta problemas de erección, ¿cómo debe ser su vida sexual...? ¿Tal vez más moderada?

RESPUESTA: Es importante que el hombre que sufre de problemas de erección evite los encuentros sexuales demasiado intensos. Cuando el hombre se involucra en una actividad sexual intensa, de alta pasión, no hay duda de que está forzando a su sistema circulatorio a que incremente el volumen de sangre que llega no solamente a su *pene,* sino a todo su organismo. En muchos casos, esta exigencia total de sangre de diferentes áreas del cuerpo evitan que el volumen adecuado de sangre irrigue los tejidos erectiles del *pene* para lograr la erección, y mantenerla. ¿Resultado? Un episodio de *impotencia.*

81

PREGUNTA: ¿La deficiencia de algún elemento nutritivo puede influir en la manifestación de episodios de impotencia sexual?

RESPUESTA: Es posible, y el hombre que presenta problemas de erección debe preguntarse –por ejemplo– si su organismo está recibiendo el nivel de *cromo* que necesita para funcionar adecuadamente. El *cromo* contribuye a que la *insulina* (la hormona segregada por el *páncreas)* estabilice en los niveles adecuados de *glucosa* en la sangre, evitando que se desarrolle la *diabetes.* El organismo solamente necesita trazas de este mineral, el cual puede ser encontrado en el brócoli, en el germen de trigo, y en los cereales integrales. En todo caso, se pueden tomar suplementos minerales como complemento a la dieta para alcanzar la dosis de *cromo* recomendada por los especialistas: entre 50 y 200 microgramos de *cromo* al día.

82

PREGUNTA: ¿Qué otras medidas pueden contribuir a evitar los trastornos de erección en el hombre?

RESPUESTA: Los ejercicios aeróbicos son excelentes para facilitar el mecanismo de la erección en el hombre; incrementan notablemente el ritmo circulatorio, además de que proporcionan un volumen mayor de *oxígeno* a todos los músculos del cuerpo (el *oxígeno* es necesario para liberar la energía que el cuerpo almacena en forma de grasa, *glicógeno* y azúcar).

Para que estos ejercicios sean realmente efectivos, deben involucrar los músculos de mayor tamaño en el tronco y aquéllos en la parte superior del cuerpo, así como los de las piernas. Además, deben ser realizados (continuamente) durante un período mínimo de 20 minutos, tres veces a la semana (como mínimo). Cuando los ejercicios aeróbicos son realizados regularmente, desarrollan los vasos capilares, mejorando el suministro de sangre a todas las células del cuerpo. Al mismo tiempo aumentan el tamaño y el número de *mitocondrias* (la parte de las células musculares que producen energía) mejorando la capacidad de las células para utilizar el *oxígeno, y* aumentando asimismo el volumen de *oxígeno* que el cuerpo puede utilizar.

Pero además, los ejercicios aeróbicos mejoran las condiciones del músculo cardíaco. El ritmo cardíaco disminuye durante el período de actividad y descanso, el corazón se fortalece, y el volumen de sangre que es capaz de bombear aumenta considerablemente. Como resultado de todo ello, el músculo cardíaco realiza menos esfuerzo para alcanzar el mismo nivel de eficiencia.

83

PREGUNTA: ¿Qué son las erecciones espontáneas?

RESPUESTA: Con frecuencia la mayoría de los hombres se despiertan con una erección, aunque en ese preciso instante no se esté pensando en cuestiones sexuales y se esté consciente de que en el sueño no han habido elementos eróticos. Este fenómeno ha sido mal llamado *erección matinal,* ya que la *erección espontánea* no ocurre solamente por la mañana y no tiene nada que ver con la "vejiga llena" (deseos de orinar), con los llamados "sueños estimulantes", o con la famosa "compensación a la insatisfacción en la vida sexual real", como muchos creen equivocadamente.

La *erección espontánea* se produce varias veces durante las horas de sueño y se debe, principalmente, a un mecanismo que acompaña el llamado *movimiento rápido de los ojos* (fase **REM** del sueño; del inglés **R**apid **E**ye **M**ovement); es decir, una fase del sueño profundo en el que los globos oculares se mueven velozmente de un lado a otro en el interior de los párpados, y que indica que se están produciendo una serie de procesos orgánicos muy especiales en el individuo. Por ejemplo, la respiración se vuelve errática, disminuye notablemente el tono muscular... y ocurre la erección. Se ha podido comprobar científicamente –en los llamados *laboratorios del sueño,* donde se estudian los procesos oníricos del ser humano– que el hombre adulto promedio (entre los 25 y los 30 años de edad) experimenta unos cuatro o cinco episodios de *erección espontánea* mientras duerme, y cada uno de ellos puede durar entre 60 ó 90 minutos.

A medida que transcurren los años, desde luego, el tiempo y la frecuencia con que se producen estas *erecciones espontáneas* fluctúan en cada individuo... y es entonces que surgen los temores en el hombre, que considera que su vitalidad está disminuyendo o que está afectada. Así, hay casos de hombres con 75 años de edad que experimentan uno o dos episodios nocturnos de *erección espontánea* con una duración de unos 30 minutos cada uno (aproximadamente), pero es importante considerar que las estadísticas en este sentido son muy variables, ya que hay hombres de la misma edad que pueden experimentar la *erección espontánea* más veces de lo que los sexólogos consideran como "promedio en el hombre normal", e inclusive mantenerla por más tiempo.

El hecho de que llamemos *erección matinal* o *erección nocturna* a este tipo de *erección espontánea* se debe únicamente a que al despertarnos generalmente nos encontramos en el último episodio fisiológico del *movimiento rápido de los ojos* (**REM**) mencionado anteriormente, y es por ello que nos percatamos de este fenómeno que se produce naturalmente en la mayoría de los hombres.

84
PREGUNTA: ¿Por qué son importantes las erecciones espontáneas?

RESPUESTA: Las *erecciones espontáneas* que el individuo tenga durante el sueño pueden ayudarle mucho... a él y a su médico. El especialista deberá determinar si el paciente está padeciendo de la llamada *impotencia sicológica* (de origen emocional) o la *impotencia orgánica* (debida a causas físicas):

■ En el primer caso, si se produce la *erección espontánea,* es evidente que el hombre reúne todas las condiciones necesarias para lograr una erección adecuada y mantenerla durante todo el acto sexual, pero debido a causas de índole puramente sicológica, no logra experimentar la erección o no la mantiene en la forma adecuada.

■ En el segundo caso, si no se manifiesta la *erección espontánea,* es posible que existan factores físicos, puramente orgánicos, que son los que impiden la erección.

Es decir, las llamadas *erecciones espontáneas* permiten diferenciar un tipo de *impotencia* de otra, y orientar debidamente al especialista con respecto al tratamiento que debe imponer a su paciente.

Por ejemplo, si un paciente de *impotencia sexual* ni siquiera experimenta la erección al despertarse en las mañanas, el médico le puede facilitar determinados equipos que –una vez colocados alrededor de su *pene*– son capaces de registrar cualquier tipo de erección que se produzca durante la noche, por leve que ésta sea. Así, si de noche el paciente logra *erecciones espontáneas,* esto es evidencia de que su trastorno es básicamente de índole sicológica y que requiere asesoramiento siquiátrico para superarlo. De lo contrario, el médico tiene la evidencia de que algún factor orgánico es el que impide la erección normal del *pene,* y entonces encaminará su investigación y tratamiento en esa dirección.

Por supuesto, hay excepciones.... casos en los que se produce la *erección espontánea* durante la noche, pero la misma no puede mantenerse debido a otras razones orgánicas que deben ser tratadas. De cualquier forma, es una gran ayuda para el médico determinar si la situación de

impotencia sexual que afecta a su paciente se debe a un trastorno orgánico o a conflictos puramente sicológicos, ya que esto le servirá de base al
recomendar el tratamiento adecuado para superar la crisis.

85

**PREGUNTA: Hay hombres que aseguran que no tienen erecciones
espontáneas, y se sienten frustrados por ello. Pero... ¿las tienen en
realidad y no se dan cuenta de que es así?**

RESPUESTA: Conversando con muchos especialistas se escuchan siempre las dos versiones de la misma historia. Esta es la otra cara de la mo-
neda: el paciente acude al médico, preocupado profundamente porque no
tiene *erecciones espontáneas* al despertarse en la mañana. En muchos
pacientes, es fácil comprobar de que su afirmación no tiene validez. Lo
que sucede en estos hombres que temen estar desarrollando la *impotencia*
es que despiertan después de haber pasado por la etapa **REM** del sueño y
–como es lógico– no tienen consciencia de sus *erecciones espontáneas*,
las cuales se han producido durante la noche.

86

PREGUNTA: Los niños, ¿tienen erecciones espontáneas?

RESPUESTA: Muchos sexólogos estiman que la primera lección de
educación sexual que recibe un niño pequeño se puede producir cuando
un día despierta con una *erección espontánea* y pregunta a sus padres qué
le está pasando. La *tumescencia inconsciente* del pene es una situación
espontánea, absolutamente normal, que comienza a producirse en la
infancia, y por lo tanto es muy saludable que los padres del niño conoz-
can este aspecto de la vida de sus hijos varones para que acepten la erección del *pene* como una manifestación normal de su sexualidad y no lo
atribuyan a la posibilidad de que el niño esté teniendo sueños eróticos o
involucrado en experiencias sexuales que puedan ser consideradas como
prematuras para su edad y, por ello, motivo de alarma.

Es fundamental que los padres no eduquen a sus hijos en el terror de
que esta manifestación natural de su organismo es "algo sucio" y "casti-
gable". La actitud positiva por parte de los adultos en este sentido debe
prevalecer en todo momento: el niño debe recibir una respuesta lógica a
cualquier inquietud que pueda manifestar, y quedar convencido de que el
proceso que está experimentando es espontáneo, y normal.

87

PREGUNTA: ¿Provocan algún tipo de dolor o molestia las erecciones espontáneas?

RESPUESTA: Algunos pacientes se quejan de no experimentar las *erecciones espontáneas* al levantarse en la mañana sino más bien durante la noche y que precisamente se despiertan debido al dolor que sienten con la tumescencia del *pene*. Estas experiencias tienen un significado muy especial para los médicos, quienes pueden determinar de esta manera si el paciente está padeciendo de algún problema relacionado con la llamada *fimosis* (estrechez del *prepucio),* una condición que se corrige fácilmente por medio de la cirugía.

88

PREGUNTA: ¿Debe preocuparse el hombre por comprobar que presenta erecciones espontáneas?

RESPUESTA: En términos generales es posible afirmar que las *erecciones espontáneas* se producen normalmente en los hombres saludables de todas las edades. No obstante, el hombre no debe preocuparse exageradamente si no está consciente de que experimenta esas *erecciones espontáneas* (ya que a veces éstas se producen durante la noche), ni tampoco si todas las mañanas despierta con el órgano masculino en erección. Lo importante es tener en cuenta que mientras se lleve una vida sexual normal, estas manifestaciones de la sexualidad no deben preocupar mayormente. Solamente cuando se presenta una situación de *impotencia* es que se deben observar y prestar atención a estas *erecciones espontáneas* para comprobar si la situación de *impotencia* que se ha manifestado tiene causas físicas o sicológicas. En todo caso, es fundamental la visita al médico.

89

PREGUNTA: Pero hay hombres que tienen erecciones espontáneas y que, a pesar de ello, no pueden funcionar adecuadamente en la intimidad. ¿Por qué se presentan estas situaciones...? ¿Qué otros factores pueden afectar el proceso de la erección?

RESPUESTA: Es importante aclarar que aunque por muchos años se ha considerado que el hecho de que un paciente que sufre de *impotencia sexual* logre *erecciones espontáneas* es índice de que la causa de su *impotencia* es sicológica, no siempre se puede confiar en que esta regla sea absoluta. Existen alteraciones (como el llamado *síndrome glúteo),* en el que la sangre que penetró en el *pene* y provocó la erección, se retrae con los ejercicios y movimientos de la cadera... provocando así la flaccidez del *pene.*

Es importante tener presente que el mecanismo de la erección del pene en el hombre es un fenómeno que no se produce sencillamente porque el individuo quiera que se produzca. Es preciso que exista una delicada y frágil interacción entre el sistema nervioso, las reacciones musculares, los niveles de hormonas en el organismo, y la circulación sanguínea. El órgano sexual masculino responde positivamente cuando los mensajes procedentes del cerebro (a través de los nervios) causan que las llamadas *cámaras esponjosas* situadas en el *pene* se comiencen a saturar de sangre y alcancen un volumen varias veces mayor que el normal. O sea, cuando se endurecen los tejidos, se provoca una contracción muscular adecuada, y es entonces que se produce la erección.

Si existe el tipo de *impotencia orgánica,* el hombre no tiene erección... nunca. Es decir, ni siquiera logra las llamadas *erecciones espontáneas.* Esa *impotencia física* puede tener origen en enfermedades como la *diabetes,* la *arterioesclerosis,* y otros trastornos del sistema circulatorio. Además, puede presentarse si en algún momento de su vida el paciente se sometió a una cirugía y le removieron determinados órganos (como la *próstata,* la *vejiga,* o el *recto).* Y también puede deberse a trastornos hormonales, a fracturas de la columna vertebral, al alcoholismo, a la adicción a las drogas, y a muchas otras causas. Por esos motivos, la *erección espontánea* puede ser un buen indicio para determinar –al menos inicialmente– la probabilidad de que el paciente esté experimentando un tipo de *impotencia sicológica.*

PREGUNTA: ¿Existe algún tipo de prueba que permita comprobar que se están produciendo las erecciones espontáneas?

RESPUESTA: Si un hombre nunca amanece con el *pene* en erección y está convencido de que no experimenta *erecciones espontáneas,* existen una serie de alternativas fáciles (al alcance de todos los presupuestos) que le permitirán comprobar fácilmente si, en efecto, está en lo cierto. Una de ellas es un tipo de anillo (o aro) que se coloca alrededor del pene (el médico puede informarle cómo y dónde obtenerlo). Si amanece con el anillo roto, esto es señal evidente de que se ha producido una (o más) *erecciones espontáneas* durante la noche. Sin embargo, el anillo no permite determinar el tiempo que se mantuvo la erección, ni tampoco la calidad de la misma (es decir, si fue total o parcial). Es por ello que estos dispositivos pueden ayudar, pero no son totalmente confiables. En todo caso:

■ No se debe prestar mayor atención a las *erecciones espontáneas* mientras no observe algún tipo de deficiencia en las relaciones sexuales normales.

■ Sobre todo, no se debe pensar que por el hecho de que se despierte diariamente con una erección, la potencia o vitalidad es mayor que la del resto de los hombres; es importante estar consciente de que la *erección espontánea* se debe a un mecanismo fisiológico automático relacionado con el sistema nervioso.

■ Tampoco la *erección espontánea* es señal de apetito sexual, como muchos hombres consideran. Es más, si se sienten obligados a tener relaciones sexuales debido a la *erección espontánea* que se les presenta, pueden afectar su salud sexual. En otras palabras, una *erección espontánea* no debe ser estímulo suficiente para hacer el amor... Es preciso que existan muchos otros factores que muevan al acto sexual. Esos son los que –en definitiva– convierten la intimidad de la pareja en un acto de comunicación y satisfacción mutua plena, y no en un simple desahogo físico.

90

PREGUNTA: ¿Qué es la erección-a-medias? ¿Es una situación que sufren muchos hombres...?

RESPUESTA: En efecto, muchos hombres sufren del trastorno que comúnmente se conoce como *erección-a-medias*. Es decir, el estímulo sexual está ahí, el deseo es grande, la excitación es total... pero la erección no es la de otras veces; la rigidez del pene no es total. Y no es que se trate de un caso de *impotencia* o de inhibición sexual. Es que, sencillamente, este individuo sólo es capaz de lograr una *erección parcial*, la cual afecta su desenvolvimiento sexual.

Cuando el pene no reacciona en la forma debida en un momento dado, y la erección no llega a ser total, el individuo inmediatamente se considera un *hombre-a-medias*... siente que de alguna forma su masculinidad está en peligro, lo asalta el complejo de que no va a ser capaz de hacer el amor en una forma satisfactoria para su compañera de intimidad, y le invade un temor a veces incontrolable. La situación hace crisis, desde luego, si estos episodios de *erección parcial* se repiten en diferentes encuentros sexuales.

91

PREGUNTA: ¿Qué puede estar sucediendo en estos casos de erección-a-medias?

RESPUESTA: Aunque las causas para que se produzca una *erección deficiente* (como la llaman muchos especialistas) son muy variadas, hay una en particular que influye en forma decisiva en el mecanismo mediante el cual el miembro masculino debe responder en la forma debida ante un estímulo para que se pueda consumar el acto sexual: una circulación deficiente. Si se presenta un estrechamiento u obstrucción en la arteria que suministra sangre a los cuerpos cavernosos del *pene,* o si existe un trastorno en la circulación venosa del miembro masculino, la sangre no fluye normalmente. Debido a este factor, no se puede mantener entonces la presión adecuada en el interior del órgano, porque la sangre no llega en el volumen necesario para incrementar la presión... y, por lo tanto, el *pene* no logra adquirir el nivel de erección necesaria para poder efectuar la penetración y consumar de esta manera el acto sexual.

92

PREGUNTA: Entonces la erección-a-medias podría considerarse como un episodio de impotencia sexual, ¿no es cierto?

RESPUESTA: Muchos hombres que sufren de *erección-a-medias* saltan a conclusiones erróneas y consideran que se están quedando impotentes. No obstante, los especialistas están conscientes de que cuando un paciente se queja de dificultad para alcanzar la erección, lo primero que deben hacer es identificar las causas físicas de esos síntomas de supuesta *impotencia sexual* (antes de indagar sobre los mecanismos sicológicos del individuo, relacionados con su sexualidad).

A veces, quienes sufren de la *erección-a-medias* se quejan de una serie de trastornos que pueden ser considerados como síntomas de esta situación; por lo tanto, deben ser expuestos inmediatamente al médico:

- El *pene* se vuelve fláccido... se pierde la erección y, por mucho que intente concentrarse en la actividad sexual en la que está involucrado, el individuo no logra la rigidez del miembro.
- Siente dolores en la parte inferior de la espalda. Este dolor se manifiesta, más específicamente, en el área del hueso sacro-coxis (el comienzo de la separación de los glúteos).
- Eyaculación prematura. Es decir, el individuo eyacula antes de alcanzar su *clímax sexual*.
- Sensación de impotencia. En otras palabras, no puede continuar realizando el acto sexual.

¿Qué hace el médico en estos casos? Casi siempre, someter al paciente a un examen físico. No obstante, si existiera algún tipo de trastorno circulatorio, el examen preliminar no será suficiente, y en esos casos es necesario proceder a otros tipos de investigaciones más específicas.

93

PREGUNTA: ¿Cuáles son las pruebas médicas a las que se debe someter el hombre que sufre de erección-a-medias?

RESPUESTA: Una de ellas es la llamada *cavernografía,* la cual consiste en una radiografía especial en la que el especialista puede detectar hasta qué punto los cuerpos cavernosos del *pene* están recibiendo el volumen adecuado de sangre, o si se ha producido algún tipo de trastorno en ese área.

Ocasionalmente, cuando se manifiesta el dolor mencionado en la parte inferior de la espalda, el mismo puede deberse a que la sangre que debería irrigar el pene es absorbida por esa región del cuerpo, y esta condición igualmente se refleja en una erección deficiente que muchs veces impide consumar el acto sexual.

La *arterioesclerosis* también puede ser una de las causas de la *erección-a-medias.* Cuando la arteria aorta está parcialmente obstruida, la irrigación de la sangre se vuelve deficiente en todo el cuerpo y, por lo tanto, la erección del *pene* solamente es parcial. A veces esta situación puede ser corregida por medio de la llamada *endarterectomía,* una operación quirúrgica que elimina la obstrucción en una arteria que ha sido estrechada por la *arterioesclerosis,* lo cual permite restablecer el volumen normal de sangre que circula hacia la parte del cuerpo que es alimentada por esa arteria.

94

PREGUNTA: ¿Hay otros trastornos físicos que pueden causar la erección-a-medias?

RESPUESTA: Sí. Existen asimismo otros trastornos más complejos relacionados no solamente con la circulación, sino con la *diabetes,* que influyen en forma decisiva en todo el proceso de la erección del *pene.* A veces, por ejemplo, se presenta una *fístula* entre el *cuerpo cavernoso* y la vena dorsal del *pene,* una condición que puede afectar el funcionamiento normal del órgano masculino.

En ciertos casos se produce el fenómeno inverso: el llamado *priapismo,* en el cual la erección se mantiene de una manera prolongada y dolorosa, impidiendo eliminar la orina acumulada en la *vejiga* y creando una situación grave para el paciente si no se atiende cuanto antes. Afortunadamente, el *priapismo* se resuelve inmediatamente, en un salón de operaciones, con una pequeña incisión en el *pene* que permite restaurar la circulación afectada.

Indudablemente, las posibilidades de sufrir la *erección-a-medias* es mayor entre los hombres que padecen de *diabetes mellitus.* Muchas veces, la *diabetes* es la causa de lesiones vasculares que pueden ser un factor para que la sangre no irrigue el *pene* en la forma debida. En estos casos se requiere un tratamiento especial, ya que el control del nivel de azúcar *(glucosa)* en la sangre no siempre resuelve la situación.

ESPERMATOZOIDES:
LA CELULA MASCULINA REVELA
EL ESTADO DE SALUD DEL HOMBRE

95

PREGUNTA: ¿Qué son los espermatozoides?

RESPUESTA: La *célula sexual masculina* (también conocida con el nombre de **espermatozoide**) es la responsable de fertilizar el *óvulo femenino.* Es producida en los *tubos seminíferos* de los *testículos,* una vez que el varón alcanza la pubertad.

Cada uno de estos minúsculos elementos presenta:

■ Una *cabeza,* en la que se encuentra concentrado todo el material genético (hereditario) que es necesario para crear un nuevo ser humano al unirse con el material genético presente en el *óvulo femenino.*

■ Detrás de la *cabeza* se halla la *cola,* la cual le proporciona movilidad y hace posible que se transporte desde los *testículos* hasta el *pene.*

Los *espermatozoides* serán expulsados del cuerpo del hombre mediante la eyaculación, y luego avanzarán dentro del *útero* femenino, donde continuarán moviéndose en búsqueda del *óvulo* femenino, al cual tratarán de fertilizar. En la *cabeza* de cada *espermatozoide* se produce una enzima que es la que le permite penetrar la membrana del *óvulo* y fecundarlo.

96

PREGUNTA: ¿Cómo se forman los espermatozoides?

RESPUESTA: Los órganos sexuales masculinos comienzan a formarse en el feto cuando éste alcanza tres meses de desarrollo, y adquieren su madurez en la adolescencia. Cuando esto ocurre, el niño (que de repente se convierte en adolescente) está ya listo para participar activamente en el propósito principal de la vida: la perpetuación de la especie. La función del *aparato genital* (o *sistema reproductor masculino)* es producir y almacenar los *espermatozoides,* los cuales son proporcionados a la mujer durante el acto sexual para que puedan fertilizar el *óvulo,* dotando a la nueva criatura que comienza a formarse con la mitad de los genes (el material hereditario, genético) de los cuales el hombre es portador.

97

PREGUNTA: ¿Cómo es el aparato reproductor masculino? ¿Cómo se forman los espermatozoides?

RESPUESTA: En una forma breve y simplificada puede decirse que está integrado por:

LOS TESTICULOS

- Son dos órganos de forma ovoide que se encuentran en una bolsa suelta (llamada *escroto)* y que producen aproximadamente unos 100 mi-llones de *espermatozoides* todos los días. Los *espermatozoides* inmaduros pasan de los *testículos* al *epididimo.*
- Los *testículos* son formados en el abdomen, próximos a los *riñones,* cuando el varón se encuentra aún en su estado fetal. Como respuesta a hormonas que son elaboradas por la madre, así como a hormonas segregadas en los *testículos,* estos órganos comienzan a descender a través del canal inguinal. Al nacer el niño, por lo general se hallan en su posición normal; es decir, en el *escroto.*
- Cada *testículo* está protegido por una cápsula fibrosa resistente llamada *túnica albugínea.*
- También en los *testículos* se produce una hormona clave masculina: la *testosterona.*

EL EPIDIDIMO

- El *epididimo* está situado a lo largo de la parte posterior de cada *testículo,* enrollado sobre sí mismo.
- Los *espermatozoides* que se producen en los *testículos* pasan lentamente por el *epididimo,* el lugar donde maduran hasta que son capaces de fertilizar el *óvulo femenino;* es un verdadero almacén para los *espermatozoides,* los cuales permanecen en él durante dos semanas (aproximadamente) hasta que están listos para moverse a los *vasos deferentes.*

ESPERMATOZOIDES

LOS VASOS DEFERENTES

- Los *vasos deferentes* son tubos estrechos (de aproximadamente 60 centímetros) que transportan los *espermatozoides* del *epididimo* hacia el *pene.*
- Surgen del *epididimo,* se dirigen hacia arriba (sobre la *vejiga urinaria),* y se conectan a un tubo que proviene de las *vesículas seminales* para formar el *conducto eyaculatorio.* Este conducto pasa a través de la *próstata* y se conecta con la *uretra.*
- La *esperma* y los *líquidos seminales* pasan a través de este conducto a la *uretra* durante la eyaculación.

LAS VESICULAS SEMINALES

- Están localizadas cerca de la parte superior de cada *vaso deferente.*
- Estas *vesículas* producen un 60% del *líquido seminal,* un fluido que nutre y transporta los *espermatozoides.*

LA PROSTATA

- La *próstata* es una glándula masculina que tiene la forma de una nuez y que rodea la parte superior de la *uretra* (por debajo de la *vejiga urinaria* y frente al *recto).*
- Produce un 30% del *líquido seminal.*
- Pesa sólo unos gramos en el momento en que el niño nace, y comienza a desarrollarse al alcanzar la pubertad (pesando entonces unos 20 gramos). En la mayoría de los hombres, la *próstata* comienza a aumentar de tamaño después de los 50 años.
- Debido a su proximidad con la *vejiga,* cuando la *próstata* aumenta de tamaño, interfiere con la función urinaria. La condición recibe el nombre de *hiperplasia benigna de la próstata* y no debe ser confundida con el *cáncer prostático.*

LA URETRA

- Es un conducto que sirve de paso común para el *semen* y la *orina.* Se trata de un tubo –de unos 23 centímetros de longitud– que pasa a través de la *próstata* y recorre todo el pene.

EL PENE

- Es el órgano sexual del hombre, a través del cual pasa la orina y el semen.

- Cuando el hombre se excita sexualmente, los impulsos nerviosos procedentes de su *cerebro* y de la *médula espinal* dilatan las arterias del *pene* causando un aumento del flujo sanguíneo en ese órgano. Los tejidos esponjosos se saturan entonces de sangre y, por consiguiente, el *pene* se endurece y vuelve erecto (mecanismo de la erección).

- Cuando ocurre la eyaculación, el *semen* (o sea, el *líquido seminal* con los *espermatozoides)* es expulsado del *pene.*

98

PREGUNTA: ¿Es cierto que las condiciones de los espermatozoides en muchas formas revela la salud del hombre que los genera?

RESPUESTA: Todos los estudios que se han realizado al respecto demuestran que las condiciones de los *espermatozoides* que genera un hombre adulto constituyen una evidencia del estado de la salud en general del resto de su organismo. Este es el motivo por el que muchos especialistas, al realizar un examen físico para determinar la salud de un paciente determinado, requieren también una muestra de su *semen* para analizar el estado y el conteo de los *espermatozoides* en una eyaculación: mientras mejor sea la muestra, más posibilidades existen que el resto del organismo del donante también se halle en condiciones óptimas.

En efecto, si bien podemos medir nuestra capacidad física según la distancia que somos capaces de correr, la constitución física, el peso corporal y otros datos, es importante tener en consideración que todos estos factores se reflejan con precisión absoluta en el estado de los *espermatozoides.* Así, las situaciones de estrés a las que nos podamos hallar sometidos, el tipo de actividad física que observamos, y los hábitos negativos de salud se manifiestan en la calidad de los *espermatozoides,* a los que algunos especialistas en cuestiones de fertilidad califican como verdaderos "detectores de mentiras, altamente especializados".

Es importante mencionar que los *espermatozoides* se están produciendo constantemente (a diferencia de lo que sucede con las células femeninas en las mujeres, las cuales ya nacen con una cantidad determinada de óvulos, los cuales son más difíciles de dañar). Este proceso de generar *espermatozoides* comienza en los *testículos* y tarda alrededor de 70 u 80 días

DATOS SOBRE LOS ESPERMATOZOIDES

■ Un *espermatozoide* puede fertilizar un *óvulo* hasta 24 ó 48 horas después de haberse producido la eyaculación.

■ Los *espermatozoides* se desarrollan a partir de la pubertad del varón, y se logran mucho mejor en una temperatura que sea unos pocos grados por debajo de la del cuerpo (2 ó 5 grados menos). Este es el motivo por el cual son producidos por los *testículos* en una bolsa (el *escroto),* lo cual les permite mantenerse más frescos. Inclusive, muchos hombres infértiles son tratados mediante la aplicación de bloques de hielo en los *testículos* para bajar la temperatura de los mismos y aumentar su fertilidad.

■ Como promedio tienen una longitud de 0.05 miligramos.

■ La célula original de la cual el *espermatozoide* se origina contiene 46 cromosomas, incluyendo el par **XY** (cromosomas sexuales masculinos). Mediante el proceso de la división celular, el número de cromosomas en la esperma se divide en dos; es decir, 23, incluyendo la **X** o la **Y** del par original de cromosomas sexuales. Esta **X** o **Y** es lo que determina el sexo del embrión que se desarrollará después que el *espermatozoide* fertilice el *óvulo femenino.*

■ Es en el *epididimio* donde los *espermatozoides* desarrollan su *cola,* que les permitirá moverse en el interior del aparato reproductor femenino después de ser expulsados durante la eyaculación.

■ De los 200 millones o más de *espermatozoides* que penetran en la *vagina* de la mujer con cada eyaculación, solamente unos 200 son capaces de sobrevivir y llegar hasta las *trompas de Falopio,* donde ocurre la fecundación.

■ Un conteo normal de *espermatozoides* arroja la asombrosa cantidad de 20 a 100 millones por milímetro cúbico. El hombre cuyo conteo espermático sea inferior a 20 millones por milímetro cúbico, se considera estéril ya que tiene muy pocas posibilidades de que algunos *espermatozoides* puedan llegar hasta el *óvulo* y fertilizarlo.

en completarse. Debido a que los *espermatozoides* están produciéndose constantemente en diferentes etapas, es posible que un hombre saludable pueda tener en un momento dado hasta 3 mil millones de *espermatozoides* en formación... lo que podría compararse con una fábrica con un nivel de producción elevadísimo.

99

PREGUNTA: ¿Pueden surgir defectos en esa formidable producción de espermatozoides...?

RESPUESTA: No es de extrañar que puedan producirse elementos defectuosos en una producción de *espermatozoides* tan voluminosa. Así, por ejemplo, los estudios actuales indican que:

■ El hombre de la década de los años 90 produce unos 66 millones de *espermatozoides* por centímetro cúbico... aproximadamente el 50% de los que producían los hombres fértiles en la década de los años 40.

¿Qué ha sucedido...? ¿Qué factores pueden haber afectado en una forma tan drástica la producción de *espermatozoides* en el hombre actual...? De acuerdo con la opinión de muchos especialistas:

■ Si bien se ha logrado prolongar el promedio de vida del hombre de los noventa (debido a las nuevas técnicas médicas y al desarrollo de medicamentos más efectivos), es evidente que este hombre actual es menos saludable que el de hace cincuenta años... un factor que muchos especialistas consideran que se debe a los elementos ambientales y al estilo de vida que muchos observamos hoy en día y que –definitivamente– han afectado la salud del ser humano en general, pero muy específicamente la del hombre, el cual por lo general se encuentra sometido a elementos más adversos que minan constantemente el estado de su salud.

100

PREGUNTA: Nos referimos a "espermatozoides sanos", pero... ¿qué es lo que debemos entender por el término "espermatozoide sano"?

RESPUESTA: Los médicos consideran tres factores para calificar de saludable a un hombre, de acuerdo con el análisis de los *espermatozoides* que produce:

■ Primeramente es preciso tomar en consideración el *conteo esper-mático;* o sea, el número de *espermatozoides* presentes en un milímetro cúbico de *esperma.* Si este conteo no llega a los 20 millones, se considera que el hombre presenta su salud afectada en alguna forma, además de que es técnicamente estéril.

■ En segundo lugar, la motilidad (la capacidad de movimiento del *espermatozoide).* El hombre realmente saludable presenta *espermatozoides* que son verdaderos atletas: están dotados de gran movimiento y de capacidad de desplazamiento para llegar hasta el *óvulo femenino,* una vez en el interior del *útero* de la mujer.

■ Finalmente, la forma o estructura de los *espermatozoides.* Los *espermatozoides* sanos poseen una *cabeza* bien definida (ovoide), con una *cola* recta. Un hombre fértil tiene por lo menos entre un 40% ó un 50% de *espermatozoides* de este tipo, los cuales pueden ser considerados como totalmente normales.

101

PREGUNTA: ¿Qué factores pueden haber afectado la producción y la calidad de los espermatozoides en el hombre de la década de los años 90...?

RESPUESTA: Su estilo de vida, desde luego; todas las investigaciones científicas que se han llevado a cabo al respecto demuestran que el estilo de vida puede afectar las tres condiciones mencionadas en la pregunta anterior. Por supuesto, la mayoría de los hombres no se preocupan por sus *espermatozoides* hasta el momento en que comienzan a planificar su familia, pero quizás debieran hacerlo antes. Los resultados de todos estos nuevos estudios están demostrando que inclusive las alteraciones más mínimas en el estilo de vida del hombre pueden crear problemas de fertilidad, y aunque no esté en sus planes inmediatos el convertirse en padre, no hay duda de que estos cambios también pueden afectar el resto de su cuerpo. Es importante tener presente que los *espermatozoides* constituyen un reflejo de la salud del hombre que los genera, en todo momento.

Por otra parte, las *enfermedades de trasmisión sexual* pueden afectar la calidad de los *espermatozoides* en el hombre, y en este sentido también las estadísticas muestran hoy una situación alarmante.

102

PREGUNTA: ¿Cómo se ha comprobado que la calidad de los espermatozoides continúa afectada en el momento actual...?

RESPUESTA: Todos los estudios llevados a cabo en los últimos años con respecto a la fertilidad humana indican que hoy, a las puertas del tercer milenio, somos mucho menos fértiles que nuestros abuelos... y el deterioro en este sentido parece ser progresivo.

Las investigaciones sugieren que en estos momentos continúa produciéndose una disminución en el conteo de *espermatozoides* y en la calidad del *semen* del hombre promedio (a nivel mundial); este proceso viene deteriorándose durante los últimos cincuenta años, y la alarmante situación se puso en evidencia por primera vez en 1993, cuando fue publicado un importante estudio científico llevado a cabo por el **Doctor Niels E. Skakkebaek** (del **Hospital Rigshospitalet**; en Copenhague, Dinamarca) que partía de un análisis estadístico realizado con el historial clínico de una amplia muestra de aproximadamente 15,000 hombres (a nivel internacional, y de diferentes niveles socio-económicos), así como con muestras de *semen* recolectadas desde 1938 hasta 1990. El resultado de las investigaciones del Dr. Skakkebaek fue devastador:

■ La producción total de *espermatozoides* disminuyó nada menos que en un 42% en ese período de tiempo.

Poco después, un estudio realizado en Francia mostró cifras similares, lo cual sirvió de confirmación para el estudio danés. Según los resultados obtenidos por los científicos franceses:

■ El conteo de *espermatozoides,* entre los años 1973 y 1992, disminuyó en un 2.1% por cada año.

Estos informes científicos también muestran un deterioro de otros indicadores de la fertilidad masculina, como son la *deficiencia en la motilidad de los espermatozoides* (el movimiento de avance de los mismos) y el *porcentaje de espermatozoides morfológicamente anormal.*

Según los investigadores, la disminución en el conteo de *espermatozoides* es señal de problemas variados, y entre los mismos mencionan la incidencia de enfermedades y los trastornos genéticos que –al parecer– están aumentando a un ritmo acelerado.

"La *infertilidad masculina* va definitivamente en aumento", afirma el **Doctor Marc Goldstein**, Director del **Centro de Medicina Reproductiva Masculina del Hospital de Nueva York** (en Nueva York, Estados Unidos). En las últimas dos décadas, la incidencia de *cáncer de los testículos* (una enfermedad que por lo general se manifiesta en hombres jóvenes) ha mostrado un incremento de hasta un 50%, solamente en los Estados Unidos. En Dinamarca, el aumento del número de casos de *cáncer testicular* ha sobrepasado el 30% en los últimos cuarenta años. Y en Inglaterra, por su parte, las investigaciones han registrado un incremento inexplicable en la incidencia de dos malformaciones congénitas en los genitales masculinos: la *criptorquidia* (cualquier forma de retención testicular intra-abdominal) y la *hipospadias* (un defecto en el que la uretra se encuentra debajo del *glande* en el *pene).*

103

PREGUNTA: ¿Qué se puede hacer, entonces, para mantener los espermatozoides en las mejores condiciones posibles?

RESPUESTA: Observar los siguientes patrones:

■ Los especialistas recomiendan suministrarles *zinc.* Este mineral aumenta la producción de *espermatozoides* en general, y también les protege de las infecciones vaginales. El **Doctor Curtiss Hunt** (del **Centro de Nutrición Humana**; en Dakota del Norte, Estados Unidos) ha comprobado que existe una relación entre el volumen y cantidad de *espermatozoides* eyaculados y el nivel del *zinc* en el organismo. Cuando el consumo del *zinc* baja a menos de 10 miligramos diarios, y se ajusta a sólo 1 miligramo, también disminuye considerablemente el número de *espermatozoides* en cada eyaculación (hasta en un 33%). De ahí que se recomiende recibir diariamente la dosis indicada de *zinc,* ya bien sea mediante un suplemento mineral o a través de los alimentos: ostras, carne de cangrejo, o carne de res que no tenga grasa.

■ Es importante protegerlos suministrándoles *vitamina C.* La *vitamina C* protege a los *espermatozoides* de la acción de los llamados *radicales libres,* que son productos del metabolismo capaces de unirse químicamente al ADN o material genético de los *espermatozoides.* La *vitamina C* es un anti-oxidante excelente que puede neutralizar los *radicales libres* antes de que ocurra el daño. En un estudio efectuado en 1991 en hombres fumadores que, además, presentaban una deficiencia de *vitamina C* y a quienes se les comenzó a administrar suplementos diarios (de 250 miligramos) de esta vitamina, se observó un cambio marcado, positivo, de la forma y motilidad de los *espermatozoides.*

■ Es posible activar los *espermatozoides* con sólo llevar un estilo de vida más dinámico. Se ha podido comprobar que los ejercicios físicos hechos con regularidad mantienen a los *espermatozoides* en excelente forma (lo mismo que al resto del cuerpo). Sin embargo, no se puede exagerar la actividad física, ya que los ejercicios que son realmente extenuantes, que demanden mucha resistencia y esfuerzo, pueden dañar la estructura y movilidad de los *espermatozoides.* Por ejemplo, en dos estudios importantes efectuados recientemente en la **Universidad de Connecticut** (Estados Unidos) se investigaron dos categorías diferentes de atletas: corredores de distancias largas y moderadas, así como levantadores de pesos. Los hombres que levantaban pesas y corrían moderadamente (unos 50 kilómetros en una semana) se mantuvieron fértiles; sin embargo, los que solamente corrían más de 100 kilómetros semanales mostraron tener *espermatozoides* más débiles.

■ La alimentación es esencial. Muchos especialistas consideran que muchos hombres ven afectada su salud (y, por consiguiente, la de sus *espermatozoides),* debido a que no se alimentan debidamente, especialmente cuando están sometidos a una actividad física intensa. "Nuestros estudios revelan que cuando la alimentación es deficiente durante la práctica de un ejercicio intenso, disminuye considerablemente el número de *espermatozoides* sanos en cada eyaculación", expresa la **Doctora Mary Jane De Souza** (Profesora de Fisiología de la Reproducción y Educación Física, en la **Universidad de Connecticut**, Estados Unidos), quien ha realizado diferentes investigaciones para comprobar la relación existente entre la salud de los *espermatozoides* y el estado físico del hombre que los genera. De acuerdo con la opinión de la Dra. De Souza: "Los hombres que realizan ejercicios intensos... los atletas que se hallan en entrenamiento, por ejemplo... deben incrementar en su alimentación el volumen de alimentos ricos en carbohidratos complejos y vitaminas... como frutas, vegetales, granos enteros. ¡Es una forma natural, y sencilla, de garantizar la fertilidad y la salud masculina!".

■ Es fundamental neutralizar los estados de estrés a los que el hombre pueda estar sometido. En un interesante estudio (efectuado en 1992) se siguió muy de cerca el estilo de vida y las actividades de 84 parejas que no eran capaces de concebir y que se hallaban sometidas a un tratamiento especial para incrementar su fertilidad. Se pudo observar que la producción de *espermatozoides* era anormal a medida que eran mayores los niveles de estrés y tensión en los hombres bajo estudio... y aunque no se ha podido determinar cómo funciona esta relación entre el *estrés* y la *producción de esperma,* lo cierto es que existe.

■ Los *espermatozoides* deben ser usados... o eliminados. Los *testículos* funcionan al igual que el resto del cuerpo: la actividad incrementa su eficiencia y el nivel de funcionamiento. Muchos hombres piensan, equivocadamente, que absteniéndose de tener relaciones sexuales, se volverán más potentes y lograrán un conteo mayor de *espermatozoides* en cada eyaculación. Sin embargo, como los *espermatozoides* tienen un ciclo de vida tan corto, la movilidad de los mismos comienza a disminuir en los hombres que se abstienen de sus actividades sexuales por cuatro o cinco días. Es más, los especialistas consideran que el celibato prolongado –por un término de varias semanas– atrofia a los *espermatozoides* que puedan ser expulsados en la primera eyaculación y, por lo tanto, los mismos serán incapaces de fertilizar al *óvulo femenino.*

■ Es importante evitar todo tipo de contaminación. Si el hombre está considerando tener un hijo, es fundamental que vigile los alimentos que ingiere, moderar el consumo de alcohol, y evitar fumar. Los datos no mienten: en un estudio realizado por la **Universidad de Carolina del Norte** (Estados Unidos) se pudo comprobar que entre 15,000 recién nacidos, el índice de defectos congénitos aumentaba en las criaturas concebidas por padres que observaban un consumo excesivo de alcohol o que fumaban habitualmente. Por supuesto, no son sólo estos dos elementos los que afectan la salud de los *espermatozoides* en el hombre. En Gran Bretaña, investigaciones realizadas por científicos –en Londres y Liverpool– han permitido comprobar que los *espermatozoides* de los hombres que trabajan expuestos a niveles de radiación en las plantas nucleares, muestran un índice considerablemente alto de hijos que padecen de *leucemia* y otros tipos de tumoraciones cancerosas.

ESTERILIZACION:
EL METODO ANTICONCEPTIVO DEFINITIVO

104

PREGUNTA: ¿Deben esterilizarse las mujeres...? ¿Y los hombres?

RESPUESTA: Se trata de una decisión muy personal. No obstante, hay momentos en que un matrimonio fértil, después de una serie de consideraciones profundamente meditadas, decide no tener más hijos. ¿Qué hacer a partir de ese momento...? ¿Seguir la mujer métodos anticonceptivos que no siempre son efectivos... o someterse la mujer a una sencilla operación que la esteriliza para siempre...? En el caso del hombre... ¿debe someterse a la *vasectomía*? Es evidente que el tema es complejo para la pareja, la decisión es difícil, y sobre el mismo cada cónyuge debe formar su opinión, después de considerar todos los elementos a favor y en contra del procedimiento de la esterilización, femenina y masculina.

ESTERILIZACION FEMENINA

105

PREGUNTA: Muchas mujeres son esterilizadas, una vez que toman la decisión de que no quieren tener más hijos. Pero... ¿no es procrear una de las funciones fundamentales de toda mujer...?

RESPUESTA: Sí, sólo que los conceptos sobre la maternidad y la planificación de la familia han cambiado en las últimas décadas.

No hace mucho, revisando un libro que recoge estadísticas sorprendentes, me encontré con el caso de una mujer rusa, Madame Fyodor Vassilet, quien asombró a los médicos de su época (la década de 1850) concibiendo nada menos que 69 hijos. Entre ellos habían 16 mellizos, 7 trillizos y 4 cuádruples. Esta hazaña sin precedentes le valió a Madame Vassilet la felicitación del Zar y un lugar permanente en todos los libros

ESTERILIZACION

de Medicina y Obstetricia que se han publicado desde aquel entonces.

¿En la actualidad? La fertilidad de la mujer ha disminuido, quizás por el uso continuado de los anticonceptivos orales y de los métodos más avanzados que se están diseñando para evitar un embarazo no deseado. Sin embargo:

■ Un considerable número de mujeres consideran que los métodos anticonceptivos actuales no son todo lo efectivos, fáciles y aceptables que debieran ser y que, debido a ello, el riesgo de traer al mundo una nueva criatura, cuando no se debe o no se puede, es demasiado grande.

■ Otras se sienten incómodas ante los efectos secundarios negativos de algunos de estos métodos para evitar el embarazo (como la píldora, por ejemplo).

■ Algunas se hallan en una situación en la que si quedan embarazadas podrían poner en peligro sus vidas.

■ Y no faltan las que, con los avances de la Genética, han logrado identificar que pueden trasmitir a sus hijos defectos congénitos graves y, por ello, prefieren no quedar embarazadas.

Se estima que el año pasado, alrededor de 50,000 mujeres fueron esterilizadas solamente en los Estados Unidos. En los países europeos, la tendencia favorable hacia la *esterilización* es similar, lo mismo que en algunos países de América Latina, donde cada día son más las mujeres que recurren a la *esterilización* como único medio efectivo de evitar la concepción. De acuerdo con las estadísticas a nivel mundial compiladas por la **Organización Mundial de la Salud (OMS),**

■ El 10% de las mujeres de más de 30 años se han sometido a la *esterilización* (el porcentaje es todavía más elevado en los países más desarrollados y entre las mujeres de mayor nivel cultural).

■ Asimismo, el 25% de las mujeres que han tenido cinco o más hijos se hallan actualmente esterilizadas.

■ En algunos países, la *esterilización* de la mujer es obligatoria.

Sin embargo, a pesar de estas cifras impresionantes a nivel mundial, es limitada la divulgación de información con respecto a la *esterilización femenina,* probablemente por factores religiosos. Debido a ello, muchas mujeres que podrían de esta forma hallar la solución a muchos problemas personales (y familiares), tienden a evitar el procedimiento refiriéndose a las implicaciones sicológicas que la palabra *esterilización* conlleva.

106

PREGUNTA: ¿Cómo se realiza la esterilización femenina?

RESPUESTA: La operación de *esterilización* es en sí básicamente muy sencilla, al punto de que la mayoría de las pacientes pueden regresar a sus casas el mismo día de la intervención quirúrgica, aunque algunas son hospitalizadas por uno o dos días... si el especialista considera que se puede presentar algún tipo de complicación (hemorragia o infección, principalmente). Por lo general se estima que la recuperación total se alcanza en sólo dos semanas, y dos recomendaciones básicas deben ser observadas durante este proceso:

■ No reanudar las relaciones sexuales hasta que el especialista no lo autorice.

■ Evitar una actividad física intensa durante dos o tres semanas después de la operación.

Se ha comprobado que la operación para la *esterilización* puede practicarse mucho mejor después de un alumbramiento, debido a que a raíz del parto el *útero* se halla situado en el área superior del abdomen, siendo su acceso mucho más fácil para el cirujano.

107

PREGUNTA: ¿Cuáles son los pasos de la operación?

RESPUESTA: El procedimiento es sencillo:

■ A la paciente se le aplica anestesia local (por inyección), medular (por inyección), o anestesia general (por inhalación).

■ El método más común de operación para ligar las *trompas de Falopio* es la *laparascopía,* mediante el cual las dos *trompas de Falopio* son cortadas, selladas, y obstruidas de manera que los *óvulos* no puedan ser fertilizados por los *espermatozoides*. Esta sencilla operación toma entre 10 y 15 minutos, sólo deja dos minúsculas cicatrices en el abdomen, y la mujer puede levantarse y regresar a su casa en menos de 48 horas (a veces inmediatamente). Y más aún: no deja traumas post-operatorios, ni la característica sensación de cansancio y depresión que muchas mujeres experimentan por varias semanas después de sufrir una intervención quirúrgica cualquiera.

■ También el cirujano puede buscar el acceso a las *trompas de Falopio* a través de la parte posterior de la *vagina* (una operación que recibe el nombre de *colpotomía posterior).*

■ Asimismo, el cirujano puede practicar una incisión vertical en el abdomen de la mujer (justamente en el área superior al vello púbico), a través de la cual alcanza las *trompas de Falopio* (las corta, las ata, las sella mediante presillas, o las cauteriza siguiendo el método de la *electrocoagulación).* Este tipo de operación recibe el nombre de *mini-laparatomía.*

■ Si se ha practicado una incisión en el abdomen, la herida es suturada con puntos que casi siempre pueden ser eliminados una semana después de haberse practicado la cirugía.

108

PREGUNTA: ¿Qué pasos debe seguir la mujer después de haber sido sometida a una operación quirúrgica para ser esterilizada?

RESPUESTA: Al recuperarse de la anestesia, la mujer sometida a la operación sentirá –inicialmente– un ligero malestar, y el médico le recomendará:

■ Tomar medicamentos calmantes para aliviar el dolor (como el *acetaminofén,* por ejemplo).

■ Aplicarse calor en el área de la herida, para aliviar el dolor.

■ Tomar *antibióticos* para evitar la posibilidad de que se desarrolle cualquier tipo de infección.

■ Observar una dieta líquida (para evitar el estreñimiento), hasta que el sistema digestivo se active nuevamente.

Por lo general, la mujer que se somete a una operación de *esterilización* puede reanudar sus actividades habituales en menos de una semana, lo cual reduce la incidencia de estados depresivos que se presenta en muchas pacientes, así como un grado de irritabilidad aparentemente inevitable... dos situaciones que la mayoría de los especialistas hoy consideran que son normales en situaciones de este tipo.

109

PREGUNTA: Pero hay situaciones en que las trompas de Falopio de la mujer son simplemente atadas y no cortadas... ¿Por qué?

RESPUESTA: Sí, existen variaciones del sistema de *esterilización femenina,* y es importante mencionar aquélla en la que el cirujano simplemente ata las *trompas de Falopio,* sin cortarlas.

Esto representa el riesgo de que los ligamentos puedan zafarse en un momento dado, y el peligro de que la mujer quede embarazada. Por ello es preciso que el cirujano apriete debidamente las terminaciones de las *trompas* abiertas y fibrosas, que son las que alcanzan el *óvulo* al ser liberado del *ovario* y lo llevan a la *zona peritoneal* (la tenue membrana que envuelve los órganos abdominales). Aun con este proceso existe el enorme riesgo de que una (o ambas) *trompas* se zafen en un momento dado y que el *óvulo* liberado por los *ovarios* llegue hasta el *útero* para una posible fertilización *(embarazo extra-uterino o ectópico).*

Sin embargo, esta variación en el procedimiento de *esterilización* tiene una gran ventaja: si la mujer cambia de idea en el futuro, y de nuevo desea quedar embarazada, es fácil restaurar las *trompas de Falopio* atadas a su estado original. No obstante, la mayoría de los cirujanos opina que si la mujer va a someterse a la operación de *esterilización,* debe proceder debidamente y permitir que el cirujano corte las *trompas de Falopio.*

En general, la *esterilización femenina* es un método anticonceptivo sumamente efectivo, y aunque debe ser considerado en todo momento como una operación permanente, la realidad es que con las nuevas técnicas que han sido desarrolladas por la Microcirugía en los últimos años, las estadísticas revelan que en la actualidad es posible devolver la fertilidad a un promedio de entre el 70% y el 75% de las mujeres esterilizadas.

110

PREGUNTA: ¿Es necesario que la mujer que se va a someter a un procedimiento de esterilización obtenga el consentimiento legal del esposo? Como la esterilización va a afectar el desarrollo de la familia, ¿no debe participar activamente el esposo en cualquier decisión que se tome al respecto?

RESPUESTA: En la mayoría de los países, para proceder a la *esterilización* de una mujer es requisito indispensable el consentimiento del esposo. Es más, en algunos hospitales no sólo se solicita la firma del cónyuge, sino de la paciente y la del cirujano, ante la presencia de uno o más testigos.

■ Cuando la *esterilización* se realiza después de un parto (ya sea normal o por *cesárea)* generalmente ni los médicos ni los hospitales cobran sumas adicionales por el procedimiento.

■ Si se realiza en otro momento, entonces sí se le cobra al paciente (según el caso en particular).

Por lo general a ningún médico le gusta afirmar que los métodos anticonceptivos son efectivos en un 100% de los casos. Sin embargo, se sabe que la *esterilización* es el más preciso de todos. Puede suceder, desde luego, que una mujer que ha sido esterilizada quede embarazada... pero se trata de una situación poco frecuente, y no es cierto que por el hecho de haberse esterilizado se le pueda presentar un aborto instantáneo, como afirman algunas personas.

111

PREGUNTA: ¿Cuáles son los efectos de la esterilización?

RESPUESTA: Primeramente es preciso enfatizar que la *esterilización* no afecta, en lo absoluto, a la menstruación, ni interrumpe la llegada de la menopausia, ni disminuye el apetito sexual de la mujer, ni hace doloroso el encuentro íntimo. No obstante, en todo momento debe ser considerada como un procedimiento permanente, lo cual evita los estados depresivos y las dudas que experimentan algunas mujeres sobre la decisión que tomaron al no desear tener más familia. A pesar de las efectivas técnicas de la Microcirugía para restaurar la fertilidad a mujeres ya esterilizadas, los costos de estas operaciones son elevados, y las mismas deben ser practicadas por especialistas altamente entrenados.

En términos generales, puede decirse que la depresión es el efecto más frecuente que experimentan las mujeres que se someten a la *esterilización*. Al saber que sus posibilidades de concebir serán mínimas, sienten depresiones ocasionales o sentimientos de melancolía por haber sido desprovistas de lo que se considera tradicionalmente como la función por excelencia de la mujer: la maternidad. Sin embargo, la experiencia muestra que estos estados de melancolía casi siempre son pasajeros, y con el tiempo ceden. Es mejor que la mujer esté consciente de que estos estados emocionales y estas sensaciones son normales, porque así –aunque quizás no pueda evitarlas– las sobrellevará más fácilmente.

112

PREGUNTA: ¿Cuál es la opinión de las diferentes religiones con respecto a la esterilización?

RESPUESTA: Algunas sociedades religiosas le conceden más importancia a los elementos morales que a los científicos en esta cuestión. Sin embargo –con la excepción de la Iglesia Católica– la gran mayoría de las demás comunidades religiosas universales tienen un punto de vista más flexible y liberal con respecto a la esterilización femenina (y masculina).

La **Iglesia Anglicana:** No prohíbe la *esterilización,* excepto, por supuesto, cuando el método se emplea para el exterminio... como fue usada la *esterilización* contra los judíos durante la Segunda Guerra Mundial. Para un cristiano –ya sea hombre o mujer– se trata de una decisión en extremo personal, en la que nadie debe interferir, ni influir. Sí se debe recurrir a ella como un último recurso; es decir, cuando otros métodos anticonceptivos no han resultado satisfactorios, o si la salud de la madre está en peligro en el posible caso de que quede embarazada. La Biblia no establece reglas específicas en este aspecto de la vida cristiana... solamente principios generales, por lo que se debe orientar la consciencia individual. La *esterilización* es un método anticonceptivo que puede aceptarse cuando es absolutamente necesario... después de intentar otros métodos anticonceptivos.

La **Iglesia Presbiteriana** está igualmente de acuerdo con la *esterilización,* señalando que "no hay establecida ninguna conducta, ni normas a seguir en cuanto a la *esterilización"*. Sin embargo, opina que los miembros deben actuar según se sientan inclinados ya que se trata de una decisión muy personal.

Lo mismo opina la **Iglesia Metodista** y el **Judaísmo**. En el libro **Eticas Médicas Judías** (escrito por el **Doctor Emmanuel Jakobovits**) se señala que el Judaísmo prohíbe específicamente la *castración* del hombre. Sin embargo, la *esterilización* de la mujer no está prohibida, y se puede esterilizar solamente aduciendo que "siente dolor excesivo" o que "hay peligro de que se presenten complicaciones durante el parto".

Solamente la **Iglesia Católica** se opone con énfasis a la *esterilización* femenina, a la cual condena como hace con cualquier método anticonceptivo (conceptos ratificados frecuentemente por el Papa). Según una inmensa mayoría de religiosos católicos (hombres y mujeres), "la *esteri-*

lización es un procedimiento que está mal, bajo cualquier punto de vista que se la considere". La única circunstancia bajo la cual puede ser permitida la *esterilización* femenina es cuando ocurre como consecuencia de una operación mayor, la *histerectomía,* por ejemplo. O en el caso en que las *trompas de Falopio* estuvieran dañadas, debiendo ser extraídas para salvar la vida de la paciente o, inclusive, para mejorar su salud. Nunca debe ser considerada como método anticonceptivo.

113

PREGUNTA: ¿Qué siente la mujer que finalmente decide ser esterilizada? ¿Cuál es su reacción después de someterse al procedimiento... consciente de que ya no podrá concebir?

RESPUESTA: De acuerdo con las estadísticas, se espera que más de 100,000 mujeres se sometan anualmente –por voluntad propia– a la *esterilización:*

■ Apróximadamente un 1% de estas mujeres se arrepentirá en un momento dado de haberse sometido al procedimiento.

■ La inmensa mayoría, sin embargo, sentirá que con esta operación su vida íntima es más feliz y tranquila, que su existencia es más fácil desde que se han eliminado las causas de temor y ansiedad ante la posibilidad de que se produzca un embarazo que no es deseado.

VASECTOMIA: LA ESTERILIZACION MASCULINA

114

PREGUNTA: ¿Qué es la vasectomía? ¿Es aceptada por la mayoría de los hombres como un método efectivo para evitar un embarazo no deseado?

RESPUESTA: La *vasectomía* es una operación relativamente sencilla y segura, y es –probablemente– el mejor método al que puede recurrir un hombre para impedir que la mujer quede embarazada (se considera que su efectividad es de un 99%).

La operación –que consiste en interrumpir los llamados *conductos espermáticos deferentes* que van de los *testículos* al *pene*– puede ser realizada en el consultorio del propio médico, bajo anestesia local, y todo el proceso no tarda más de 20 minutos. No obstante, aunque sus riesgos clínicos son contados (tal vez un pequeño hematoma, la inflamación de un nódulo, la acumulación de sangre en el *escroto,* y la posibilidad de que se presente una infección), la *vasectomía* también tiene sus desventajas, ya que se trata de un método anticonceptivo permanente. A pesar de que en algunos casos se pueden volver a ligar las partes del *conducto deferente* seccionado o cauterizado, aun así las probabilidades de fecundación son limitadas. Es por ello que antes de someterse a cualquier tipo de procedimiento de *esterilización* (ya sea en el hombre, o en la mujer), la pareja debe estar totalmente segura de la decisión que va a tomar.

Para muchos hombres que no están debidamente informados, *"vasectomía* es sinónimo de *castración"*... un concepto equivocado que, sin embargo, ha provocado que el número de operaciones de este tipo para evitar el embarazo sea inferior en algunas regiones (el número de procedimientos de *vasectomía* realizados en la América Latina, por ejemplo, es considerablemente inferior al de otros países; en los Estados Unidos y Europa se estima que hasta un 35% de los hombres han sido sometidos a la *vasectomía* para lograr la *infertilidad).* Además, muchos hombres temen que la *vasectomía* disminuya en alguna forma su apetito sexual y su comportamiento durante el acto sexual.

115

PREGUNTA: ¿Y en verdad afecta la vasectomía el apetito sexual del hombre...?

RESPUESTA: El hombre que decide someterse a este procedimiento mantiene su apetito sexual intacto, puede lograr y mantener la erección durante el acto sexual... sólo que sus *espermatozoides* (producidos en los *testículos,* en el *escroto)* no llegarán a ser expulsados al exterior durante la eyaculación, y por este motivo la mujer no podrá ser fecundada. De cualquier forma, muchos hombres prefieren dejar la responsabilidad de los anticonceptivos a la mujer, considerando que la *vasectomía* "puede limitar de alguna forma su masculinidad".

A pesar de todos los conceptos absurdos que están relacionados con el procedimiento, cada día era mayor el número de hombres que finalmente recurría a la *vasectomía* como método anticonceptivo seguro... hasta finales de 1993, cuando dos estudios realizados por la **Universidad de Harvard** (Estados Unidos) –y ambos publicados en la prestigiosa revista de la **Asociación Médica de los Estados Unidos**– dieron a conocer los resultados de un minucioso estudio con respecto a la *vasectomía:*

■ La operación quirúrgica puede incrementar notablemente el riesgo del individuo operado a desarrollar el *cáncer de la próstata,* considerado como el tipo de tumoración maligna más frecuente en el hombre actual.

A partir de ese momento, el número de hombres que decide someterse a la *vasectomía* no sólo ha disminuido considerablemente, sino que muchos de los que ya se habían sometido a la operación anteriormente están recurriendo nuevamente a los especialistas para volver a unir los *conductos deferentes* seccionados; es decir, para hacer reversible la operación.

116

PREGUNTA: ¿Cómo se realiza una operación de vasectomía?

RESPUESTA: La operación de *vasectomía* en sí no causa molestia alguna en el paciente, excepto el pequeño inconveniente que pudiera provocar la inyección de anestesia local.

El proceso quirúrgico en sí es sencillo, ya que consiste en *aislar* (cortando o cauterizando) los llamados *vasos espermáticos deferentes,* que son los conductos que constituyen la única vía de comunicación entre los *testículos* (donde se producen los *espermatozoides*) y el *pene,* por donde la *esperma* sale al exterior (conjuntamente los *líquidos prostáticos* que forman el *semen)* durante la eyaculación.

Cada uno de los dos *conductos deferentes* se encuentra ubicado inmediatamente debajo de la piel, al lado del *escroto* (la bolsa que contiene los *testículos)* y se pueden cortar fácilmente mediante un procedimiento de cirugía muy simple. Al ser aislados los *conductos deferentes,* los *espermatozoides* no pueden ser expulsados al exterior y, por ello, el hombre queda completamente estéril.

■ El cirujano hace una incisión en el *escroto* (debajo de la base del *pene),* aunque algunos médicos prefieren hacer dos incisiones.

■ El médico entonces corta los dos tubos que llevan la *esperma* desde los *testículos* y a través de la *próstata* hasta el *pene,* y corta un segmento de cada tubo para asegurarse de que los mismos no se vuelvan a unir con el tiempo.

■ Seguidamente procede a cauterizar y a cerrar la pequeña herida.

El procedimiento se realiza en menos de 20 minutos y el costo para el paciente se eleva a un promedio que oscila entre los 500 y los 600 dólares (según el país).

117

PREGUNTA: ¿Hay otras técnicas que no requieran una operación quirúrgica?

RESPUESTA: Sí, y la misma puede ser inclusive más rápida. En vez de hacer una o dos incisiones para tener acceso a los *conductos espermáticos* del paciente, el cirujano llega a ellos por medio de una abertura muy pequeña practicada en el *escroto,* la cual cicatriza sin la necesidad de puntos. Se ha podido comprobar que esta nueva técnica causa menos molestias que la operación tradicional, y –al mismo tiempo– reduce la posibilidad de que se presenten complicaciones postoperatorias, básicamente infecciones. El costo se mantiene más o menos dentro del mismo promedio ya mencionado.

Algunos cirujanos dejan abierto uno de los extremos de los *tubos espermáticos* cortados después de la *vasectomía,* lo cual minimiza la posibilidad de que se produzca una acumulación de *esperma* (como sucede cuando los tubos son cerrados completamente). Además, esta técnica permite que en un futuro la operación pueda ser reversible, si el hombre cambiara de manera de pensar y deseara tener familia (una situación que se presenta con relativa frecuencia, especialmente después de un divorcio y un nuevo matrimonio).

Hay evidencia médica, no obstante, de que al dejar los extremos de los *tubos espermáticos* cortados abiertos se incrementa la posibilidad de que la *esperma* pueda pasar a la otra sección y que pueda llegar al *pene.* En ese caso, la *infertilidad* del hombre operado no es total, y éste es el motivo por el que muchos médicos no recomiendan este procedimiento.

118

PREGUNTA: ¿Se afecta con la vasectomía, en alguna forma, la mas-

¿QUE ES EL SEMEN?

El **semen** es el líquido que expulsa el hombre de su cuerpo en el proceso de la eyaculación al alcanzar su *clímax* durante el acto sexual. Está compuesto de:

■ Un líquido que se genera en las llamadas *vesículas seminales* (que son las que producen la mayor parte del volumen del *semen*).
■ *Líquido prostático* (generado en la glándula próstata).
■ *Esperma (espermatozoides)*, que se producen en las *vesículas seminíferas* de los *testículos,* un proceso que recibe el nombre de *espermatogenesis.*

Uno de los elementos constitutivos del líquido generado en las *vesículas seminales* es *fructosa* (un tipo de azúcar), que estimula a los *espermatozoides* para que éstos se mantengan en movimiento constante y puedan encontrar la dirección hacia el *óvulo femenino* y fecundarlo. El nivel de concentración de *fructosa,* la producción de *esperma,* y el volumen de *semen* depende de la presencia de la hormona sexual masculina (la *testosterona)* y la hormona *gonadotropina,* producida por la *glándula pituitaria.*

La producción de *semen* comienza cuando el hombre llega a la pubertad; normalmente contiene entre 20 millones y 200 millones de *espermatozoides* por milímetro cúbico. Cuando el especialista considera que el hombre puede presentar algún problema de infertilidad debido a algún tipo de deficiencia espermática, su *semen* es sometido a un conteo. Es posible que:

■ Este nivel sea, en efecto, bajo (una condición que recibe el nombre de *oligospernia).*
■ Que no existan *espermatozoides* en el semen *(azoospernia).*
■ Los *espermatozoides* presenten una forma anormal.
■ Que su nivel de movilidad sea muy bajo.

Ante cualquiera de los factores anteriores, es muy difícil que se pueda producir la fecundación del *óvulo femenino,* por lo que se considera que el individuo es estéril.

culinidad del hombre?

RESPUESTA: La operación no disminuye el apetito sexual del hombre ni su capacidad de lograr y mantener la erección durante el acto sexual; ni siquiera limita la posibilidad de alcanzar el *clímax* y eyacular (inclusive el volumen de líquido en la eyaculación no varía notablemente, ya que la *esperma* constituye menos del 5% del *semen).*

Tampoco se presenta –como muchos piensan– un aumento del tamaño de los *testículos.* Cuando los *espermatozoides* no pueden ser liberados al exterior, son reabsorbidos por el propio organismo, mediante el mismo proceso metabólico que los creó; es decir, son destruidos por el sistema inmunológico del organismo (por medio del proceso llamado *fagocitosis).*

Los *testículos* del hombre operado, desde luego, continúan produciendo *espermatozoides* después de haberse sometido a la *vasectomía,* aunque éstos son absorbidos o destruidos en el *epidídimo* (un conducto situado en la superficie de la parte posterior de cada *testículo,* que se une con el *conducto deferente),* y es por ello que la complicación más frecuente que se pudiera presentar una vez practicada la operación es la llamada *epididimitis* (o inflamación del *epidídimo).* Si se formara un *granuloma* o quiste, lo más probable es que el mismo pase inadvertido para la mayoría de los pacientes, ya que no le causará molestias de ningún tipo.

119

PREGUNTA: ¿Qué reacción se puede presentar en el aparato reproductor del hombre después de someterse a la vasectomía?

RESPUESTA: Durante los primeros meses después de que el hombre se haya sometido a la *vasectomía,* se puede presentar cierto endurecimiento en los *testículos,* y es muy probable que los cambios que ocurren en los *testículos* después de la operación se deban a las respuestas del sistema inmunológico del cuerpo, al enfrentarse con un volumen mayor de *espermatozoides* que no pueden ser expulsados al exterior, y al cual debe asimilar o destruir. A medida que va transcurriendo el tiempo, el organismo se va ajustando al nuevo mecanismo y, finalmente, se vuelve a establecer el equilibrio.

Después de realizada la operación de *vasectomía,* el hombre puede reanudar normalmente su vida sexual, generalmente a la semana (o dos semanas) después de haberse sometido a la operación. No obstante, durante cierto tiempo aún debe observar otras medidas anticonceptivas, ya que es posible que durante las próximas veinte eyaculaciones aún esté eliminando toda la *esperma* que pudiera haber estado almacenada en su aparato reproductor. Una vez que dos análisis consecutivos de la *esperma* demuestren que no hay *espermatozoides* en el *semen* es que se considera que la operación de *vasectomía* es realmente efectiva... y la *infertilidad* del hombre total.

120

PREGUNTA: ¿Cómo se realizaron los estudios de la Universidad de Harvard que llegaron a la conclusión de que existe una relación entre la vasectomía y el cáncer prostático?

RESPUESTA: Los dos estudios de la **Universidad de Harvard** consideraron a una extensa muestra de 25,000 hombres que se habían sometido a la *vasectomía,* y la comparó con otro grupo de 50,000 hombres que no se habían sometido a la operación. Los resultados obtenidos fueron sorprendentes:

■ Los que se habían sometido a la *vasectomía* hace más de veinte años, mostraban el doble de riesgos a desarrollar tumoraciones malignas en la *próstata.*

■ De acuerdo a las comparaciones estadísticas, se considera que el hombre que se somete a la *vasectomía* tiene un 60% de riesgo mayor a desarrollar el *cáncer prostático* que aquél que recurre a otros métodos anticonceptivos convencionales que no requieran la operación quirúrgica de sus *conductos deferentes.*

Pero estos estudios realizados por la **Universidad de Harvard**, y que han provocado tanta conmoción a nivel público mundial, en realidad no son los primeros que determinan una relación directa entre la *vasectomía* y la posibilidad de desarrollar el *cáncer de la próstata.* Es más, hace cuatro años, científicos de la misma universidad norteamericana de *Harvard* mencionaron la situación, aunque sus estudios se basaban en estadísticas compiladas en muestras de pacientes mucho menores. Si en aquel momento no se produjo la misma expectativa internacional que ahora han provocado estas nuevas conclusiones científicas, ello se debió a que simultáneamente surgieron otros tres estudios clínicos al respecto probando que el porcentaje de casos de *cáncer prostático* iba en incremento en la población mundial, pero aduciendo que ello se debía a otros factores no relacionados directamente con la *vasectomía,* sino a métodos de detección más precisos y rápidos, un promedio de vida más largo para el hombre, etc.

121

PREGUNTA: ¿Por qué la vasectomía incrementa los riesgos de que se desarrolle el cáncer prostático?

RESPUESTA: Hay diferentes hipótesis al respecto, y los propios científicos de la **Universidad de Harvard** continúan trabajando en sus estudios para definir los factores que influyen en esta realidad:

■ Una de las hipótesis de mayor aceptación en la comunidad científica internacional es que "la operación aumenta el nivel de hormonas masculinas en el organismo", y son precisamente éstas las que estimulan el crecimiento de los tumores en la *próstata.*

■ Otra hipótesis menciona que "es probable que se produzca una reacción inmunológica en el cuerpo del hombre operado hacia la *esperma* que queda atrapada en su cuerpo (porque no puede ser expulsada al exterior), la cual eventualmente es absorbida o destruida por el organismo". Existe la posibilidad de que sea éste el factor que causa (o estimula) el desarrollo del *cáncer prostático.*

■ E inclusive una tercera hipótesis menciona que "al cortarse los *conductos espermáticos deferentes* se impide que algunas sustancias protectoras aun no determinadas lleguen a la *próstata",* la cual queda entonces en una posición más vulnerable para desarrollar células cancerosas.

122

PREGUNTA: ¿Hay opiniones en contra de estas conclusiones a las que han llegado los investigadores de la Universidad de Harvard?

RESPUESTA: Como es de esperarse, la información reciente de la **Universidad de Harvard** ha estremecido a los millones de hombres en todo el mundo que ya se han sometido a la *vasectomía,* o que han estado considerando hacerlo; e inmediatamente se han emitido otras hipótesis para contrarrestar el efecto negativo causado por los resultados de estos estudios. Algunas mencionan estadísticas que demuestran que:

■ Los hombres que se someten a la *vasectomía* por lo general tienen un promedio de vida más largo que aquéllos que no se someten a la operación.

Y como los investigadores de **Harvard** hasta el presente no han logrado explicar científicamente el por qué de la relación directa entre la *vasectomía* y el *cáncer prostático,* algunos especialistas opinan que:

■ "Es posible que las estadísticas tan altas de hombres que se han sometido a la *vasectomía* y que presentan el *cáncer prostático* se deba a que es más fácil detectar en ellos la presencia de tumoraciones malignas; en realidad la operación no es el factor que las provoca o que estimula su desarrollo".

De acuerdo con esta última línea de pensamiento, los hombres que deciden someterse a la *vasectomía* como método anticonceptivo son, por lo general, individuos responsables (puesto que buscan la planificación familiar), están normalmente preocupados por la salud, y visitan al médico con mayor regularidad que otros. Como el desarrollo de tumoraciones pequeñas y de crecimiento lento en la *próstata* es un fenómeno común en los hombres que pasan de los 50 años, estos tumores muchas veces no causan síntomas y, por lo tanto, no son detectados por el individuo... a menos que la situación haga crisis. Sin embargo, en aquellos hombres que reciben una atención médica continuada –y que son sometidos a exámenes de salud periódicos (los cuales incluyen, de rutina, pruebas para determinar la posibilidad del *cáncer prostático)*– es mucho más fácil la detección de tumoraciones malignas en la *próstata*... de ahí que las cifras de hombres que se han sometido a la *vasectomía* y que presentan el *cáncer de la próstata* sean mucho más elevadas.

No obstante, como medida de precaución, es recomendable que:

■ Todo hombre que haya sido sometido a una operación de *vasectomía* se debe someter a un examen digital anual (a partir de los 40 años) y a un análisis de sangre para detectar la presencia del *antígeno específico de la próstata* a partir de los 50 años (o más temprano, si por algún motivo existiera el riesgo a desarrollar el *cáncer prostático).*

123

PREGUNTA: ¿Es reversible la vasectomía?

RESPUESTA: Algunos hombres se arrepienten de la decisión tomada inicialmente y desean hacer reversible el proceso; es decir, devolver sus *conductos deferentes* al estado original, para que los *espermatozoides* vuelvan a formar parte del *semen*.

■ Aunque desde el punto de vista quirúrgico se logra un éxito total en casi un 90% de los casos, no hay duda de que se trata de un proceso mucho más complejo y difícil que el procedimiento seguido inicialmente.

■ Además, el restablecimiento de la fertilidad en el paciente no siempre es posible, considerándose que sólo se logra en un 40% de los casos en los que la *vasectomía* se ha hecho reversible. Esto se debe a que como al practicarse la *vasectomía* los *espermatozoides* no pueden ser liberados al exterior, el cuerpo humano los asimila y forma inmediatamente *anticuerpos* para destruirlos... un proceso que se mantiene vigente cuando los *conductos espermáticos deferentes* han vuelto a ser unidos.

■ Asimismo, es preciso tomar en cuenta que para hacer reversible la *vasectomía* se requiere de una intervención quirúrgica que se puede prolongar por una o dos horas (bajo anestesia general), además de que la operación puede costar entre 5 mil y 10 mil dólares (según el país donde sea practicada).

ESTIMULOS SEXUALES:
¿QUE ELEMENTOS ACTIVAN EL AMOR?

124

PREGUNTA: ¿Es cierto que lo que llamamos "la chispa del amor"... ese algo especial que enloquece a la pareja al inicio de la relación... llega a morir después de transcurridos los primeros años de relaciones sexuales continuadas?

RESPUESTA: La *pasión sexual* entre los miembros de una pareja, si existió inicialmente, siempre puede mantenerse viva. Si bien es cierto que la pasión que por lo general caracteriza el principio de un romance tiende a calmarse con el tiempo, eso no impide que la pareja disfrute de una relación totalmente satisfactoria en la intimidad... a pesar del tiempo y del número de encuentros sexuales que puedan haber tenido.

Lamentablemente, muchas parejas llegan inconscientemente al hastío sexual y no toman medidas efectivas para renovarse sexualmente. Sencillamente se limitan a forzarse a participar en situaciones que cada vez les complacen menos (hasta que llegan a repudiarlas), o se entregan a otros amantes, buscando en la variedad una fórmula para derivar mayor placer sexual.

Esta actitud, desde luego, es equivocada. Por ello, cuando se percibe que no se está derivando el placer que se espera de las relaciones sexuales, si en los encuentros íntimos falta esa pasión de las primeras veces, es hora de que se tomen medidas para mejorar la situación y rescatar la relación del fracaso hacia el cual parece encaminada. No hay que resignarse a llevar una vida sexual aburrida y frustrada. Hay varias formas de restaurar la chispa de la pasión sexual, de manera que sea posible disfrutar plenamente cada experiencia sexual:

125

PREGUNTA: ¿Cuál es el error principal que cometen las parejas que llegan al hastío sexual?

RESPUESTA: Las encuestas internacionales revelan que el error principal que cometen muchas parejas es limitar su actividad sexual al dormitorio y (peor aún) a un día y hora determinadas. Como consecuencia, el sexo llega a convertirse en una rutina asfixiante para ellas.

¿Qué se puede hacer ante una situación de este tipo? Improvisar, ser creativo. Ocasionalmente, propicie el inicio de un encuentro sexual en el lugar más inesperado, a la hora más inoportuna. Puede tomar una ducha con su pareja, por ejemplo. O iniciar el amor mientras están recostados sobre una alfombra... o mientras cocina... o ya vestidos para asistir a una fiesta, aunque lleguen tarde.

De vez en cuando, para muchas parejas resulta estimulante pasar un fin de semana juntos (sin hijos ni amigos)... un fin de semana *de renovación sexual*... así podría ser considerado. Escápense al campo o a la playa. Recuerde que la rutina puede enfriar el amor más apasionado en la misma forma en que la diferencia de ambientes y de situaciones ayudan a mantener viva la pasión y el interés de la pareja en la intimidad.

126

PREGUNTA: Entonces... ¿es preciso que la pareja le de prioridad a su vida sexual... por encima de otras cuestiones?

RESPUESTA: Francamente, sí. Cuando se colocan las relaciones sexuales en el último lugar de "cosas por hacer", como si se tratara de una obligación o una responsabilidad más, no hay duda de que las relaciones íntimas sufren (y grandemente), y se puede provocar un desequilibrio emocional que afecte la estabilidad conyugal. Muchas veces, al llegar la noche, las energías se han consumido en las actividades diarias, y si la pareja hace el amor a pesar del cansancio, se entrega a él de una manera mecánica, sin pasión. ¿Consecuencia? El placer sexual será limitado.

Desde luego, no existe una regla que establezca que el sexo deba ser una actividad nocturna. Por lo tanto, aproveche también para amar esos momentos propicios del día, cuando ambos tienen el tiempo y las energías necesarias para ser más creativos en sus encuentros sexuales. ¡Reajuste su horario si fuera necesario!

127

PREGUNTA: No siempre hay tiempo para hacer el amor; las responsabilidades actuales son muchas. Pero... ¿afecta el no hacer el amor con frecuencia las relaciones de la pareja...?

RESPUESTA: Desde luego, y así lo muestran todas las investigaciones que se han hecho en este sentido. Muchas parejas se quejan de que "ya no tienen tiempo para hacer el amor", y dan como pretexto el hecho de que "sus actividades los mantienen demasiado ocupados". En casos como éstos, ambos cónyuges deben escoger determinados momentos para disfrutar de la intimidad... ¡a pesar de todo! Aunque pueda parecer algo bastante calculado y frío el reservar ratos para el sexo, es una medida efectiva que resuelve una situación de alejamiento inconsciente que se produce en muchas parejas. Más que una obligación, al encuentro sexual así programado se le puede dar la importancia de una "cita" romántica. Y bajo ninguna circunstancia –exceptuando una situación de emergencia– se puede permitir que factores ajenos interrumpan esa cita pre-establecida. Este método ofrecerá un aliciente para disfrutar más del encuentro sexual cuando éste se produzca.

Aunque muchas parejas no lo reconocen, algunas veces lo que ellos ven como "problemas sexuales" no se trata de otra cosa que de un caso de *incompatibilidad de horarios.* Si a usted le gusta acostarse temprano mientras que su cónyuge se queda viendo la televisión hasta altas horas de la noche, es normal que surjan problemas en sus relaciones íntimas. Es preciso reconocer esto de manera que ambos puedan hacer los ajustes correspondientes, sincronizarse, y así disfrutar de una vida sexual más satisfactoria... y activa.

Tampoco haga el amor con el reloj en la mano, contando los minutos. Infinidad de parejas que tienen demasiadas obligaciones sociales se ven en la necesidad de medir el tiempo que dedican a hacer el amor. Ya sea porque tienen que asistir a un evento determinado, llegar a una cita de negocios, o encontrarse con otra pareja para salir a cenar, reducen su vida íntima a un período de tiempo marcado estrictamente por el reloj. En algunas situaciones, ésta es la única manera de poder tener relaciones sexuales, pero por lo general éstas no resultan gratas. No permita que usted y su pareja se conviertan en esclavos del reloj. Con la prisa rara vez se disfruta a plenitud de la relación sexual, y con el tiempo la intimidad llega a deteriorarse por completo.

128

PREGUNTA: ¿Qué significa, realmente, el término "ser creativo en la intimidad"... que se menciona tanto?

RESPUESTA: Experimentar con posiciones diferentes durante el acto sexual y ensayar nuevos estímulos para hacer más intensa la pasión sexual. Esto no significa que tenga que convertirse en un acróbata de circo, pero debe admitir que hacer el amor siempre en una misma posición llega a aburrir (a ambos) después de algún tiempo.

¿Qué se puede hacer, entonces...? Variar el estilo de hacer el amor; ser más flexible en los momentos de intimidad sexual. Es posible que después de un período de experimentación, cada uno de los miembros de la pareja favorezcan unas formas más que otras, pero es muy importante mantener un verdadero repertorio de posiciones íntimas para no caer en la trampa de la gastada *posición misionera,* de la que tantas parejas llegan a hastiarse. ¿Sabe cuántos matrimonios se llegan a divorciar por verse atrapados en la monotonía de la intimidad...? Muchos. ¡Las estadísticas no engañan!

129

PREGUNTA: Si los miembros de la pareja no alcanzan su clímax sexual durante el encuentro íntimo... ¿no logran una satisfacción total?

RESPUESTA: Hacer el amor es algo mucho más importante que alcanzar el *clímax sexual,* únicamente. Para algunas parejas, si no llegan al sexo total (incluyendo la penetración y el *clímax),* la relación íntima no resulta satisfactoria. Sienten que han *jugado al amor,* pero que no han *hecho el amor.* Estas personas tienen la idea equivocada de que el sexo se limita a la unión física entre dos individuos. Y aunque a primera vista esto pudiera parecer cierto, es evidente que se puede disfrutar de una magnífica relación íntima si de vez en cuando la pareja prefiere acariciarse y satisfacerse mutuamente, sin llegar a esa entrega total. Esto no solamente le ofrece variedad a la intimidad, sino que no presiona a ninguno de los dos miembros de la pareja a alcanzar el *clímax*... lo cual no siempre es posible. Con orgasmo o sin él, la pareja puede explorar diferentes maneras de hacer el amor y quedar satisfecha. Los juegos sensuales y las caricias forman parte integral de las relaciones sexuales y –en muchas ocasiones– pueden proporcionar inclusive más placer que el coito en sí.

130

PREGUNTA: ¿Debe cada cónyuge expresarle a su compañero de sexo cuáles son sus preferencias sexuales... qué es lo que necesita en el encuentro sexual para satisfacer sus inquietudes?

RESPUESTA: Por supuesto. Es un error pensar que el otro miembro de la pareja sabe exactamente cómo complacerle, por mucha experiencia sexual que tenga. Usted es quien debe dejarle saber cuando *algo* le proporciona placer, comunicarle sus deseos más íntimos, informarle sobre cuáles son sus necesidades físicas más urgentes. Puede hacer esto confesándole directamente lo que le gusta en los momentos íntimos... ¿Una forma más sensual? Permitir que él o ella descubra cuáles son sus puntos más sensuales y vulnerables, aunque usted puede insinuar cuáles son éstos de una forma sugestiva, que active aún más la pasión del encuentro íntimo.

131

PREGUNTA: ¿Es necesario crear un ambiente romántico para tener relaciones sexuales? ¿No son dos cosas distintas: amor y sexo...?

RESPUESTA: Para la inmensa mayoría de las personas (especialmente para las mujeres), el amor es el sentimiento que lleva al encuentro sexual; por lo tanto, lograr un ambiente romántico estimula más la pasión sexual. Por supuesto, no siempre es posible lograr un ambiente romántico a la hora del amor, ya que a veces el sexo es algo que se produce inesperadamente... y esto también puede ser muy estimulante.

Sin embargo, ocasionalmente es apropiado crear un ambiente sensual para el amor, lo cual transformará el acto íntimo en una experiencia muy grata y totalmente fuera de lo común. Para ello, es posible encender velas en varios rincones de la habitación, quemar incienso para estimular el sentido del olfato, poner música adecuada para inducir el relajamiento, destapar un buen vino para activar las papilas gustativas. Recurrir a cualquier elemento que agrade a ambos miembros de la pareja contribuye a aumentar el placer del encuentro sexual.

132

PREGUNTA: Se habla mucho sobre el hecho de que la mujer debe adoptar un papel más activo en las relaciones sexuales. Pero... ¿es esto realmente lo que quieren los hombres... o es sólo propaganda de las feministas?

RESPUESTA: Tanto el hombre como la mujer deben ser activos al hacer el amor; es decir, ofrecer y proporcionar, de una forma recíproca. Muchos hombres se quejan de que las mujeres esperan a que sean ellos quienes inicien siempre la actividad sexual. Y es cierto que esto sucede con frecuencia, por el concepto de que el hombre es el *conquistador* por tradición, y la mujer *se deja conquistar...* aunque ya no tanto como antes. Pero si usted es mujer, libérese de todos los conceptos obsoletos que aún rigen la actividad sexual de muchas parejas, y sea la que domine la situación íntima ocasionalmente. En determinadas oportunidades comience las caricias, susurre frases de amor al oído de su pareja.

Los hombres tampoco tienen que sentirse obligados a ser siempre los activadores del acto sexual; permita que su pareja tome las riendas en ciertos momentos, que sea ella quien inicie la relación íntima. Esto proporciona frescura a las relaciones sexuales y, en muchas ocasiones, evita tensiones y malos entendidos innecesarios.

133

PREGUNTA: ¿Hay estimulantes para el amor... los famosos afrodisíacos de los que tanto se habla?

RESPUESTA: El concepto de que hay sustancias afrodisíacas y alimentos que estimulan la sexualidad de la persona es muy debatible. Una o dos copas de vino antes de hacer el amor pueden relajar el cuerpo y hasta pueden hacer las relaciones íntimas más placenteras y espontáneas. Varias copas de más pueden transformar el momento sexual en un fracaso total. Demasiado alcohol produce efectos que interfieren con el sexo: sueño, cansancio, y –en algunos hombres– hasta situaciones de impotencia. Recomendación: limite su consumo de alcohol antes de hacer el amor... si desea disfrutar del momento intensamente, con todos sus sentidos. Y, por supuesto, rechace el consumo de toda sustancia intoxicante. Tenga presente que el cerebro es el órgano sexual por excelencia, y que para estimularlo no es necesario recurrir a sustancias ajenas.

134

PREGUNTA: Si ambos miembros de la pareja llegan al clímax durante el encuentro sexual... ¿significa esto que el sexo fue perfecto?

RESPUESTA: No, no siempre. La tierra no tiene que temblar cada vez que haga el amor; esté consciente de esta realidad. Acepte que habrán ocasiones en que las relaciones sexuales no serán del todo satisfactorias. Esto es algo muy humano y totalmente normal. Lo mismo que algunas veces nos salen las cosas mal en otros contextos, es de esperar que no siempre vamos a disfrutar por completo del acto sexual. Más importante aún: no se culpe usted –y tampoco culpe a su pareja– de cualquier fracaso que se pudiera presentar en la intimidad en un momento dado. Tampoco vale la pena hablar interminablemente sobre el asunto, ni indagar por qué no se produjeron estremecimientos convulsivos en el momento del *orgasmo*. Simplemente ignore la situación... y confíe en que el próximo encuentro sea mejor.

135

PREGUNTA: Cuando se analiza un encuentro sexual determinado, y se compara con otras situaciones íntimas ocurridas en el pasado... ¿no se logra mejorar las técnicas para hacer el amor más placentero en el futuro?

RESPUESTA: No, no es conveniente mantener un registro de cómo han sido sus encuentros sexuales, y asignarles una puntuación para clasificarlos como *buenos, malos, regulares* o *excelentes*. Algunas personas que se sienten insatisfechas con su vida sexual no reconocen que ellos mismos son los que están creando el problema. Si la persona afectada por la insatisfacción sexual compara constantemente cada encuentro íntimo con otro anterior (aunque sea con la misma persona), puede desilusionarse y sentirse frustrada.

Asimismo, no haga comparaciones con respecto a la frecuencia de los encuentros sexuales. Algunas parejas hacen el amor tres veces al día; otras tres veces al año. Si usted es como la mayoría de las personas, es muy probable que caiga entre estos dos extremos. No compare su vida sexual con la de otras parejas. Es posible que después de un tiempo de haber convivido con su cónyuge, ambos hayan determinado la frecuencia ideal de los encuentros sexuales para ambos. No obstante, si no se siente satisfecho con la situación actual, trate de iniciar la intimidad más a menudo. Pero siempre mantenga en mente que no es la *cantidad,* sino la *calidad* lo que realmente cuenta en las relaciones sexuales.

La mayoría de los seres humanos tienden a darle un barniz de *glamour* a todas las situaciones del pasado, y la persona puede preocuparse tanto en que todo resulte como "en aquella noche gloriosa" que se olvida de lo que está sucediendo en el momento presente... que es, en definitiva, el que cuenta. Disfrute de la intimidad y concéntrese en proporcionar y recibir placer... exclusivamente. Olvídese por completo de "esas otras ocasiones". Viva en presente.

136

PREGUNTA: Para muchas personas, hablar mientras hacen el amor es un estímulo sexual... Otras prefieren guardar silencio durante el encuentro sexual. ¿Qué es lo normal?

RESPUESTA: Cada pareja puede tener sus preferencias en este sentido, y cualquier decisión al respecto debe ser considerada normal. Sin embargo, si nos vamos a basar en el resultado de las encuestas internacionales anónimas que los investigadores han hecho para determinar las preferencias sexuales de los seres humanos, inmediatamente se hace evidente que el silencio absoluto en los momentos más íntimos molesta a infinidad de cónyuges, y en particular a las mujeres. Pero también se trata de una situación que puede ser solucionada fácilmente: sea usted quien susurre palabras sensuales y amorosas al oído de su cónyuge. Sin duda su pareja comenzará a responderle, especialmente si usted emplea frases saturadas de sensualidad que requieran respuesta.

No obstante, considere que hay personas que se concentran tanto en el momento de hacer el amor que se niegan por completo a hablar, y esto tampoco tiene por qué afectar en forma alguna el disfrute de la relación sexual. Por otra parte, existen parejas que hasta se confiesan sus fantasías más íntimas durante el acto sexual, empleando palabras que en otro momento pudieran considerarse hasta fuera de contexto. En estos casos, todo es cuestión de preferencias personales. ¡Identifique las suyas!

137

PREGUNTA: ¿Es conveniente hablar con el cónyuge sobre los problemas o incompatibilidades que existan en la relación sexual?

RESPUESTA: Las parejas comparten miles de secretos entre sí, y esto ayuda a mantener una relación saludable. Pero a la hora de hablar de su vida sexual, muchas callan... inexplicablemente. Es como si el sexo fuera una especie de tema prohibido, algo que no debe mencionarse. Esta absurda actitud de silencio muchas veces contribuye al deterioro progresivo de las relaciones sexuales. Por ello es tan importante que ambos cónyuges sean honestos y hablen abiertamente de su vida íntima: de lo que les gusta, de lo que desearían hacer. Y en especial, de las cosas que no les satisfacen en los momentos de intimidad. Una buena relación sexual se basa en la confianza y en la sinceridad.

EYACULACION PRECOZ:
CUANDO EL CLIMAX SE APRESURA...

138

PREGUNTA: ¿Qué es la eyaculación precoz?

RESPUESTA: La *eyaculación precoz* (o *eyaculación prematura*, como también se le llama) es uno de los problemas sexuales más comunes y que más afecta a los hombres (después de la *impotencia sexual),* sólo que son muy pocos los que admiten que son víctimas de esta condición en la que el cuerpo se anticipa a las órdenes del cerebro.

Se trata de un trastorno que decepciona y crea traumas sicológicos muy profundos en el hombre, modificando totalmente su actitud ante su vida sexual. Además, afecta también a la compañera de intimidad del hombre que sufre de esta deficiencia, ya que difícilmente puede alcanzar su *clímax sexual.* Puede presentarse básicamente de dos maneras:

- En el momento preciso en que el hombre consuma el acto sexual, con la penetración.
- En casos menos severos, unos segundos (no minutos) más tarde, apenas comienza la fricción natural de la relación sexual.

139

PREGUNTA: ¿Es posible que hayan hombres que sufren de eyaculación precoz y que no lo sepan...?

RESPUESTA: Existe algún tipo de confusión al respecto. A pesar de las características tan definidas que se presentan en los casos de *eyaculación precoz,* hay numerosos hombres que confunden lo que realmente significa el término. Es decir, muchos individuos logran disfrutar del sexo durante algunos minutos prolongados, hasta que finalmente llegan a su clímax sexual y se produce la eyaculación. En estos casos no podría decirse de que se ha producido una *eyaculación prematura* ya que la penetración y el acto sexual han sido consumados, por breve que la situación haya sido. Lo que sucede en el caso de estos hombres es que confunden el *sexo* *breve* con la *eyaculación precoz...* y se trata de dos situaciones completamente distintas. Generalmente lo hacen porque comparan su comportamiento íntimo con las fantasías que puedan haberse hecho acerca de la duración del acto sexual (basándose en lo que han visto en películas o leído en la literatura erótica, donde se presentan situaciones exageradas que carecen de todo fundamento científico). No sólo hay infinidad de hombres que confunden ese *sexo breve* con la *eyaculación prematura,* sino que algunos consideran que el "verdadero hombre", lo que pudiéramos considerar como "el amante ideal", es aquél que puede estar toda la noche haciendo el amor sin llegar a su *clímax sexual,* y después de varias horas alcanzar varias eyaculaciones... una tras otra.

Las investigaciones que se han realizado al respecto sugieren que este absurdo concepto surge de la proliferación de películas de alto erotismo que incluyen secuencias de amor repetitivas, las cuales crean la ilusión de toda esta fantasía con respecto al *super-hombre sexual.* Lo cierto es que ningún hombre normal puede tener varias eyaculaciones, una tras otra, en una noche y con un período de tiempo de recuperación tan breve.

Además, el hecho que debido a un estado de excitación incontrolable por un gran deseo de la pareja (o quizás en presencia de situaciones especiales que exijan rapidez) se produzca la eyaculación casi en seguida de haber comenzado la penetración no indica siempre que se trate de un caso de *eyaculación precoz,* desde el punto de vista clínico. Es decir, para que podamos referirnos propiamente a la *eyaculación precoz,* debemos considerarla como:

■ Un final del acto sexual que se produce mientras se está participando en los *juegos preliminares del amor,* antes de la penetración o en el preciso momento en que ésta ocurre, sin que haya habido estimulación manual directa.

140

PREGUNTA: ¿Cuándo es que se produce la eyaculación precoz?

RESPUESTA: Las estadísticas muestran que en el caso de los hombres que padecen de *eyaculación precoz,* casi siempre la misma se produce momentos antes de la penetración, o inmediatamente después. Evidentemente, la sensación de impotencia al no poder controlar sus reacciones, y el desamparo que siente el hombre ante una situación de este tipo, es difícil de describir: por una parte quisiera seguir disfrutando del

FRECUENCIA SEXUAL:
¿QUE SE CONSIDERA QUE ES "LO NORMAL" EN LA PAREJA PROMEDIO?

145

PREGUNTA: El matrimonio promedio, para que se considere que funciona normalmente... ¿cuántos encuentros sexuales debe tener a la semana? ¿Dos... tal vez tres?

RESPUESTA: En muchos casos, cuando se ofrece la respuesta a esta pregunta se confunde *la actividad sexual promedio de las parejas casadas* (una cifra que es obtenida mediante análisis estadísticos logrados en encuestas) con *el criterio de los especialistas de lo que es "normal" entre los miembros de la pareja.*

Según los sexólogos, la frecuencia de relaciones íntimas de la pareja normal, en una semana, es de tres veces. Pero si esa frecuencia es la que se considera "normal", entonces... ¿por qué tantos matrimonios tienen relaciones sexuales solamente dos veces a la semana, son completamente felices, y consideran que su vida íntima es absolutamente normal? Evidentemente, las estadísticas en este sentido no pueden ser aceptadas en una forma tan absoluta. Es más, investigaciones realizadas en diversos países muestran que entre un 5% y un 10% de todos los matrimonios sencillamente no tienen relaciones sexuales (los porcentajes varían de acuerdo con la edad, las costumbres, y la región), y consideran que sus relaciones sexuales son completamente normales.

Asimismo, hay un número considerable de parejas que mantienen relaciones sexuales solamente una vez al mes, sin que consideren que su vida íntima está afectada en forma alguna. Entonces, ¿qué es "lo normal" con respecto a la frecuencia de los encuentros sexuales de una pareja...? ¿Qué puede considerarse "anormal"...? Las fronteras en este sentido son muy amplias, y el término "conducta sexual normal del ser humano" puede ser aplicado a muchas situaciones distintas. Es evidente que cada pareja establece sus propios patrones con respecto a la frecuencia de sus encuentros sexuales, y mientras no surjan conflictos íntimos entre sus miembros por este factor, hay que partir de la base que sus relaciones sexuales son absolutamente normales.

146

PREGUNTA: Las parejas que mantienen relaciones sexuales en forma limitada... ¿llegan a sufrir de profundos conflictos en sus relaciones conyugales?

RESPUESTA: No, aunque ante este concepto tampoco podría darse una respuesta única, porque es evidente que la situación puede variar de una pareja a otra. En todo caso, es preciso considerar que:

■ Las parejas que con frecuencia se ven involucradas en discusiones y peleas (lo que podría considerarse que es "una pareja mal llevada"), muchas veces terminan estos altercados con una reconciliación amorosa en la que realizan el acto sexual en una forma apasionada; algunas llegan a provocar deliberadamente esos conflictos porque es la manera ya establecida para después entregarse a una actividad sexual de alta intensidad... una forma un tanto enfermiza de canalizar sus necesidades íntimas, desde luego.

■ Por otra parte, un número considerable de matrimonios que mantienen relaciones absolutamente armónicas, llevan una vida sexual limitada (debido a las personalidades e intereses distintos entre los miembros de la pareja). A pesar de que sus encuentros sexuales son menos frecuentes, consideran que su vida sexual es satisfactoria.

En otras palabras: la frecuencia de las relaciones sexuales en la pareja no determinan la armonía conyugal. ¿Cuáles son los factores que en realidad sí pueden llegar a resquebrajar la solidez de la relación conyugal...? El resentimiento, la ira, el odio... son todas emociones no compatibles con el placer sexual. Si estos factores existen subyacentes en la relación conyugal, por frecuentes que sean sus encuentros sexuales, la relación hará crisis en un momento dado, y el interés sexual acabará por desaparecer. Pero en general es erróneo considerar que cuando la actividad sexual del matrimonio es esporádica, ello sea un índice seguro de serios conflictos conyugales. ¡Sencillamente no sucede así!

147

PREGUNTA: Las parejas que son compatibles en su vida sexual, ¿son también compatibles en su vida conyugal?

RESPUESTA: Falso. La *compatibilidad sexual* puede ser total entre los miembros de una pareja y, sin embargo, ser totalmente incompatibles en los demás aspectos de la vida conyugal. En muchos casos, los matrimonios fracasan porque ambos miembros de la pareja confunden inicialmente lo que es solamente "una fuerte atracción sexual" con una relación mucho más amplia y profunda, como implica el matrimonio, donde la convivencia, la comprensión, y el respeto mutuo desempeñan un papel fundamental.

Desde el punto de vista sicológico no existe ningún fundamento científico que permita afirmar que la *afinidad sexual* entre los miembros de la pareja se refleje igualmente en otros aspectos de su vida en común. A cierto nivel, dos personas pueden ser muy compatibles sexualmente y no tener puntos de contacto en sus valoraciones emocionales, y tampoco en su concepto del mundo en que viven. Sin embargo, es importante aclarar que nos estamos refiriendo a un tipo de relación básicamente sexual, en base a instintos y conductas primarias. Cuando esta relación de alta intensidad sexual se matiza también con factores emocionales y espirituales, es indudable que la compatibilidad entre los miembros de la pareja llega a ser mucho más profunda, y que la unión conyugal puede llegar a ser de gran solidez.

148

PREGUNTA: Cuando es evidente que a un miembro de la pareja no le interesa tener relaciones sexuales con el otro... ¿refleja ello un rechazo inconsciente hacia el mismo?

RESPUESTA: No, de ninguna forma. Al menos, en estas cuestiones de las relaciones conyugales no se puede generalizar en una forma tan absoluta. En efecto, en muchas ocasiones, la falta de interés por la actividad sexual de un miembro de la pareja pudiera indicar una forma de rechazo, que puede deberse a un resentimiento no manifestado a nivel consciente, pero que opera en el subconsciente, llevando a la persona a tratar de evitar (o a no desear) las relaciones sexuales. Pero esta causa no es necesariamente la única que hace que un miembro de la pareja no quiera propiciar el encuentro sexual en un momento dado, porque otros factores también pueden desencadenar ese desgano sexual temporal que algunos cónyuges interpretan como "rechazo".

Por ejemplo, un estado depresivo casi siempre provoca la falta de deseos sexuales... y en ninguna forma significa que el miembro de la pareja que se halla deprimido esté rechazando al otro. Una situación que genere un alto nivel de estrés puede neutralizar el apetito sexual en la persona más apasionada, y tampoco ello significa rechazo. Y lo mismo puede decirse con respecto a los estados de tensión y ansiedad, situaciones que neutralizan fácilmente cualquier estímulo para sostener relaciones sexuales... pero sin que existan causas ocultas de rechazo que puedan afectar la actividad sexual de la pareja.

149

PREGUNTA: Las personas que tienen una vida sexual muy activa, ¿son en realidad más equilibradas que aquéllas que tienen una actividad sexual menor?

RESPUESTA: No. Pero –de nuevo– todo en la vida no es negro o blanco, porque también hay muchos matices de grises, que incluyen porcentajes de negro y blanco. Sin embargo, por factores desconocidos, es evidente que muchas personas tienden a asociar una actividad sexual intensa con individuos equilibrados y muy seguros de sí mismos; es decir, consideran que esas personas que siempre parecen estar en control de sí mismas son capaces de llevar una vida sexual más dinámica e intensa que aquéllos que no proyectan la misma imagen de equilibrio emocional. En realidad:

■ Existen personas con una vida sexual más limitada y que, sin embargo, son muy equilibradas desde el punto de vista emocional.

■ Asimismo, hay otras que no son capaces de ocultar sus inseguridades y su carácter errático, y que a pesar de ello llevan una vida sexual muy activa, tal vez porque es ésa una manera de compensar sus deficiencias emocionales.

Desde el punto de vista científico, y en el caso de muchos individuos, la actividad sexual frecuente puede ser una vía de escape efectiva para una serie de inquietudes, ansiedades, y conflictos... un desbalance emocional, digamos. Quienes se refugian en el sexo con este propósito, no pueden ser considerados "individuos equilibrados síquicamente" o "con un buen ajuste emocional", desde luego. No obstante, es preciso reconocer que en muchos de estos casos (en los cuales la actividad sexual es intensa y se realiza normalmente) el sexo es una especie de válvula de escape para estas personas... una compensación para las muchas inquietudes que las embargan.

150

PREGUNTA: Si la persona no tiene deseos sexuales, ¿indica ello que sufre de trastornos sicológicos profundos?

RESPUESTA: Tal vez... y esta afirmación encierra una verdad a medias. ¿Por qué? Porque no hay duda de que aquellos individuos que han experimentado deseos sexuales normales en el pasado, pero que –por diferentes motivos– se convierten en víctimas de situaciones de gran tensión en su trabajo, que se ven afectados por problemas financieros, y que se encuentran asediados por conflictos familiares, pueden experimentar una disminución drástica en sus deseos sexuales... por etapas.

Esto no quiere decir que el sexo haya dejado de interesarles; sencillamente, no es una prioridad en ese momento determinado debido a los conflictos emocionales que los embargan. Estos deseos surgirán de nuevo una vez que tales situaciones de estrés hayan sido debidamente controladas, o desaparecido. Por lo tanto, el desgano sexual temporal puede ser evidencia de conflictos emocionales, pero no de trastornos sicológicos mayores... a menos que la situación se prolongue indefinidamente.

En personas que nunca han experimentado deseos sexuales, es evidente que esa falta de apetito sexual sí puede responder a algún conflicto sicológico, y por ello resulta fundamental consultar la situación con un especialista. Un conflicto en la infancia puede ser la causa de tal tipo de trastorno emocional. En algunas situaciones, un tratamiento terapéutico breve puede solucionar el problema. En otras, el conflicto es evidentemente más complejo, aunque no necesariamente tiene que tratarse de un problema emocional grave. En todo caso, sólo un profesional puede determinar en cada paciente la magnitud del conflicto emocional que ha desarrollado él mismo, y de esta forma podrá establecer el diagnóstico y señalar el tratamiento adecuado (si ello fuera necesario).

151

PREGUNTA: Para mantener una salud emocional adecuada, ¿es preciso llevar una vida sexual activa... como muchos aseguran?

RESPUESTA: De nuevo, todo depende de la forma en que se analice la situación:

■ Todos conocemos a personas que por motivos religiosos o por convicción han mantenido un estado de celibato durante muchos años (o por toda la vida), y que son absolutamente saludables desde el punto de vista emocional. Otras han evadido las relaciones sexuales en espera de la pareja adecuada, o por motivos espirituales muy definidos. No podemos catalogar de forma superficial a todas esas personas y calificarlos como "desajustados sexuales" o "individuos que sufren de desequilibrio emocional", porque sería injusto... de nuevo, es importante huir de los conceptos absolutistas.

■ No obstante, tampoco se puede desconocer el hecho científico de que el llevar una vida sexual activa, equilibrada, es un factor muy importante para la salud emocional del ser humano.

Por lo tanto, la salud emocional del individuo no depende tanto del número de encuentros sexuales que tenga a la semana, sino de su necesidad real de los mismos. Si no desea la actividad sexual, y esa energía la tiene canalizada de otras formas positivas (o sublimizada, como sucede en el caso de los religiosos), su salud emocional puede ser muy normal a pesar de que su vida íntima sea prácticamente nula. Si el deseo sexual es reprimido, y ello significa una lucha interna, no cabe duda de que entonces sí puede producirse un desequilibrio emocional en el individuo, y su estabilidad síquica puede llegar a afectarse.

152

PREGUNTA: ¿El deseo sexual sólo es despertado por los atributos físicos de la persona?

RESPUESTA: No, desde luego que no.

■ En primer lugar, debemos aclarar que cuando se emplea el término "desear" no nos estamos refiriendo solamente al *deseo sexual inmediato,* sino al conjunto de atracciones que intervienen en las relaciones amorosas.

■ En segundo lugar, el *magnetismo sexual* que emana una persona y que atrae a otros, no se debe solamente a sus atributos físicos (belleza del rostro, líneas del cuerpo, musculatura, etc.), sino también a otras cualidades que pueda tener (como son la seguridad en sí mismo, la forma de comunicarse, la proyección de su personalidad, su bondad, su simpatía, su grado de identificación con los demás seres humanos, etc.). Está comprobado que a medida que la auto-estimación y el nivel de auto-seguridad del individuo aumenta, igualmente se desarrolla su capacidad para atraer sexualmente a los demás... aunque su belleza física sea limitada.

153

PREGUNTA: ¿Existe alguna relación entre las deficiencias sexuales y los trastornos neuróticos?

RESPUESTA: Por lo general, no. Durante una época se creyó que todos los síntomas o trastornos sexuales en el fondo se debían a neurosis que sufría el individuo. Bajo este punto de vista, los conflictos neuróticos y los trastornos emocionales profundos debían ser resueltos como paso previo para lograr un comportamiento sexual óptimo. Hoy en día se sabe que muchas *disfunciones sexuales* surgen como resultado de formas más superficiales de ansiedad, tales como el temor al fracaso en la realización del acto sexual, al dolor físico que se pueda producir en los momentos íntimos, y a complejos de diferente índole.

Mediante un tratamiento adecuado, los especialistas en terapia sexual pueden controlar muchos de estos síntomas y mejorar la actividad sexual del sujeto, sin que sea necesario recurrir a un análisis patológico profundo. No obstante, siempre hay que tomar en consideración que muchos trastornos sexuales sí son consecuencia directa de neurosis y que –por lo tanto– las mismas deben ser tratadas para devolverle la capacidad sexual normal al individuo afectado.

154

PREGUNTA: ¿Quiénes practican la abstinencia sexual...? ¿Por qué?

RESPUESTA: La *abstinencia sexual* está mucho más extendida de lo que se cree; pocos hablan de que la practican, de una forma u otra. No sólo la disminución del deseo sexual contribuye a su práctica, sino también los conflictos matrimoniales, las enfermedades, y los problemas síquicos.

No vamos a analizar la *abstinencia sexual voluntaria* de aquellos hombres y mujeres que, por motivos éticos (religiosos o sociales), deciden mantenerse totalmente alejados de las actividades sexuales. Aquí nos referiremos a un problema bastante serio: el caso de las parejas que, sencillamente, no tienen relaciones sexuales, una situación frecuente.

Los análisis estadísticos que se han hecho hasta el presente con el propósito de determinar las causas y los factores que inciden en el fenómeno de la *abstinencia sexual,* llegan a conclusiones interesantes:

■ Más de la tercera parte de las parejas casadas (de menos de 45 años de edad) deja de tener relaciones sexuales por determinados períodos de tiempo que pueden oscilar entre dos meses y un año.

Las razones para este tipo de *abstinencia sexual parcial* son totalmente ajenas al embarazo (una situación que provoca que muchas parejas limiten su actividad sexual), y entre las mismas se encuentran:

■ Los conflictos conyugales severos.
■ Las enfermedades en uno (o en ambos) miembros de la pareja.
■ La disminución del interés sexual debido a diferentes factores.
■ Los trastornos de índole sicológica.

155

PREGUNTA: ¿Cómo puede un conflicto conyugal llevar a una pareja a practicar la abstinencia sexual?

RESPUESTA: La causa más común de *abstinencia sexual* en las parejas es, precisamente, las discordias matrimoniales. Se estima que hasta en un 40% de los casos, la *abstinencia sexual* en una pareja ocurre debido a las disputas y conflictos matrimoniales. En muchas de esas situaciones, tanto el hombre como la mujer utilizan el sexo como un arma de guerra, y se niegan a tener relaciones íntimas con el fin de castigar al otro. Cuando esto ocurre y la situación se prolonga, es evidente que el matrimonio se halla ante una seria crisis, y que el rompimiento puede producirse en cualquier momento.

No existe un patrón único a la hora de definir lo que en verdad significa el término *abstinencia sexual;* más bien se analiza con respecto a la frecuencia con que se manifiesta en cada pareja. Por ejemplo:

■ Para una pareja que normalmente tiene relaciones sexuales todos los fines de semana, o una vez por semana, el estar dos o tres semanas sin sexo no indica *abstinencia sexual.*
■ Sin embargo, para aquéllas que mantienen relaciones sexuales prácticamente todos los días, o seis días a la semana, o cinco, el mismo período de tiempo sin llegar a tener relaciones sexuales sí significa un problema.

Por supuesto, el término *abstinencia sexual* no se refiere a la separación esporádica de los miembros de la pareja; se trata de no tener relaciones sexuales mientras que ambos conviven juntos.

También hay casos de *abstinencia sexual parcial* causada por desavenencias conyugales de otro tipo. Digamos, por ejemplo, que la mujer sea muy exigente en el aspecto sexual, y que no acepta el hecho de que su hombre no se halle en su mismo estado de ánimo para hacer el amor, porque regresa cansado del trabajo. Si la situación no se produce como ella espera, surgirá el conflicto... y para evitar la crisis, el hombre muchas veces optará por crear o inventar alguna excusa que le permita acostarse esa noche en paz, sin verse forzado a tener una relación sexual que no desea. Por supuesto, esta situación puede suceder a la inversa, y ser ella la que provoque una discusión o finja un malestar para evitar la relación sexual.

156

PREGUNTA: ¿Son muchos los casos de abstinencia sexual entre los miembros de una pareja debido a situaciones de enfermedad?

RESPUESTA: Son muchas las situaciones de *abstinencia sexual* causadas por enfermedades: el cáncer, los trastornos crónicos de distintos tipos, el herpes, el SIDA, las ulceraciones en la piel, y muchas otras causas patológicas, distancian sexualmente a la pareja. En estos casos (el 30% de los de *abstinencia sexual total,* se estima) se requiere una buena orientación profesional para ayudar a salvar el matrimonio.

Si la mujer está enferma, por ejemplo, se siente culpable y terriblemente frustrada ante la situación; además teme de que su esposo llegue a dejarla por otra, o que le sea infiel (lo mismo ocurre en caso de que el paciente sea el esposo)... y esa situación de inseguridad degenera casi siempre en una crisis que –en muchas ocasiones– no logra ser salvada por la pareja debido a las presiones a las que se ve sometida.

Sin embargo, es importante enfatizar que cuando existen situaciones de enfermedad y hay verdadero amor entre los cónyuges, el grado de tensión que se produce impide la infidelidad, ya que en la mayoría de los casos el amor se vuelve más intenso y el deseo sexual se neutraliza hasta que la normalidad conyugal logra ser restablecida.

157

PREGUNTA: ¿Por qué con el tiempo llega a disminuir el interés se-

xual en algunas parejas?

RESPUESTA: Las situaciones que crean tensión y otros problemas –tanto en el hogar como en el trabajo– provocan la *abstinencia sexual* en muchas parejas felizmente casadas y con una vida íntima normal. Las enfermedades –como consideramos anteriormente– constituyen un alto porciento de las causas que provocan la *abstinencia sexual,* por ser también una gran fuente generadora de tensiones. Pero la disminución del interés en el sexo ocupa el tercer lugar entre las causas de la *abstinencia sexual* (respondiendo por el 12% de los casos), casi siempre provocado por situaciones de rutina inexorable en las relaciones íntimas.

También se produce la *abstinencia sexual* cuando hay aburrimiento en la intimidad; es decir, si el sexo se vuelve monótono, se convierte en una obligación, o no resulta lo estimulante que se espera. En estos casos, la *abstinencia* y la monotonía sí pueden conducir, efectivamente, a la infidelidad, al verse precisada una de las partes a encontrar en otra persona ese estímulo sexual que tanto necesita para alimentar su vida emotiva.

158

PREGUNTA: Los conflictos emocionales, ¿alejan sexualmente a los miembros de una pareja?

RESPUESTA: Los *problemas emocionales* constituyen la causa de alrededor del 8% de la *abstinencia sexual* en las parejas actuales. Entre los individuos que presentan este tipo de *abstinencia sexual* están:

■ Los que desarrollan una personalidad esquizoide o esquizofrénica, que solamente conciben realizar el acto sexual bajo condiciones de imaginación y fantasía.

■ Aquéllos que en su comportamiento sexual han recurrido tanto al auto-erotismo y a los juguetes sexuales que ya no pueden mantener relaciones sexuales verdaderamente gratificantes con su pareja.

■ Los que han perdido a su cónyuge (debido a la muerte o al divorcio). Estos demoran hasta dos o tres años –como promedio– en poder rehacer sus vidas y renovar sus intereses sexuales.

■ El temor a iniciar de nuevo la vida sexual. Aunque según la creencia popular "hacer el amor nunca se olvida", la falta de práctica puede llevar a la pérdida de las facultades sexuales y a provocar situaciones de *abstinencia sexual.*

FRIGIDEZ FEMENINA:
¿EXISTE REALMENTE?

159

PREGUNTA: Con frecuencia se divulga información sobre la frigidez femenina, y de acuerdo con las estadísticas, hay muchas que no son capaces de sentir placer en la intimidad. ¿Existe realmente la frigidez femenina?

RESPUESTA: El término *frigidez* es relativo, y se emplea indebidamente en muchas ocasiones. Algunas mujeres confunden su incapacidad de alcanzar el *clímax sexual* en la intimidad con una situación de *frigidez*. ¡Gran equivocación! De acuerdo a las nuevas investigaciones sobre la sexualidad femenina, son muy pocas las mujeres realmente *frígidas*... y muchas las que no alcanzan su *clímax sexual* sencillamente porque no son estimuladas debidamente durante sus relaciones íntimas.

Por lo general las *mujeres inorgásmicas* se apresuran a considerarse frígidas (aunque no lo confiesen, ni siquiera a sus ginecólogos), sin haber explorado antes todos los factores que pueden estar impidiendo que alcancen su plenitud sexual durante sus relaciones íntimas. Es más, las estadísticas médicas muestran que la desproporción entre el número de mujeres que se consideran *frígidas* y las que realmente lo son es francamente abismática. Es por ello que infinidad de especialistas afirman, categóricamente, que la *frigidez femenina* –simple y llanamente– no existe. La opinión actual:

■ Toda mujer puede ser sensible a los estímulos sexuales; todas son capaces de sentir un placer intenso al ser estimuladas en la forma debida. Con la excepción de los casos excepcionales en que algún defecto físico impida a la mujer disfrutar de una relación sexual normal, es muy discutible que verdaderamente hayan mujeres *frígidas*.

160

PREGUNTA: ¿Por qué son tantas las mujeres que se consideran frígidas, aunque no lo confiesen ni siquiera al médico que las trata?

RESPUESTA: Por desconocimiento de su propia sexualidad, y por la confusión que siembra tanta información irresponsable que se divulga con respecto a la *frigidez femenina*.

■ Son incontables los casos de mujeres que se deciden a buscar asistencia médica –sicológica o siquiátrica– declarándose *frígidas* a sí mismas, una vez que comprueban que son incapaces de alcanzar el orgasmo en la intimidad.

■ Asimismo, son muchas las que –sin siquiera haber tenido experiencias sexuales– sienten un temor intenso a resultar *frígidas* el día que se casen o que tengan su primer encuentro sexual.

■ Y son muchas, también, las que son injustamente acusadas de *frigidez* por sus compañeros de sexo, sencillamente porque no logran ser estimuladas debidamente en la intimidad y, por lo tanto, son incapaces de alcanzar el *clímax sexual* normalmente.

161

PREGUNTA: De cualquier forma, es evidente que el número de mujeres inorgásmicas es elevado. ¿Hay estadísticas al respecto?

RESPUESTA: Las investigaciones más responsables y autorizadas en sexualidad femenina señalan que:

■ La proporción de mujeres que no llegan a alcanzar el *clímax sexual* en sus relaciones íntimas es en realidad de un 10%. No obstante, en algunas investigaciones estas cifras son mucho más elevadas (hasta un 60% según algunos especialistas).

Ello no significa, sin embargo, que ese 10% de mujeres sean realmente *frígidas*. Es preciso insistir que el concepto de que "la mujer que no llega a alcanzar su *orgasmo* durante el encuentro sexual es *frígida*" no puede aceptarse como una verdad concluyente; ésta es la afirmación de la mayor parte de los especialistas que han estudiado a fondo el caso de las mujeres inorgásmicas y *frígidas*. Según muchos, semejante análisis sería demasiado superficial, ya que se pasarían por alto muchos factores que deben ser tomados en consideración. Cuando se investigan a profundidad las causas por las cuales la mujer no llega a alcanzar su *clímax* durante sus relaciones íntimas, casi siempre se descubre que las mismas son superables... y más fácilmente de lo que podemos suponer. En otras palabras:

■ Son rarísimas –si es que realmente hay alguna– las mujeres que no pueden alcanzar su plena satisfacción sexual al hacer el amor con el hombre que aman o que realmente les atrae sexualmente.

Lo que suele ocurrir es que –en muchas ocasiones– la mujer no alcanza su *clímax sexual* porque se presentan una serie de *obstáculos* (porque es así como deben ser llamados estos factores) que impiden el logro de esa satisfacción íntima. No obstante, en modo alguno puede (o debe) afirmarse que la presencia de esos *obstáculos* que impiden el *orgasmo* sea sinónimo de *frigidez*. Es más, tampoco las mujeres *no-frígidas* llegan al *clímax sexual* cada vez que tienen un encuentro íntimo. A veces lo alcanzan... en ocasiones no. No es fácil, por lo tanto, trazar una línea divisoria tan estricta ni establecer definiciones absolutas en una materia que tiene tantos matices diferentes y en la que influyen infinidad de factores.

162

PREGUNTA: ¿Cuáles son los factores físicos que pueden causar la frigidez en una mujer?

RESPUESTA: Son muy pocos, en verdad, los elementos físicos que pueden determinar la incapacidad de la mujer para alcanzar su *clímax sexual* cuando hace el amor.

■ La pronunciada fatiga física, el estrés y la ansiedad, y el estado de debilidad general que sigue a una enfermedad pueden provocar que cualquier mujer resulte temporalmente inorgásmica... pero este tipo de situación se resuelve una vez que la mujer se recupera.

■ También se ha señalado que el subdesarrollo de los órganos sexuales femeninos es el factor que explica algunos casos reales de *frigidez*. Muchos especialistas contemporáneos, sin embargo, rechazan de plano esta hipótesis: se ha comprobado que niñas de muy corta edad, mucho antes de que sus órganos sexuales alcancen su completo desarrollo, pueden llegar al *clímax* por medio del auto-erotismo.

La opinión predominante, en la actualidad, admite que:

■ El desarrollo deficiente de los órganos sexuales femeninos puede ser causa de la *esterilidad*... ¡pero difícilmente de la *frigidez*!

Sí hay cierta evidencia para suponer que los factores raciales o antropológicos puedan tener alguna influencia sobre la sexualidad de la mujer. Se ha hecho notar, por ejemplo, que las mujeres de la raza negra, así como las que habitan en regiones de clima tropical, responden más intensamente a los estímulos de naturaleza sexual que las mujeres de los países de clima frío. Pero ello no autoriza, en forma alguna, a atribuirle una causa racial a la *frigidez*. Las excepciones son tan abundantes que llegan a desvirtuar la regla, privándola de toda consistencia.

163

PREGUNTA: Entonces hay factores sicológicos que pueden causar la frigidez. ¿Qué papel desempeñan en esta condición las inhibiciones sicológicas?

RESPUESTA: Las *inhibiciones sicológicas* sí desempeñan un importantísimo papel, no sólo en lo que concierne a la incapacidad de la mujer para alcanzar el *orgasmo* (la condición que muchas confunden con *frigidez)* sino en todas las áreas de la sexualidad del ser humano.

Por ejemplo, los estudios del Sexólogo norteamericano **Alfred Kinsey**, realizados hace ya varias décadas, demuestran por medio de estadísticas que los casos de supuesta *frigidez femenina* eran proporcionalmente más frecuentes en el año 1900 que en 1940. La explicación de este fenómeno es obvia: el transcurso de cuarenta años sirvió para liberar a la mujer de muchos de los prejuicios, tabúes e inhibiciones que le *obstaculizaban* llevar una vida sexual plena y satisfactoria.

Hoy, al comenzar un nuevo milenio, la mujer sin duda alguna está mucho más libre de prejuicios y de ataduras sicológicas con respecto a su sexualidad que hace diez o veinte años. Podría pensarse, pues, que los casos de mujeres supuestamente *frígidas* deberían ser escasísimos. Sin embargo, aunque la mujer actual está mucho más liberada de muchos de estos conceptos obsoletos con respecto a la sexualidad –que han regido su vida por años– otros nuevos y complejos factores de la vida moderna han venido a interferir con el desarrollo pleno de su sexualidad.

164

PREGUNTA: ¿Cuáles son esos nuevos factores que interfieren con el desarrollo de la sexualidad femenina en estos momentos?

RESPUESTA: Son varios, y deben ser neutralizados para que no interfieran con la vida íntima de la pareja, especialmente de la mujer:

■ Uno de ellos es el ritmo vertiginoso de la vida actual, así como las intensas y fuertes presiones del mundo moderno, renovadas y agravadas a diario, las cuales *obstaculizan* muchas veces el pleno disfrute de la vida sexual, tanto para el hombre como para la mujer.

Quien durante el acto sexual no pueda escaparse de su ambiente diario, con su carga de preocupaciones y problemas, y sumergirse en un mundo donde sólo existan las dos personas que están compartiendo la intimidad (haciendo el amor) no podrá llegar a conocer jamás la plenitud de la felicidad sexual. No es por casualidad –como está ampliamente demostrado– que la atracción sexual aumenta y se intensifica, tanto en el hombre como en la mujer, cuando ambos miembros de la pareja logran alejarse del medio ambiente cotidiano para disfrutar de unas plácidas y reposadas vacaciones en algún sitio distante, donde sus relaciones íntimas puedan tener lugar sin presiones de ningún tipo.

■ Los estados de ansiedad, tan frecuentes en la vida moderna, son profundamente perturbadores de la normalidad y la felicidad sexual. Uno de esos estados de ansiedad es el temor de la mujer a un embarazo indeseado o inoportuno. Cuando la mujer no le teme a la concepción, porque ansía tener un hijo, o si se siente confiada en el método anticonceptivo que está usando (y éste no le inspira sentimientos de culpa), sus probabilidades de llegar al *clímax sexual* son mayores. Esta es una de las razones –entre muchas otras– por las cuales la selección de un método de planificación familiar nunca debe hacerse a la ligera, sino sólo tras una cuidadosa reflexión por ambos miembros de la pareja, y siempre bajo la dirección médica y el consentimiento de ambos cónyuges. Ninguno de éstos debe forzar sobre el otro la aceptación de un método anticonceptivo que inspire disgusto, recelo o culpabilidad a su compañero (o compañera).

■ Por supuesto, los estados de estrés o ansiedad impiden la plenitud sexual de muchas mujeres que, debido a su incapacidad para alcanzar el *clímax,* se apresuran a considerarse *frígidas.* Es imposible que una mujer que está sometida diariamente a todas las presiones de la familia, que trabaja en la calle, que debe prestar atención a cuestiones económicas en el hogar, atender a sus hijos, etc. pueda llevar una vida sexual activa, y placentera, una vez que se retira con su esposo a su dormitorio. En muchas ocasiones, las preocupaciones de las cuestiones pendientes, el cansancio mismo de toda la actividad diaria, constituyen factores poderosos que le impidan alcanzar el *orgasmo.*

165

PREGUNTA: ¿Influye en la incapacidad de la mujer para disfrutar las relaciones sexuales el uso de algún método anticonceptivo?

RESPUESTA: Entre todos los métodos anticonceptivos, el más antiguo es el llamado *coitus interruptus* (o *cópula interrumpida)*, en el cual el hombre retira el pene de la vagina antes de llegar a su *clímax,* para eyacular afuera y evitar de esta manera que se pueda producir la concepción. Se estima que, a pesar de los notables adelantos a que hoy se ha llegado en cuanto a los métodos de planificación familiar, todavía el *coito interrumpido* sigue siendo uno de los métodos anticonceptivos más usado por las parejas (de acuerdo con estadísticas compiladas a nivel internacional). En estos casos, la mujer se siente terriblemente ansiosa durante sus relaciones sexuales por un doble motivo:

- Por una parte teme que el hombre no sea capaz de ejercer suficiente control sobre sus deseos para retirar el *pene* en el mismo instante en que está a punto de producirse la eyaculación. Le preocupa, pues, la posibilidad de quedar accidentalmente fecundada.
- Asimismo, teme también que el hombre se anticipe en su excitación sexual y no le permita a ella a alcanzar su propio *clímax sexual.* En tales condiciones, la atención de la mujer está dividida entre el deseo de experimentar el intenso placer del *orgasmo* y el temor de no alcanzarlo. De esta situación a la *frigidez* de naturaleza síquica, no hay más que un paso, como es evidente.

Médicos y sicólogos, en consecuencia, no aconsejan a las parejas que presenten algún tipo de problema en sus relaciones íntimas que sigan el método del *coito interrumpido* –al menos habitualmente– pues puede llegar a originar neurosis, tanto en el hombre como en la mujer. Muchos especialistas atestiguan –basándose en su propia experiencia profesional– que es muy elevado el número de parejas que han alcanzado una satisfacción sexual mucho más plena una vez que se han decidido a no practicar este tipo de amor interrumpido.

Por otra parte, es importante tomar en consideración que si lo que se busca es evitar la concepción, el método del *coito interrumpido* es, precisamente, uno de los que menos seguridades ofrece, ya que siempre existe la posibilidad de que una minúscula cantidad de la *esperma* del hombre quede depositada en la *vagina* de la mujer, lo que en muchos casos basta para que la mujer quede fecundada y se produzca ese embarazo que no es deseado.

166

PREGUNTA: Es decir, si la mujer no es debidamente estimulada por el hombre durante las relaciones sexuales, es posible que no logre alcanzar su clímax sexual y que entonces se considere frígida. ¿Cómo puede ser tratada esta situación?

RESPUESTA: En efecto, la supuesta *frigidez femenina* (confundida casi siempre con la incapacidad temporal de alcanzar el orgasmo) muchas veces se debe a la ignorancia del hombre. Cualquier sicólogo especializado en el tratamiento de conflictos conyugales podría dar fe de que efectivamente es así. Los hombres, lógicamente, son bastantes reacios a admitir el hecho, e inclusive abundan los que tienden a jactarse de que la sexualidad femenina no encierra secretos para ellos. Esta pretensión masculina –en un buen número de casos– carece de toda base real. Lo cierto es que las reacciones ante los estímulos sexuales distan mucho de ser idénticas en todas las mujeres... y algunos hombres no están conscientes de ello. A este factor se debe que aun el más experto de los amantes, en un momento dado, tenga dificultad en conducir hasta el éxtasis amoroso a una mujer determinada, sin que ello implique –desde luego– que ella sea *frígida*.

167

PREGUNTA: ¿Qué otros factores pueden complicar la situación e impedir que la mujer alcance su clímax sexual?

RESPUESTA: La timidez y la reserva de la mujer igualmente pueden complicar más la situación en la alcoba conyugal. Es necesario, por tanto, que la mujer permita al hombre explorar su cuerpo y, más aún, que ella misma lo guíe en esa exploración.

Está demostrado que la mujer es mucho menos impresionable que el hombre por los estímulos visuales de naturaleza sexual. Nada de extraño tiene, por ejemplo, que el cuerpo masculino desnudo no resulte tan excitante para la mujer como ella y él esperan. El hombre, en cambio, sí se excita fácilmente con los estímulos de naturaleza visual; es más, sólo imaginar la desnudez del cuerpo femenino puede producir en él una intensa reacción, incluyendo la erección. Algunos hombres, equivocadamente, esperan que a la mujer le ocurra otro tanto... y no proceden a estimularla debidamente antes de consumar la intimidad en sí. La consecuencia de esta vía más corta hacia el acto sexual muchas veces se refleja en la incapacidad de la mujer de alcanzar el orgasmo.

La mujer, sin embargo, reacciona en forma mucho más favorable e intensa a los estímulos táctiles. Debe permitir, pues, que el hombre descubra cuáles son las zonas más erógenas de su cuerpo, aquéllas que más placer le proporcionan cuando son acariciadas por él. La mujer aventaja al hombre en cuanto a tener más zonas erógenas, y por ello no debe cometer el error de sustraerlas a las caricias del hombre con el que comparte la intimidad. Es importante que permita que él las conozca y que se familiarice con ellas, sin tratar de disimular o reprimir la intensidad de sus reacciones a esas caricias. Más aún: si el hombre tiene dificultad en descubrir por sí mismo qué zonas del cuerpo femenino le producen mayor ardor pasional a la mujer, ésta debe guiarlo –con discreción y tacto– para que él las descubra.

168

PREGUNTA: ¿Qué medida puede tomar la mujer para lograr una estimulación sexual total antes de consumar el acto sexual?

RESPUESTA: Asegurarse de que los llamados *juegos preliminares del amor* provoquen en ella el nivel de excitación adecuado para consumar el acto sexual.

El hombre, en su natural impaciencia por llegar a la penetración, muchas veces puede tratar –aun cuando sea un amante considerado y tierno– de abreviar el *juego sexual* previo a la intimidad en sí. A la mujer le corresponde evitar que ello ocurra, haciendo de ese *juego sexual* algo tan placentero y satisfactorio para ambos que él no desee interrumpirlo.

En otras palabras, la mujer también puede (y debe) ser maestra de ciertas técnicas sexuales adecuadas para impedir que la impaciencia o la ignorancia del hombre provoquen en ella un estado negativo de insatisfacción que, en muchos casos, es lo que conduce a la *frigidez* o, por lo menos, a una disminución innecesaria y evitable del placer sexual.

Desde luego, es misión importantísima de la mujer proceder de tal manera que nunca dé a entender al hombre que lo considera inferior como amante, necesitado de ser enseñado por ella. Para el ego masculino, esto podría resultar en una frustración o humillación que lo predispusiera en contra de su compañera y sembrará la desconfianza en sus aptitudes como amante perfecto.

Recuérdese, finalmente, que el hombre –por motivos muy diversos, que no corresponde analizar aquí– puede ser a su vez víctima de la *eyaculación precoz* (o *eyaculación prematura;* vea la página 149). En tales casos, el *orgasmo* masculino casi siempre se produce antes de que la mujer haya tenido tiempo para alcanzar su clímax sexual. Que ello suceda sólo esporádicamente –es decir, de tarde en tarde– carece de mayor importancia. Ahora bien, cuando se trata de una situación que se presenta en la mayoría de los encuentros sexuales, entonces sí llega a ser muy frustrante y enervante... para ambos cónyuges, pero muy especialmente para la mujer que no logra su plenitud en la intimidad y puede llegar a considerarse, equivocadamente, frígida.

Prolongando el *juego sexual* previo a la intimidad y alcanzando la mujer un alto grado de excitación sexual antes de la penetración, puede contribuir mucho a que el problema de su incapacidad para lograr el orgasmo se supere. También el hombre puede, aunque sólo hasta cierto punto, hacer bastante por controlar su eyaculación y tratar de que coincida con el *clímax* de la mujer o de que se produzca después de éste. Muchas parejas logran, en efecto, superar los *obstáculos* que representa la *eyaculación prematura* del hombre, en corto tiempo y sin necesidad de acudir a la asistencia del profesional. Sin embargo, cuando no sea así, y ambos comprueben que el problema persiste, la pareja no debe dejar transcurrir más tiempo sin solicitar la necesaria ayuda médica o sicológica. Esta –en la inmensa mayoría de los casos– resuelve la dificultad mediante tratamientos sencillos, los cuales están al alcance de todos.

169

PREGUNTA: Evidentemente, es importante que la mujer tenga una actitud positiva hacia su sexualidad, que comprenda cómo funcionan sus órganos reproductores y cuál es el mecanismo del encuentro sexual. Para ello, es importante erradicar conceptos obsoletos... ¿Puede ser lograda esta meta en mujeres que nunca han tenido una actitud más liberal hacia las cuestiones sexuales...?

RESPUESTA: Comenzamos un nuevo milenio y muchos conceptos femeninos con respecto a su sexualidad se han liberalizado; no hay duda de ello. Pero no podemos dejar de aceptar que los tabúes que durante años han enturbiado la clara comprensión de la sexualidad son también muy responsables de los desajustes sexuales de tipo emocional que, en muchos casos, impiden a la mujer entregarse sin inhibiciones al amor y alcanzar su *clímax sexual.* Las tradiciones pasadas de generación en generación han enseñado a la mujer a que reprima su sexualidad y hasta que se avergüence de ella. El sólo hecho de desear a un hombre ya les parece, a algunas mujeres, algo que rebaja su dignidad e incluso afea el amor, como si éste fuera un sentimiento de esencia puramente espiritual. Son conceptos que, aunque muchas no los compartan, aún están vigentes hoy día... no nos engañemos

Todo ello, claro está, es sólo un enfoque desatinado de la sexualidad humana. El sexo es una fuerza normal, natural, un impulso del que nadie escapa y del cual nadie se debe sentir avergonzado. El deseo sexual es una manifestación espontánea y sana del ser humano, no un pecado vergonzoso ni una tendencia degradante que haya que sofocar como si fuera un fuego peligroso, fuera de control.

La mujer que no se haya liberado de prejuicios de este tipo difícilmente podrá evitar que el placer sexual, aun dentro de un legítimo matrimonio, le inspire algo de vergüenza, e incluso una cierta sensación de culpabilidad y, en casos extremos, hasta de repugnancia. Todo ello –a veces sin que la misma mujer se dé cuenta conscientemente de lo que le está sucediendo– le impide entregarse a su cónyuge despreocupadamente, con verdadera alegría, ansiosa de experimentar placer íntimo y de proporcionárselo también a él.

Mientras que la mujer no sienta hondamente que la entrega sexual es un genuino acto de amor, mientras que no se sienta convencida de que el sexo no la degrada ni rebaja, sino que contribuye a su plenitud como mujer, no estará mental y emocionalmente acondicionada para desarrollar al máximo su capacidad de disfrutar las relaciones íntimas, y nunca se entregará al hombre con el apasionamiento que él espera de ella. Así, la mujer que no se sienta capaz –por sí misma– de desterrar completamente los prejuicios y los temores que le impiden disfrutar normalmente de su sexualidad, deberá conversar francamente con su médico, sin un pudor mal entendido, y pedir a éste que le indique dónde puede buscar la orientación sicológica o siquiátrica, que necesita para dejar de ser una mujer sexualmente limitada... ¡y frustrada, desde luego!

170

PREGUNTA: ¿Cómo se logra el acoplamiento sexual de la pareja?
RESPUESTA: En primer lugar es importante enfatizar que el acoplamiento sexual de la pareja no se puede lograr en un instante.

Ninguna mujer, desde luego, ha de sentirse alarmada porque sus primeras experiencias sexuales –ya sea en la noche de bodas, y en las ocasiones subsiguientes– no sean todo lo intensas y satisfactorias que ella esperaba. Cierto grado de nerviosismo y de ansiedad, cierta pudorosa reserva, es casi natural en la mujer recién casada que, por primera vez va a entregarse al hombre que ama. Si llega virgen al matrimonio, la ruptura del *himen* puede resultarle ligeramente molesta o dolorosa (aunque mucho menos de lo que muchas mujeres anticipan). Habrá –en esos primeros encuentros sexuales– cierta inexperiencia que impide a los nuevos cónyuges lograr de inicio un acoplamiento sexual perfecto. Lo importante es que ambos estén muy convencidos de que nada de ello es extraño o anormal. Por el contrario, lo mismo le sucede a casi la totalidad de las parejas, aunque esto es algo que muchas mujeres jamás confiesan.

Mientras menos importancia se le conceda a esos primeros desajustes menores en la vida conyugal de la pareja, mientras menos se piense en ellos, más pronto la pareja, unida por un verdadero amor, podrá encontrar la más plena satisfacción en la intimidad.

Recuérdese siempre que, ni aun en los casos de las parejas que alcanzan un grado máximo de compenetración sexual, el *clímax* de la mujer se produce absolutamente en todas las ocasiones. Igualmente es falso que la mujer no obtenga el menor placer cuando no llega al *clímax* en la intimidad. Aun sin que se produzca el *orgasmo* femenino, la unión sexual puede resultar satisfactoria en muchos aspectos diferentes. Ahora bien, cuando la mujer habitualmente no queda satisfecha a plenitud al hacer el amor, cuando nunca (o sólo muy rara vez) alcanza su clímax sexual, entonces sí puede sentirse frustrada y resentida, lo que repercutirá desfavorablemente en los demás aspectos de su vida conyugal. Tales casos exigen –por el bienestar de la propia mujer, y también del matrimonio– la asistencia profesional.

171

PREGUNTA: ¿Cuáles son las zonas más erógenas de la mujer... las que más deben ser estimuladas para lograr la excitación sexual adecuada para consumar el acto sexual?

RESPUESTA: Es importante que la mujer esté consciente de cuáles son las principales *zonas erógenas* de su cuerpo:

■ El más sensible de todos los órganos sexuales de la mujer es, desde luego, el *clítoris*. Hay hombres –aun los que han tenido experiencias

ESPASMOS GENITALES

La manifestación de los **espasmos genitales** *(dispareunia)* en la mujer a veces es erróneamente interpretada como síntoma de *frigidez.* Estos *espasmos genitales* consituyen una dificultad de tipo fisiológico (vea DOLOR DE AMOR, página 71), y es de lamentar que todo hombre y toda mujer no estén advertidos, con antelación a su primer contacto íntimo, de que la situación puede presentárseles. Se trata de contracciones involuntarias de los músculos que circundan la zona de la *vagina.* Cuando existe cualquier trastorno orgánico capaz de hacer que la intimidad resulte una experiencia físicamente dolorosa para la mujer, igualmente existe la posibilidad de que se produzcan los *espasmos.*

No obstante, más frecuentes aún son los casos en que los *espasmos genitales* son resultado de algun factor emocional, ya que los mismos pueden actuar como una especie de mecanismo de defensa o protección cuando la mujer siente temor ante la experiencia sexual que le aguarda. Ni el hombre ni la mujer deben asombrarse de que la dificultad surja en sus primeras ocasiones de intimidad. Lo normal es que, en un término muy breve, esas inhibiciones inconscientes comiencen a desaparecer espontáneamente y que los *espasmos genitales* cesen de producirse.

En algunos casos excepcionales, sin embargo, es posible que los *espasmos genitales* subsistan, en forma tal que lleguen a dificultar mucho e inclusive hacer imposible la consumación del acto sexual. Lo único que la pareja responsable puede hacer en tal situación, en lugar de recurrir a recriminaciones mutuas, es acudir sin pérdida de tiempo al médico.

Casi todos los sicólogos y médicos consideran que los *espasmos genitales* quedan resueltos en la inmensa mayoría de los casos, con una sencilla explicación dada a la mujer sobre la anatomía, las características y la función de sus órganos sexuales. Si los *espasmos genitales* obedecieran a alguna causa física (lo que no es muy frecuente), entonces el profesional indicará a la pareja la necesidad de que corrija el *obstáculo* (por lo general, la dilatación vaginal).

sexuales previas– que, curiosamente, no saben exactamente dónde está situado. En estos casos, las propias manos de la mujer pueden guiarlo, y aunque es verdad que normalmente el *clítoris* resultará estimulado por el roce del *pene* durante el acto sexual, también es aconsejable que sea gentilmente acariciado por las manos durante el *juego sexual* previo a la intimidad en sí.

■ Los *pequeños labios,* situados a ambos lados de la entrada de la vagina, también están provistos de terminaciones nerviosas y, en consecuencia, constituyen una zona que reacciona muy favorablemente a los estímulos táctiles.

■ Los *grandes labios,* por el contrario, sólo responden a la estimulación sexual en un número proporcionalmente reducido de mujeres.

■ El *vestíbulo o entrada de la vagina* es otra área de gran sensibilidad femenina. Algunos especialistas opinan que desempeña en la excitación femenina un papel tan importante como el del *clítoris* y los *pequeños labios.*

■ El *interior de la vagina,* en cambio, es prácticamente insensible.

Aparte de los *genitales externos* que se han mencionado, otras zonas erógenas del cuerpo femenino son:

■ La *boca,* las *orejas* (especialmente sus *lóbulos),* la *cara interior de los muslos,* el *cuello* (especialmente el área de la *nuca),* la *espalda* (sobre todo a lo largo de la columna vertebral), y desde luego, los *senos* y específicamente los *pezones.*

La estimulación de ésas u otras zonas erógenas no tiene por qué producir una reacción placentera idéntica en todas las mujeres. Recordemos que la actividad sexual nunca es puramente mecánica; hay marcadas diferencias entre una mujer y otra. Por ello es, precisamente, tan importante que la mujer se sobreponga a todo falso pudor, para comprobar qué contactos y caricias son más apropiados para provocar en ella el grado deseable de excitación sexual previo al amor.

FRIGIDEZ MASCULINA:
¿POR QUE HAY HOMBRES QUE NO DISFRUTAN HACER EL AMOR?

172

PREGUNTA: Pero... ¿existe la "frigidez masculina"?

RESPUESTA: Desde luego, el término *frigidez masculina* confunde, porque siempre se menciona la *frigidez* relacionada con la mujer. No obstante, desde la década de los años setenta, los sexólogos de mayor prestigio internacional han detectado un fenómeno singular que se está produciendo entre los hombres que acuden a sus consultorios en busca de ayuda debido a problemas en su funcionamiento sexual: la *indiferencia sexual,* una condición a la cual muchos llaman *frigidez masculina.*

¿En qué consiste esta situación...? Básicamente es un caso idéntico al que se presenta con las mujeres que se supone que sean frígidas, las cuales no disfrutan del encuentro sexual. El *hombre frígido* también actúa fríamente en su relación sexual, en muchas ocasiones no llega al *orgasmo* ni logra la eyaculación, aunque otras veces sí alcanza el *clímax* y eyacula perfectamente. Porque –y es preciso aclararlo rápidamente– la *frigidez masculina* no es sinónimo de *impotencia sexual.* Es decir, el *hombre frígido* puede lograr la erección y mantenerla... sólo que en el encuentro sexual se comporta en una forma mecánica, sin entusiasmo alguno. Y son muchos los hombres que tienen el temor secreto de verse afectados por la *frigidez masculina,* lo cual les impediría disfrutar plenamente de sus relaciones sexuales.

173

PREGUNTA: ¿Cuáles son las causas de la "frigidez" en el hombre?

RESPUESTA: Los estudios realizados al respecto demuestran que la *frigidez masculina* (o *apatía sexual,* como también algunos la llaman) tiene raíces puramente sicológicas y sociales. Entre las causas más comunes se encuentran:

■ La actitud feminista exagerada y extremista de algunas mujeres que han llevado su necesidad de igualdad con el hombre al terreno amoroso, eliminando así el estímulo sexual que significa para el hombre la conquista de la hembra, y los encantos del juego amoroso.

■ La actitud incorrecta de muchos hombres que consideran que su *obligación* en el acto sexual es la de tener dos o tres orgasmos, para de esta forma demostrar a su compañera de intimidad una potencia sexual formidable.

■ El fenómeno que se manifiesta en la sociedad actual, en la que todo está reglamentado por horarios inexorables. Así, algunos hombres cumplen con su *obligación* de hacer el amor como si se tratara de una cita de negocios más... sin la espontaneidad ni el involucramiento emocional que se requiere para disfrutar cabalmente del encuentro sexual.

174

PREGUNTA: ¿Qué condiciones propician que se manifieste la "frigidez masculina"?

RESPUESTA: El *hombre frígido* es consecuencia de muchos factores:

■ A veces su apatía por el sexo se debe a un concepto equivocado de cuál debe ser su papel en la relación con una mujer; tiende a calificar como "pérdida de tiempo" el romance o los juegos amorosos preliminares. El prefiere "ir al grano". Lógicamente, este tipo de *hombre frígido* (o inflexible, como también podría ser considerado) trata de ocultar sus emociones, las cuales considera como manifestaciones de debilidad de carácter.

■ Muchos hombres que están orientados dentro del campo de la tecnología o de los negocios, son incapaces de desconectar su vida profesional de su vida afectiva. Estos hombres, en todo momento están actuando fríamente... como si estuvieran dirigiendo un negocio o desarrollando un nuevo proyecto. Casi siempre este tipo de hombres piensa que para llevar al *orgasmo* a su compañera de intimidad sólo tiene que recurrir a la técnica... y trata de colocarse en determinada posición (según cierto manual que pueda haber leído recientemente) o de hacer el amor de acuerdo a las sugerencias de determinado especialista. Al aplicar la tecnología a la relación sexual, olvida lo más importante: el afecto, la ternura, la entrega... la verdadera intimidad. Sin estos elementos, no existe el amor ni el acto sexual placentero sino, sencillamente, una especie de desahogo físico imperfecto que, lógicamente, no puede producir el placer intenso que se espera de una relación sexual total.

■ También es necesario considerar el caso del hombre que es un super-trabajador. Existe un tipo de hombre que normalmente calificamos de *adicto al trabajo,* el cual se pasa la vida funcionando como parte de una verdadera maquinaria laboral. Para este hombre, el acto sexual es también "un trabajo" que debe ser realizado eficientemente. Al pensar así, toda su preocupación al hacer el amor se centra en "quedar bien" ante los ojos de su compañera de sexo, y como carece de la espontaneidad imprescindible para amar como es debido, su actuación en la intimidad es calculada, fría, desprovista de todo sentimiento, y totalmente *frígida.* Se trata de un *hombre frígido,* aunque logre la erección y sea capaz de eyacular en un momento dado.

175

PREGUNTA: ¿Cómo es posible resolver el problema del "hombre frígido"?

RESPUESTA: Lo primero que debe hacer el *hombre frígido* es enfrentarse a su realidad y convencerse de que está padeciendo un trastorno sicológico... porque esta condición no puede ser considerada de otra manera. Esto, sin embargo, es sumamente difícil. La experiencia de los siquiatras y sexólogos revela que la mayoría de los *hombres frígidos* tratan de negarse a sí mismos esa verdad a la que tanto temen: la incapacidad para disfrutar del encuentro sexual. Lograr que entiendan que sufren de un conflicto sicológico es parte de la batalla; cuando esto se logra puede decirse que entonces ha comenzado el proceso de recuperación o curación.

Una vez aceptada la *frigidez,* es imprescindible visitar a un sicólogo y plantearle el problema que se está confrontando. Este hará una evaluación del caso y podrá determinar cuáles son los factores que están provocando ese trastorno en la conducta sexual del individuo.

Generalmente el tratamiento para resolver la *frigidez masculina* se basa en la llamada *terapia de la polaridad,* la cual consiste en ajustar el desbalance que existe y lograr restablecer el equilibrio perdido y la correcta escala de valores en el individuo afectado. En el tratamiento, el especialista y el paciente estudian, juntos, cuáles son los patrones de conducta habituales y hallan formas para resolver las deficiencias que pudieran haberse presentado en ellos. En ocasiones el paciente busca el placer sexual solamente por medio de la masturbación; en otros, en cambio, también se involucran otras partes del cuerpo. Estos detalles indican claramente al sicólogo si su paciente está circunscribiendo su zona erógena a una parte reducida del cuerpo o si –por el contrario– es capaz de extenderla más allá.

176

PREGUNTA: ¿Qué puede suceder durante el tratamiento sicológico para neutralizar las causas de la "frigidez masculina"...?

RESPUESTA: La exploración sicológica del paciente a veces lleva a identificar trastornos mucho más profundos; después de las sesiones de terapia los *hombres frígidos* no solamente aprenden a vencer progresivamente su *frigidez* y a disfrutar más su vida sexual, sino a enfrentar situaciones de tensión con una actitud positiva.

Por ejemplo, si se trata de una situación de malestar que se ha producido por estar frente a una mujer con conceptos feministas demasiado radicales (o una mujer de carácter dominante), el médico o sicólogo debe asesorar a ambos cónyuges. Lo importante en este caso es tratar de hacerle ver a la mujer que la posición feminista adecuada no es la que se manifiesta en la intimidad con el hombre, sino en su vida social y en su interacción con los demás.

Estamos de acuerdo: la mujer debe tener el mismo derecho que el hombre a ascender en un trabajo, a mejorar de empleo, a igualdad de salarios, y a disfrutar de derechos políticos en iguales condiciones que los hombres. Pero, ¿en la intimidad...? La mujer debe ser femenina y el hombre masculino... para que ese encanto del amor no se pierda entre conceptos, y para que el acto de la entrega física no se parcialice con acusaciones de "machismo" o "feminismo" entre ambos miembros de la pareja.

Ahora bien, si la situación es tal que cada encuentro amoroso termina en una discusión o en un reproche mutuo, o se hace el amor en una forma mecánica y por salir del paso, entonces es preciso tomar una decisión inmediata para salvar en lo posible el matrimonio. Si esta alternativa no es factible, entonces es preciso empezar una nueva vida... cada cónyuge por su lado.

HOMOSEXUALISMO:
CUANDO EL AMOR SURGE
ENTRE PERSONAS DEL MISMO SEXO

177

PREGUNTA: ¿Qué es el homosexualismo?

RESPUESTA: La atracción sexual hacia un individuo del mismo sexo (en el caso de las mujeres, la condición recibe el nombre de *lesbianismo*). De acuerdo con los estudios realizados, así como análisis estadísticos a nivel internacional, se estima que:

■ Entre el 5% y el 10% de todos los hombres son completamente homosexuales.

■ Un 33% ha tenido relaciones sexuales con hombres en alguna oportunidad.

A pesar de los falsos conceptos que llegan a aceptarse como realidades, la mayoría de los hombres homosexuales no son afeminados en su comportamiento, y muchos no practican la promiscuidad sexual, sino que establecen relaciones monógamas duraderas. Otros, en cambio, cambian con frecuencia de compañeros de sexo, y el riesgo de los mismos a contraer enfermedades de trasmisión sexual (el SIDA entre ellas) es grande.

178

PREGUNTA: ¿Qué factores son responsables por el hecho de que un hombre sea homosexual...?

RESPUESTA: Hay diferentes hipótesis al respecto, todas son controversiales hasta el momento actual:

■ Algunas investigaciones muestran que el *homosexualismo* es más frecuente entre hombres que no conocieron a sus padres (o que sus padres eran figuras de carácter muy débil), lo que probablemente los llevó a establecer y desarrollar relaciones emocionales más intensas con la madre y otras mujeres en la familia. Al estar ausente la figura masculina en la unidad familiar, al crecer el niño busca en otros hombres algún tipo de compensación emocional.

■ Otras hipótesis sugieren que el hombre llega al *homosexualismo* debido al ambiente en que se desarrolla; hay factores ambientales que pueden influir en la preferencia sexual de una persona.

■ Hay otros estudios recientes que mencionan que el *homosexualismo* es una condición genética; es decir, la presencia de un gene (llamado *gene gay)* activa la condición.

179

PREGUNTA: Entonces, ¿el homosexual, nace o se forma?

RESPUESTA: Las posibilidades de que el *homosexualismo* se deba a factores genéticos cada vez son más firmes, aunque no hay duda de que otros elementos pueden contribuir a que la preferencia sexual del individuo sea por su propio sexo.

Las llamadas *moscas de las frutas* se encuentran entre los insectos sexualmente más activos que se conocen. Los científicos han comprobado que cuando una *mosca macho* es colocada en un frasco de cristal de laboratorio junto a una *mosca hembra,* el macho inmediatamente va en busca de la hembra, y comienza a copular. En sólo dos semanas aparece una nueva generación de moscas. La formidable capacidad sexual de esta especie la ha convertido en la preferida de los investigadores ya que permite estudiar los cambios genéticos generacionales que se producen en muy poco tiempo.

Precisamente debido a esa característica, un grupo de científicos del **Instituto Nacional de la Salud de los Estados Unidos** (en Bethesda, Maryland) están observando con asombro el comportamiento de un grupo de *moscas machos* de esta especie, las cuales han sido alteradas genéticamente para modificar su preferencia sexual hacia moscas de su mismo sexo. ¡Y los resultados de sus investigaciones son francamente extraordinarios!

"Las *moscas machos* a las cuales se les trasplanta un simple gene, modifican totalmente su preferencia sexual; es decir, las *moscas machos* se alejan de las hembras, se acomodan entre ellos, comienzan a frotar sus genitales, y simplemente se entregan a la actividad homosexual... Para todos los efectos científicos, estas moscas han sido alteradas genéticamente y convertidas en *moscas homosexuales",* explica el **Doctor Shang-Ding Zhang**, quien dirige estos importantes estudios genéticos.

"Lo que resulta verdaderamente cautivante y polémico de este descubrimiento es que existe un gene similar en los seres humanos... lo cual abre una interrogante inquietante... ¿Existe una predisposición genética hacia la homosexualidad en el ser humano? ¿Existe en verdad lo que muchos científicos han sospechado desde hace mucho tiempo: el *gene gay...?*".

"En ese caso, los homosexuales habrían nacido con esa preferencia sexual heredada de sus progenitores... y esto cambiaría radicalmente la forma en que la sociedad percibe hoy a quienes muestran una preferencia sexual por personas de su mismo sexo. Por supuesto, no estamos diciendo que un simple gene sea el factor que determine la *homosexualidad,* pero sí pensamos que nuestros estudios van a arrojar mucha luz sobre la conformación genética que determina toda la compleja serie de reacciones bioquímicas que finalmente influye sobre la orientación y preferencia sexual de todos los seres vivientes".

180

PREGUNTA: ¿Cuál es la reacción de la comunidad gay internacional ante la posibilidad genética del homosexualismo?

RESPUESTA: Las comprobaciones del Dr. Shang-Ding Zhang, sin embargo, han causado diferentes reacciones dentro de la comunidad *gay* internacional:

■ Por una parte están quienes se muestran satisfechos con los resultados de estos estudios, puesto que al considerarse la *homosexualidad* como una condición hereditaria (similar al color de la piel, la estatura, los rasgos físicos, y otras características genéticas) se confirmaría la posición mantenida tradicionalmente por algunos homosexuales, quienes afirman que su orientación sexual es innata y que no se debe a ninguna perversión moral, como afirman algunos grupos ultraconservadores.

■ Al mismo tiempo, de comprobarse el origen genético de la *homosexualidad,* los homosexuales pueden exigir protecciones legales similares a las que impiden la discriminación por razones de raza, origen étnico, o nacionalidad. "Cuando el público comprenda que *ser gay* o *no ser gay* es una característica integral de la personalidad de cada individuo, puede ser más tolerante y aceptar en una forma más abierta la preferencia sexual de cada persona", expresa **Denny Lee,** miembro de la **Defensa Legal y del Fondo de Educación para la Comunidad Gay**, con sede en Nueva York (Estados Unidos).

■ Sin embargo, no todos los homosexuales se sienten cómodos con este concepto, ya que hay quienes sostienen que "si la *homosexualidad* se considera como un *rasgo genético,* hay quienes pudieran asociarla con un *defecto genético,* de la misma manera que sucede con las enfermedades hereditarias, y se pudiera empezar a manipular la situación a nivel genético. Por ejemplo, inmediatamente que se conocieron los resultados de los primeros experimentos científicos realizados con las *moscas de la fruta,* diferentes grupos religiosos comenzaron a expresarse públicamente para "solucionar genéticamente una cuestión moral que siempre ha afectado a la humanidad".

181

PREGUNTA: ¿Cómo se manifiesta el factor genético en el individuo homosexual?

RESPUESTA: "El que exista un gene que influya sobre la orientación sexual de los seres humanos no significa que se trate de un gene defectuoso", se apresuran a explicar los investigadores del **Instituto Nacional de la Salud** (Estados Unidos). "Desde 1991 se han reportado diferencias muy sutiles en determinadas áreas del cerebro entre los homosexuales y los heterosexuales hombres, lo cual no quiere decir que el cerebro del homosexual sea imperfecto... Simplemente, son cerebros con características diferentes".

Tampoco se ha podido precisar en los estudios realizados en ese sentido si las personas nacen ya con esas diferencias, o si las mismas se desarrollan con los años, ya que los cerebros bajo investigación se han analizado siempre en autopsias, después de muertos los sujetos sometidos a estudios. Siempre existe la posibilidad de que los cambios pudieran deberse a adaptaciones funcionales del cerebro de los individuos homosexuales, causadas precisamente por llevar diferentes estilos de vida.

En 1993 también se identificó cierta secuencia del *ácido desoxirribonucleico (ADN)* en el cromosoma **X**, uno de los dos cromosomas que determinan el sexo en los seres humanos, y que parecía influir sobre la orientación sexual del individuo. No obstante, hasta el presente ningún científico ha podido demostrar que existe un *gene gay* específico, que sea el causante de la *homosexualidad*. Tampoco se ha podido elaborar una hipótesis convincente que explique cómo los genes influyen en la preferencia sexual de una persona.

Por otra parte, el Dr. Zhang y sus colaboradores no afirman haber hallado una respuesta a todas estas incógnitas que continúan intrigando al mundo científico con respecto a la *homosexualidad.* "Las *moscas macho* que han sido alteradas genéticamente, aunque muestran una preferencia sexual por moscas de su mismo sexo, si se colocan junto a *moscas hembras* copulan igualmente con ellas, e inclusive las fertilizan... Pudiéramos decir que, básicamente, estas moscas no son *gay* sino *bisexuales;* o sea, muestran una preferencia por ambos sexos. Además, hay un hecho curioso: cuando el *gene gay* se implanta en *moscas hembras,* éstas no se ven afectadas en su comportamiento sexual; es decir, no muestran actitudes lesbianas".

182

PREGUNTA: ¿Es la deficiencia de la serotonina el factor causante de la homosexualidad?

RESPUESTA: La *serotonina* es un complejo compuesto químico que realiza numerosas funciones en el organismo; cuando existen niveles anormales de *serotonina* en los seres humanos, ocurren diferentes trastornos de conducta: desde la depresión hasta la violencia. Aparentemente, en el caso de las *moscas de la fruta* utilizadas en el experimento llevado a cabo por el Dr. Zhang, la falta de *serotonina* fue la causante del comportamiento homosexual de los machos de la especie.

El concepto de que la *serotonina* es un factor que puede influir en el comportamiento sexual no es tan descabellada como pudiera parecer a primera vista. Por ejemplo:

■ Un medicamento de uso común en la actualidad (el *Prozac)* se receta para combatir la depresión, ya que actúa elevando los niveles de *serotonina* en el cerebro.
■ Sin embargo, cuando estos niveles aumentan, ocurre una disminución del deseo sexual.
■ Por contraste, si los niveles de *serotonina* son bajos, se incrementa la actividad.

Al menos, esto es lo que los científicos han podido comprobar en sus estudios realizados con animales de laboratorio.

En otras investigaciones se ha utilizado la *serotonina* para aumentar o disminuir la actividad sexual en ratas, ratones, gatos, y conejillos de Indias, habiéndose observado un comportamiento homosexual en algunos de estos animales.

183

PREGUNTA: ¿Qué indican los estudios que se están realizando actualmente sobre la serotonina como factor causante de la homosexualidad?

RESPUESTA: Estas investigaciones abren nuevas interrogantes y plantean inquietudes distintas. Por ejemplo:

- Si la *serotonina* estimula la actividad sexual, ¿por qué lo hace en sentido *homosexual* y no *heterosexual?*
- Y si la preferencia sexual está determinada genéticamente, ¿por qué ocurren diferencias en gemelos idénticos que poseen el mismo equipo genético que regula las leyes de la herencia?

Las perspectivas que ofrece la investigación científica en estos momentos son múltiples... ¿Se podrá saber si un niño va a ser homosexual al estudiar sus genes antes de nacer? ¿Podrán los padres recurrir a un aborto una vez que confirmen que un hijo va a ser homosexual y no lo deseen, justificando así poner fin a un embarazo en base a preferencias sexuales?

Por estas razones –y otras más– los científicos que se hallan involucrados en todas estas investigaciones insisten en que es preciso ser sumamente cautelosos a la hora de emitir juicios, ya que muchos consideran que la *homosexualidad* en el ser humano puede deberse más bien a una combinación de factores genéticos y ambientales, y no exclusivamente a un *gene gay*. En este sentido, en el mismo experimento del Dr. Zhang:

- Se colocaron moscas alteradas genéticamente (es decir, moscas con preferencia sexual homosexual) en un mismo frasco en el que se hallaban *moscas machos* no alteradas.
- Inicialmente, las moscas homosexuales se unían entre sí en una especie de danza, y copulaban entre ellos mismas.
- Sin embargo, después de cierto tiempo, las *moscas machos* no alteradas genéticamente, también comenzaban a copular con las moscas homosexuales.

Es decir, ¿influyó el factor ambiental en hacer que las *moscas machos* llegaran a tener una conducta homosexual?

No hay duda alguna de que tanto en las moscas, como en los seres humanos, la cuestión de las preferencias sexuales es un tema en extremo complejo que no se puede explicar tan fácilmente como algunos fanáticos homofóbicos pretenden. Los especialistas que han analizado los resultados de estos importantes estudios genéticos realizados en los Estados Unidos consideran que los mismos sientan "una base importante para nuevas investigaciones que deberán ser realizadas en el futuro". Evidentemente, se requerirán numerosos estudios hasta que se pueda encontrar una respuesta al por qué de la conducta homosexual en el ser humano.

184

PREGUNTA: Y el bisexualismo, ¿qué es?

RESPUESTA: El interés sexual que una persona pueda mostrar en miembros de ambos sexos (aunque no llegue a sostener relaciones sexuales con la del mismo sexo). En muchas ocasiones, el individuo homosexual reprime con disciplina total sus deseos homosexuales y funciona activamente como heterosexual... a pesar de que su verdadera preferencia sexual en la intimidad es otra.

185

PREGUNTA: ¿Cuáles son las posibilidades de que una mujer tenga relaciones íntimas con un hombre bisexual, que oculte su verdadera preferencia homosexual?

RESPUESTA: Toda mujer puede ser en la actualidad una víctima en potencia de tener relaciones sexuales con un hombre bisexual. Las estadísticas en este sentido son sorprendentes, y en los Estados Unidos, por ejemplo, se estima que el 8% del total de la población masculina practica el *bisexualismo* abiertamente. Ese porcentaje significa que entre 5 y 10 millones de hombres norteamericanos, entre los 16 y los 55 años de edad, son bisexuales. Las estadísticas en otros países no son tan precisas, pero los expertos consideran que pueden ser muy similares a las norteamericanas; tal vez más elevadas.

Estos hombres, al sostener relaciones sexuales con otros hombres, corren el peligro de contagiarse con el virus del SIDA, la enfermedad de trasmisión sexual que continúa azotando al mundo en estos momentos sin que se haya encontrado una forma efectiva de detener sus estragos. Por supuesto, estos mismos hombres bisexuales, al practicar luego el sexo con mujeres, representan un factor de contagio para ellas de alta peligrosidad. En otras palabras:

■ La mujer que tenga un esposo bisexual, y no adopte medidas de protección adecuadas en la intimidad con él, está expuesta a contraer el virus VIH (causante del SIDA).

Es decir, cada vez que la mujer tenga relaciones sexuales con su esposo, aunque ella sea fiel, está expuesta a los cientos de encuentros sexuales que él haya podido tener con hombres en los últimos años (consideremos que la promiscuidad homosexual es elevada), en alguno de los cuales él pudo haber recibido ese virus VIH que ahora puede trasmitirle a ella.

186

PREGUNTA: ¿Es posible identificar si las preferencias de un hombre aparentemente heterosexual en realidad son bisexuales?

RESPUESTA: En los Estados Unidos, Francia, Inglaterra, así como en varios países escandinavos, funcionan desde no hace mucho *centros de orientación para hombres bisexuales.* Los mismos han sido creados a raíz de la epidemia mundial de SIDA, precisamente con el propósito de disminuir en lo posible los riesgos de contagio por parte de este sector de la población, cuyo número no puede ser calculado con precisión, ya que no existe un *censo para bisexuales,* como es natural.

En Nueva York, por ejemplo, los llamados **Servicios de Orientación a Bisexuales** (un grupo de organizaciones comunitarias que ofrecen orientación sexual a las personas que la soliciten, enfatizando la forma de resolver los conflictos sicológicos causados por la preferencia sexual por el mismo sexo) efectúan desde hace algún tiempo una activa campaña de publicidad encaminada a hacerles comprender a los *bisexuales ocultos* los peligros que ellos mismos están corriendo con los patrones sexuales que siguen. El concepto detrás de todas estas campañas de información es crear un ambiente que incline al hombre bisexual a ser franco, sin provocar contra sí mismo repercusiones negativas o de rechazo.

"Nuestro propósito es incitarlo a la franqueza para guiarlo hacia un sexo con precauciones... no a que abandone sus prácticas bisexuales... porque ya eso sería caer en otro tema y en una situación que no es la que preocupa actualmente", explican miembros directivos involucrados en estas campañas de orientación.

De acuerdo con las recomendaciones de estas organizaciones de o-rientación sexual, si la mujer sospecha (o presiente) que su hombre es bisexual, debe seguir los siguientes pasos:

■ Antes de llegar a la intimidad sexual con él, es importante establecer un ambiente de franca camaradería que les haga sentirse bien a ambos cuando están juntos.

■ Propiciar conversaciones sobre el pasado sexual. El hombre debe estar consciente que la mujer necesita conocer su historia sexual anterior para determinar cómo ambos pueden proceder de un modo responsable como pareja. De ningún modo la mujer debe darle a entender que de esa historia dependerá que ella decida sostener o no relaciones íntimas con él.

■ Plantear sus preguntas amistosamente. El no debe considerarlas como una forma de ataque (tal vez lo mejor sería que la mujer empezara por contarle sus propios antecedentes sexuales). La franqueza estimula que la otra parte también quiera ser franca.

■ Confiarle abiertamente cuáles son sus temores; en realidad son temores normales en la época de enfermedades de trasmisión sexual que estamos viviendo. Tal vez es conveniente admitir que casi todo el mundo tiene *algo* oculto en su pasado y que teme ser rechazado si ese secreto se pudiera descubrir. Es apropiado sugerir lo maravilloso que sería poder encontrar a alguien con quien poder ser franca.

■ Finalmente, si no es posible averiguar los hechos de su pasado y la mujer continúa teniendo la impresión de que él calla porque no quiere que se descubra su tendencia bisexual (una situación que, lógica-mente, es muy frecuente), es fundamental que se proteja a sí misma... y considerar terminar esa relación para evitar el posible contagio del SIDA. Desde luego, antes de llegar a una decisión drástica, hay que considerar que también la mujer está expuesta a la contaminación con un hombre heterosexual (inclusive con su propio esposo, en el caso de que éste haya sido infiel y haya sostenido relaciones sexuales con una mujer portadora del virus del SIDA).

187

PREGUNTA: ¿Cuál debe ser la reacción de la mujer al comprobar que el hombre a su lado es en realidad bisexual?

RESPUESTA: Ser muy objetiva, y no dejarse llevar por las emociones. Hay muchos hombres que tienen la sinceridad de informarle a sus esposas acerca de sus preferencias sexuales secretas... y en este sentido, la gama de situaciones de ajuste en la pareja es prácticamente interminable: desde la tolerancia y la aceptación, hasta el rechazo instantáneo. Es una decisión que depende de cada pareja, y en ella no sólo va a influir la realidad del *bisexualismo*, sino muchos otros factores que forman parte de la relación conyugal, y que ahora van a ser puestos a prueba y pesados en una balanza para determinar hacia el lado en que ésta se inclina.

¿Qué debe hacer la mujer ante una situación de este tipo? Analizar el caso que se le está planteando, y tomar la decisión que resulte menos dolorosa para ambos. Sí es importante tomar en cuenta los siguientes factores al hacer un análisis:

- No intente cambiarlo ni piense que él puede controlar sus instintos homosexuales. Es posible que lo logre... sólo por varios días. Después, cuando se presente el estímulo sexual debido, volverá a la situación inicial.

- Considere el riesgo físico de contraer el SIDA que está corriendo al vivir promiscuamente. Las estadísticas muestran que aunque la incidencia de SIDA entre la población homosexual ha disminuido considerablemente en los últimos años, aún los homosexuales constituyen hoy un grupo de alto riesgo con respecto a esta enfermedad.

- Si el amor y la estabilidad conyugal alcanzada es superior a los conflictos que puede provocar una situación de este tipo, entonces hable directa y francamente con su hombre para llegar a una serie de acuerdos de seguridad en lo que al sexo se refiere.

- Al hacer el amor con un hombre bisexual, observe todas las precauciones del mundo. No confíe. Siga al pie de la letra las instrucciones que los especialistas recomiendan para tener el llamado *sexo seguro*. Recuerde que, hasta el presente, su mejor aliado es el preservativo (profiláctico o condón), así como determinados espermicidas vaginales de alta efectividad.

- Si puestos todos los factores en la balanza, su salud está por encima de su amor por un hombre bisexual, tome una decisión... ¡y cuanto antes, mejor!

188

PREGUNTA: Y el lesbianismo, ¿es exclusivo de las mujeres?

RESPUESTA: Sí, el *lesbianismo* es la *homosexualidad femenina*. De acuerdo con las investigaciones más recientes:

■ El 5% de las mujeres son totalmente lesbianas; es decir, sostienen relaciones sexuales únicamente con mujeres.

■ El 15% ha tenido (al alcanzar la edad de 45 años) por lo menos una experiencia lesbiana (tal vez una situación ocasional).

Se trata de una condición que es menos frecuente que el *homosexualismo masculino* (aunque las estadísticas pudieran ser engañosas, ya que ni siquiera en encuestas anónimas muchas mujeres admiten ser lesbianas o haber tenido relaciones homosexuales en algún momento de sus vidas). En términos generales, las relaciones emocionales entre las mujeres lesbianas tienden a ser intensas, más estables que las relaciones entre hombres homosexuales, y con frecuencia para toda la vida.

IMPOTENCIA SEXUAL MASCULINA:
EL DESEO ES INTENSO, PERO EL AMOR NO ES POSIBLE... ¿POR QUE?

189

PREGUNTA: ¿Qué es la impotencia sexual masculina?

RESPUESTA: Una definición rápida y práctica, fácil de comprender:

■ Es la incapacidad de lograr (y mantener) la erección necesaria para poder realizar plenamente el acto sexual.

La *impotencia sexual* es más frecuente en el hombre de lo que muchas personas suponen, especialmente las mujeres. Toda esa imagen de fortaleza y virilidad que los hombres a veces proyectan para tratar de impresionar a las mujeres, es sumamente frágil; en lo que a su sexualidad se refiere, no hay duda de que el hombre es muy vulnerable... y está consciente de ello, por supuesto.

190

PREGUNTA: ¿Cuáles son las causas de la impotencia sexual en el hombre?

RESPUESTA: Enumerar las causas de la *impotencia sexual* en el hombre es un proceso complejo, porque si bien la *impotencia* puede tener dos causas principales, muchas veces ambas están entremezcladas. Desde el punto de vista médico, sin embargo, la *impotencia* puede ser de índole:

■ **Fisiológica**, en la cual existen factores físicos que impiden que se desarrolle normalmente el mecanismo de la erección. Puede ser provocada por tumores, lesiones de los nervios, y otros trastornos biológicos.
■ **Sicológica**, no existen los factores orgánicos que impiden la erección, pero hay otros mecanismos de índole sicológica que inhiben totalmente el proceso normal que debe ocurrir entre el sistema nervioso y los genitales del hombre para que se produzca la erección.

■ **Endocrina**. También podría considerarse de carácter fisiológico.

Además,

■ Además existe la llamada **impotencia temporal**, en la cual el hombre, por determinadas razones (que también pueden ser orgánicas o emocionales), es incapaz de lograr y mantener la erección durante un determinado período de tiempo.
■ La llamada **impotencia permanente**, en la que nunca se produce la erección, porque el mecanismo que permite alcanzarla se ha dañado debido a diferentes factores.

191

PREGUNTA: ¿Cuáles son los primeros síntomas de la impotencia sexual en el hombre?

RESPUESTA: Cuando un hombre comienza a experimentar problemas en su proceso de erección, lo primero que debe hacer es formularse estas preguntas básicas:

■ ¿Qué estilo de vida estoy llevando? ¿Qué factores (físicos, endocrinos, o sicológicos) pueden estar provocando este estado de incapacidad para lograr (y mantener) la erección en mí?
■ ¿He padecido de gonorrea, de sífilis, de herpes genital u otro tipo de enfermedades trasmisibles por contacto sexual? ¿Se me han presentado infecciones urinarias o de la *próstata?*
■ ¿He recibido algún catéter en la *uretra* por motivos clínicos?
■ ¿He necesitado dilatación quirúrgica de la *uretra* como resultado de una infección... o un accidente?

Una vez que haya respondido a estas preguntas podrá estar en condiciones de determinar si la causa de su *impotencia sexual* pudiera deberse a un trastorno de la *uretra,* por ejemplo, o a otros factores. Por supuesto, el médico será quien dirá la última palabra al respecto, pero no hay duda de que esta auto-evaluación preliminar le será muy útil al hombre afectado a la hora de consultar al especialista, porque le permitirá orientarlo debidamente en su condición para lograr un diagnóstico más preciso.

Generalmente el médico practica un examen detenido de todo el sistema urinario-reproductor del individuo (incluyendo la *uretra)* y ordena un análisis de orina antes de recomendar el tratamiento inicial que considere apropiado.

192

PREGUNTA: ¿Qué puede hacer el hombre cuando comprueba que sufre de impotencia sexual?

RESPUESTA: Cuando el hombre descubre que quiere y no puede reaccionar debidamente ante los estímulos eróticos femeninos, desarrolla un complejo agudo que lo lleva a actuar de muchas maneras... todo depende de su formación, su personalidad, el estilo de vida que lleve, y muchos otros factores de índole personal y social:

■ En muchos casos decide ir al médico y plantear su problema abiertamente, en busca de una solución; cuando menos, trata de obtener la orientación que necesita.

■ Otros se niegan a sí mismos que exista el trastorno, y desarrollan una agresividad extraordinaria porque, en el fondo saben que llegado el momento de la verdad (el instante de tener relaciones sexuales), no podrían engañar a nadie... ni siquiera a ellos mismos.

■ Muchos se encierran en sí mismos, rechazan a la mujer (si son casados... porque es la mujer el factor que les hace enfrentarse a "su problema"), y provocan un conflicto conyugal que habría podido ser salvado sólo con una comunicación más abierta con su pareja.

■ Y, por supuesto, siempre es preciso mencionar los casos extremos: hay hombres que al comprobar su situación de *impotencia* (de cualquier tipo que ésta pueda ser) se refugian en el alcohol o las drogas para olvidar que su vida sexual ha llegado a un final; están, también, los que recurren a medidas extremas... el suicidio, entre ellas.

193

PREGUNTA: ¿Qué puede hacer la mujer para ayudar al hombre que sufre de impotencia sexual?

RESPUESTA: ¿Lo más importante? Ofrecer su comprensión y ayuda al hombre afectado por esta condición, consciente de que la necesita.

Son miles los casos de hombres que se enfrentan diariamente a la *impotencia*... y son igualmente miles los casos de mujeres que han llevado una vida sexual activa con sus respectivos hombres y que, de repente, comprueban que ha surgido entre ellos el fantasma de la *impotencia sexual,* la cual interrumpe su vida íntima en una forma drástica. Es decir:

▪ La *impotencia* es una situación que afecta a ambos miembros de la pareja, al hombre y a la mujer por igual; ambos son los protagonistas del acto sexual.

Y ése es, precisamente, el motivo por el cual la pareja debe obtener la orientación debida, de manera que la *impotencia sexual* del hombre sea contemplada en una forma más objetiva y no como una tragedia insalvable... para que pueda llegar a ser tratada abiertamente por los miembros de la pareja (con la orientación médica o sicológica debida), y no ocultada como una situación de vergüenza.

194

PREGUNTA: ¿Cómo se puede determinar el tipo de impotencia que se ha manifestado en el hombre? ¿Cuál debe ser la participación de la mujer en el proceso?

RESPUESTA: Como se ha mencionado anteriormente, existe la *impotencia física,* la *impotencia sicológica,* y la *impotencia endocrina...* y es imposible considerar que una es más fácil de tratar que la otra, porque la realidad es que las tres son situaciones en extremo complejas.

Hay enfermedades, condiciones y hábitos capaces de crear situaciones de *impotencia sexual* en el hombre, y entre estos factores es importante mencionar la *diabetes mellitus* o ciertos problemas circulatorios (la *hipertensión* entre ellos). Asimismo, hay enfermos que deben tomar determinados medicamentos (píldoras anti-depresivas o tranquilizantes, por ejemplo), los cuales pueden provocar situaciones de *impotencia sexual* en un momento dado. Y, desde luego, el alcohol es un poderoso inhibidor sexual (aunque muchos aún lo duden): en exceso, el alcohol puede provocar casos de *impotencia sexual,* temporal o permanente.

Si el hombre no padece de ninguna enfermedad que pudiera ser la causante de su situación de *impotencia sexual,* si no está tomando medicamentos ni alcohol, entonces es muy probable que su estado de *impotencia sexual* radique en su siquis (la *impotencia sicológica*). *Algo* (cualquier situación o pensamiento) pudo haber provocado en él una inhibición sexual que se manifiesta ahora con la falta de erección, o su incapacidad para mantenerla.

En cualquiera de estos casos, lo primero que la mujer puede hacer es convencer a su hombre para que visite al especialista y que éste lo someta a los análisis correspondientes para determinar si existe un factor oculto (un cáncer en la próstata, un daño en la uretra... por ejemplo) que pueda estar provocando la situación de *impotencia sexual.* Y, como es de esperar, muchos hombres se resisten a exponer su factor de "debilidad" delante de otra persona (aunque se trate de un profesional)... pero es aquí donde la habilidad femenina y el poder de convencimiento de la mujer se convierten en elementos valiosos para orientar al hombre a que dé el primer paso en la dirección correcta: estar consciente de que requiere ayuda, y comenzar a buscarla.

195

PREGUNTA: ¿Existe algún método sencillo para determinar si la impotencia sexual en el hombre es física o de índole sicológica?

RESPUESTA: Sí. Existe un método privado que no es infalible pero que orienta debidamente al hombre para determinar si su condición de *impotencia sexual* es física o síquica. Si por las mañanas, mientras duerme, presenta la llamada *erección matinal,* ello indica que no existen trastornos orgánicos que estén impidiendo la erección mientras esté despierto y consciente de lo que hace. Es decir, en ese caso su condición tiene un origen emocional o sicológico, exclusivamente.

Por supuesto, no vayamos a pensar que la solución a la *impotencia sicológica* es fácil por el hecho de que no esté provocada por una lesión física. Recordemos que el cerebro y el sistema nervioso son mucho más complejos que todo el sistema reproductor del hombre. Si en ese sistema nervioso se produce algún tipo de interrupción, la función sexual queda cancelada. Y es en estos casos –más que nunca– cuando la pareja necesita de la orientación profesional debida.

En situaciones extremas en las que el hombre se niegue totalmente a buscar la ayuda profesional, la mujer debe obtener orientación de todas formas (con conocimiento de su cónyuge o no, depende del caso) para saber cómo puede ayudarlo y orientarlo debidamente para buscar una solución a una situación de crisis que puede ser peligrosa para la unión conyugal... una situación que también la está afectando a ella, indudablemente, porque su vida sexual también ha quedado interrumpida por la condición que se ha presentado en el hombre, que le impide funcionar adecuadamente en la intimidad.

196

PREGUNTA: ¿Qué factores endocrinos pueden ser responsables de la impotencia sexual masculina?

RESPUESTA: Durante mucho tiempo se creyó que la *impotencia sexual* era producida por factores sicológicos o físicos exclusivamente. Sin embargo, investigaciones recientes demuestran que:

■ Más del 30% de los casos de *impotencia sexual masculina* se pueden deber al funcionamiento anormal de las *glándulas endocrinas* (o *glándulas de secreción interna).*

Así, cuando los niveles hormonales en el cuerpo del hombre no son los normales, se puede producir la llamada *impotencia endocrina,* la cual desaparece rápidamente con el tratamiento adecuado (las estadísticas demuestran que en el 90% de los casos tratados, se logra una recuperación total de la capacidad de erección perdida). Ahora bien, si el diagnóstico tarda, y el tratamiento no es efectivo, lo más probable es que esa *impotencia endocrina* inicie un inexorable ciclo sicológico y que la situación de *impotencia* se mantenga en el individuo, ahora provocada también por factores sicológicos.

197

PREGUNTA: ¿Es fácil diagnosticar las situaciones de impotencia endocrina?

RESPUESTA: Es evidente que el diagnóstico de la *impotencia endocrina* es mucho más difícil que el de la *impotencia sicológica* o la *impotencia física.* Son muchos los elementos que tienden a confundir al profesional, y por ello es preciso que éste investigue mucho más allá de las apariencias. Lamentablemente, muchos especialistas se dejan llevar por la vía más trillada... Por ejemplo, si el paciente ya pasa de los 40 años, se le dice que "es de esperar un cambio en su vida sexual" y "es normal que su potencia sexual no sea hoy la misma de hace veinte años". Como estas explicaciones –cuando son expresadas por un médico– tienen gran sentido lógico, muchos hombres aceptan su destino, con actitud fatalista, cuando en verdad con un sencillo ajuste en el funcionamiento de sus glándulas endocrinas podrían recuperar la potencia sexual perdida.

Pero también está el caso del joven que está sufriendo de una situación de *impotencia endocrina* y para el cual explicaciones como las anteriores no tienen mayor sentido. Entonces se mencionan la *impotencia sicológica* y la *impotencia física,* sugiriéndose casi siempre la conveniencia de obtener algún tipo de orientación siquiátrica. Y aunque ésta siempre puede ayudar (tengamos presente que la *impotencia sexual* –cualquiera que sea su causa– es siempre un hecho traumático) no soluciona el problema.

No es mi intención criticar en este libro a mis colegas, ni poner –en forma alguna– en duda su capacidad de diagnóstico, porque yo también soy médico y en mi carrera se me han presentado varios casos de *impotencia endocrina* que no he podido diagnosticar debidamente en primera instancia. Mi intención es hacerles saber a aquellos individuos que confronten *deficiencias sexuales* (de cualquier tipo) que pueden existir diferentes causas para las mismas... y que el funcionamiento deficiente del sistema endocrino es una de ellas, muchas veces pasada por alto por los especialistas más competentes y prestigiosos.

Hasta el presente los médicos se refieren casi exclusivamente a los análisis de laboratorio para llegar a un diagnóstico, pero la interpretación de los resultados (y la aplicación de la terapia necesaria) también requieren un conocimiento profundo del funcionamiento hormonal masculino por parte del médico, el cual es dominado mejor por los especialistas en glándulas endocrinas (es decir, los endocrinólogos).

198

PREGUNTA: ¿Qué glándulas endocrinas son las que se afectan para provocar la potencia sexual endocrina?

RESPUESTA: El sistema hormonal que rige la potencia y la fertilidad masculinas es el eje compuesto por el *hipotálamo,* la *glándula pituitaria* y las *gónadas:*

■ El *hipotálamo* es responsable de sintetizar y segregar el *decapéptido* denominado *LHRH.*

■ Este a su vez estimula a la glándula *pituitaria* (ubicada debajo de la base del cerebro) para que produzca dos *péptidos:* **1)** la *hormona luteinizante (LH);* y **2)** la *hormona folículo-estimulante (FSH).* La primera *(LH)* estimula la producción de *testosterona,* que es la hormona principal en el desarrollo y mantenimiento de la potencia sexual del hombre. La segunda *(FSH)* estimula la producción de *esper-*

matozoides, convirtiéndose así en una hormona estrechamente relacionada con la fertilidad masculina.

▪ Las *gónadas* segregan *testosterona.*

Todo este sistema *(hipotálamo-pituitaria-gónadas)* debe funcionar normalmente para que la potencia sexual del hombre se mantenga vigente. Cualquier anormalidad o desajuste en uno de los puntos de este eje, puede desencadenar una producción baja o alta de *testosterona...* y sobrevenir una situación de impotencia sexual.

199

PREGUNTA: ¿Hay varios tipos de impotencia sexual endocrina?

RESPUESTA: La *impotencia sexual endocrina* puede deberse a diferentes factores:

▪ El *hipo-gonadismo* no es más que una deficiencia en la actividad genital provocada por una insuficiente secreción de las *gónadas,* la cual lleva al paciente a la *impotencia.* **Tratamiento:** En estos casos, la potencia sexual es restituida mediante inyecciones a base de *testosterona,* asegurándose así el restablecimiento de los niveles normales de esta hormona en el cuerpo del hombre.

▪ Otro tipo de *impotencia endocrina* es la llamada *hiper-prolàctinemia,* una condición que se presenta cuando los niveles de *testosterona* son bajos, y los de *prolactina* son altos.

   Recordemos que la *prolactina* es una hormona segregada por la *glándula pituitaria* y que solamente desempeña un papel importante en la mujer en los momentos del parto; es entonces cuando la *pituitaria* incrementa los niveles de esta hormona con el fin de estimular la producción de leche por las glándulas mamarias. En el hombre normal, esta hormona no desempeña función alguna, y sus niveles son muy bajos. Sin embargo, en circunstancias anormales, la *pituitaria* puede producir una secreción excesiva de *prolactina* y –por lo tanto– los niveles de esta hormona aumentan. Si bien la *prolactina* tiene muy poco efecto en el pecho del hombre normal, sí suprime la producción de *testosterona* en los *testículos,* provocando entonces que los niveles de esta hormona bajen considerablemente... y manifestándose, de esta manera, la *impotencia sexual.* **Tratamiento:** Si al paciente que sufre de *impotencia endocrina* se le suministran compuestos de *testosterona*, el tratamiento sería inefectivo mientras que los niveles de *prolactina* se mantengan por encima de lo normal. Pero una vez que se logren bajar estos niveles a proporciones normales, la secreción de *testosterona* se reanudará espontáneamente... y el individuo recuperará su potencia sexual perdida.

■ El tercer tipo de *impotencia endocrina* es causada por el *hiper-tiroidismo*, que se presenta cuando los niveles de *testosterona* son elevados (a diferencia de las situaciones anteriores). Se ha podido comprobar que –en más de un 70% de los casos– los pacientes que padecen de *hiper-tiroidismo* muestran poco apetito sexual y una disminución en su potencia sexual. **Tratamiento:** Los médicos recomiendan un tratamiento para disminuir el nivel de *testosterona*, recuperándose así la potencia sexual perdida por las deficiencias endocrinas.

200

PREGUNTA: ¿Es importante que la mujer esté informada con respecto al funcionamiento sexual del hombre?

RESPUESTA: Por supuesto; yo diría que es esencial. Muchas mujeres se casan o inician una relación íntima con un hombre con un total desconocimiento de la fisiología sexual y la sexualidad masculina; es una actitud irresponsable, desde luego, pero frecuente. Esta ignorancia se debe a muchos factores, entre ellos se encuentran los tabúes religiosos que por siglos han regido a la sociedad actual, los falsos conceptos de moralidad que han prevalecido por años, la educación familiar o social que hemos recibido (demasiasdo estricta), o conceptos equivocados que tienen arraigo popular y que hemos aceptado como ciertos. Y aunque en este libro no es posible aclarar completamente todos los complejos mecanismos de la sexualidad masculina, sí vamos a tratar de neutralizar las ideas irracionales que a veces surgen en la mente de la mujer cuando su hombre comienza a manifestar una situación de *impotencia sexual* (ya sea temporal o permanente).

Supongamos que una mujer que ha estado acostumbrada a llevar una vida sexual activa siente el deseo de hacer el amor con su hombre, y éste hábilmente la esquiva ("tengo dolor de cabeza", o "estoy muy cansado", "he llegado muy tarde del trabajo", etc.)... pero ella se da cuenta de que el motivo por el cual no se realiza el acto sexual es en verdad un pretexto. ¿Cuál es su reacción? Por lo general (de acuerdo con encuestas anónimas realizadas a nivel internacional):

■ Inmediatamente piensa que ha surgido una rival para ella en la vida de su hombre, que ha tenido relaciones sexuales con ella ese mismo día y que, por lo tanto "no puede" estar con ella... porque no tiene la energía suficiente para hacer el amor nuevamente. Esta es, por lo general, la conclusión de las mujeres cuando el hombre manifiesta la falta de erección por primera vez. En ningún momento a esta mujer se le ocurre pensar lo que realmente le puede estar sucediendo a su hombre. Por lo tanto, su reacción de celos o despecho sólo hace agravar el terrible complejo que está experimentando el hombre en cuestión al comprobar que no es capaz de lograr o mantener la erección. Si la *impotencia sexual* que lo afecta es de origen físico, ahora habrán también causas sicológicas más que suficientes y justificadas para complicar la situación, obviamente.

■ Considera que el hombre en cuestión no quiere hacer el amor con ella porque ya no le gusta físicamente... o porque ha dejado de amarla. Las consecuencias de esta actitud son, lógicamente, idénticas a las que he expuesto en el párrafo anterior.

■ Se siente culpable de no ser capaz de "estimular" debidamente a su hombre (un 22% de las mujeres sometidas a una encuesta de este tipo, recientemente, llegaron a esta conclusión). Peor aún: manifiestan abiertamente sus sentimientos derrotistas ante su hombre, quien entonces se siente disminuido e incapaz de satisfacer las necesidades íntimas de la mujer que ama.

■ Se retira... o pelea. Afortunadamente, un mínimo de mujeres reacciona de esta forma ante una situación de *impotencia sexual masculina* inicipiente. Pero, de cualquier forma, hay que compadecer al hombre víctima de una mujer que muestre un grado tan deficiente de comprensión sobre la sexualidad masculina.

201

PREGUNTA: Pero y el hombre impotente... ¿qué siente?

RESPUESTA: Desconcierto, ira, frutración, ansiedad... todos estos sentimientos, y probablemente muchos más. Muchas mujeres, desde luego, no pueden comprender las imágenes que pasan por la mente de un hombre cuando éste comprueba que no puede alcanzar la erección, y que todos los estímulos y técnicas a las que recurre son en vano.

Recientemente, la esposa de un paciente me hablaba de la situación de impotencia sexual de su esposo (que había provocado un serio conflicto en la relación conyugal), y me confesaba:

■ "Yo lo amo... y no me importa que tenga erección o no en nuestros momentos más íntimos. Mi único interés es estar a su lado...". En efecto, ella sentía satisfacción física sólo con el contacto de los dos cuerpos.

Sin embargo, pasaba por alto los pensamientos de su esposo en esos instantes cruciales:

■ "Ya no podré satisfacerla en el aspecto sexual, y tendrá que buscarse un amante", "Soy un fracaso como hombre", "Quizás tenga tendencias homosexuales ocultas", "He envejecido... mi vida sexual ha terminado", "La única alternativa es divorciarme de ella".

Evidentemente, cada uno de los miembros de esta pareja que traté en mi consultorio tenía conceptos muy diferentes con respecto a la incapacidad del hombre para alcanzar y mantener la erección. El, ante su *impotencia,* rechazaba a la mujer... Esta no comprendía el por qué de aquel rechazo, el cual interpretaba como "falta de amor" o "infidelidad".

Como es evidente, no se trata de la clásica tormenta en el vaso de agua que provoca turbulencias temporales en la unión conyugal, sino de temores de gran arraigo, todos muy serios debido a la complejidad de sus causas.

202

PREGUNTA: Entonces resulta evidente que, ante una situación de impotencia sexual del hombre, la mujer es un factor determinante en resolver la condición... al menos, es ella quien mejor puede ayudar al cónyuge afectado. ¿Cierto?

RESPUESTA: Desde luego; la participación de la mujer es esencial en situaciones de este tipo. Si la causa de la *impotencia sexual* en el hombre es *temporal* o *sicológica,* la mujer puede contribuir en gran medida a resolver la deficiencia sexual que se ha presentado inesperadamente.

Veamos cuáles son los principales aspectos de la estrategia femenina que los especialistas recomendamos ante situaciones de este tipo:

■ Aprenda a vencer el temor y la ansiedad, tanto en usted como en él. Esto se logra cuando las relaciones sexuales se producen espontáneamente, sin exigencias o condiciones de ningún tipo (incluyendo la penetración que, lógicamente, implica la erección previa). Esto quiere decir que la mujer puede demostrarle a su hombre que le gusta y lo ama, sin exigirle que el momento íntimo sea total. De esta manera, le está inspirando confianza absoluta para entregarse a la intimidad de una forma gradual, sin despertar en él ansiedades mayores.

■ Programe los mejores momentos para hacer el amor. Usted no se pondría a escuchar música clásica a la hora en que le está preparando apresuradamente el desayuno a sus niños para que partan para la escuela... ¿cierto? Pues –de la misma manera– no propicie hacer el amor con su hombre cuando los minutos estén contados, si hay extraños en la casa, o en momentos no apropiados (acaba de llegar del trabajo, ha recibido una mala noticia, está agotado de cansancio, etc.).

■ Si él no logra la erección, controle su ansiedad. Hay mujeres (y algunas son pacientas mías) que cuando van a la intimidad con sus hombres constantemente están tratando de comprobar si se ha producido la erección y si ya están listos para consumar el acto sexual. Evidentemente, los hombres se dan cuenta de que están siendo sometidos a estas pruebas, y no quieren fallar en las mismas, porque consideran que su imagen de masculinidad se vería afectada si su respuesta sexual no es la esperada. Lo que sucede, entonces, es que se desarrolla un grado de ansiedad tal en el hombre, que se imposibilita lograr la erección, completamente.

■ Evite los comentarios con respecto a la erección o falta de erección en el hombre. Hay mujeres con cónyuges que muestran determinada dificultad para alcanzar la erección, y cuando éstos finalmente la logran, se sorprenden, y hasta hacen alarde de lo que creen que ellas han logrado con sus atributos femeninos. Esta actitud es poco saludable: "lo que de veras le interesa a ella, y le preocupa, es mi erección... las muestras de amor tienen un valor secundario".

203

PREGUNTA: Si los estímulos sexuales femeninos son adecuados, ¿puede el hombre que sufre de impotencia sexual temporal alcanzar la erección?

RESPUESTA: Difícilmente, pero es conveniente ensayar. Es preciso considerar que el hombre, a cada edad, necesita estímulos sexuales diferentes. Pero muchas mujeres no se dan cuenta de que el organismo humano también se desgasta, ni del hecho de que el apetito sexual surge primeramente en el cerebro y después se refleja en los órganos genitales. Estas mujeres consideran que el hombre puede hacer el amor con la misma intensidad, a cualquier edad. Y este concepto es falso, desde luego. Porque ni el hombre tiene la misma facilidad de erección que presentaba a los 18 años (una vez que cumple los 40 ó los 50 años), ni su apetito sexual es igual por la mujer que ha conocido durante diez o más años, y con quien ha mantenido relaciones íntimas regularmente.

Desde luego que es importante variar los estímulos de acuerdo a la edad y a los años de intimidad de la pareja. Muchos casos de *impotencia sexual* de índole sicológica son provocados por mujeres inconscientes que, una vez que comprueban que la erección en sus hombres no se produce al instante, saltan a la conclusión de que ya no será posible la erección necesaria para consumar el acto sexual. Si le trasmiten esta idea (que las perturba, indudablemente) a su compañero de intimidad, posiblemente éste no llegue a excitarse totalmente. Una frustración tras otra llega a desarrollar un complejo de duda y vacilación en la mente del hombre más potente.

204

PREGUNTA: ¿Qué otros factores debe tener en cuenta la mujer para evitar episodios de impotencia sexual temporal en el hombre?

RESPUESTA: Estar consciente de que la sexualidad masculina no siempre funciona con la precisión de un reloj. Por lo tanto, el mecanismo de la erección debe ser debidamente activado:

■ Antes de hacer el amor, un rato de estimulación. Los *juegos preliminares* son imprescindibles para lograr la excitación y lubricación de la mujer en la intimidad. Pues bien, los hombres también necesitan de estos *juegos preliminares* para prepararse para hacer el amor y, en cambio, hay mujeres que quisieran que el sexo fuera uno, dos, tres... ¡y ya! Cuando el hombre es joven, la estimulación puede lograrse visualmente (el ver a la mujer desnuda constituye un estímulo erótico formidable para la inmensa mayoría de los hombres, por ejemplo). A medida que comienzan a pasar los años, el hombre necesita más de las caricias y de un acercamiento físico mutuo para lograr la estimulación que lo lleve a la erección. Este es un factor que toda mujer consciente debe tener presente en el momento de sus relaciones íntimas.

■ Neutralice el miedo escénico en el compañero de sexo. Hay muchos hombres con temores sexuales arraigados y, para ellos, cada encuentro sexual es una especie de prueba a la que deben someterse, con dos jurados para dar su calificación: la mujer... y él mismo. Esto no quiere decir que no disfruten la intimidad con sus compañeras... es el equivalente al actor de experiencia que –no importa cuantas veces se haya presentado en público anteriormente– cada nueva actuación le provoca temor y ansiedad. Está comprobado que muchos hombres desarrollan la *impotencia temporal* por la reacción de la mujer en la intimidad (lo mismo que el actor con su público). Y es muy frecuente el caso del hombre que sufre de episodios de *impotencia sexual temporal* con determinadas mujeres y que reacciona normalmente con otras que no le provocan el mismo nivel de ansiedad.

205

PREGUNTA: ¿Cómo debe iniciarse el tratamiento de la impotencia sexual masculina?

RESPUESTA: Para obtener tratamiento para la *impotencia sexual,* el hombre afectado debe comenzar por visitar a un urólogo, que es el médico que se especializa en esta rama de la Medicina. Una vez que haya elegido al especialista, deberá llamar por teléfono o visitar su consultario, explicándole brevemente el caso... y pedir turno para una entrevista personal (los hombres no conformes con emplear esta vía tradicional, sin embargo, pueden dirigirse directamente a asociaciones que dispongan de los nombres de los mejores especialistas en Urología en las distintas áreas).

Realizado ese contacto inicial, el médico luego referirá al paciente a especialistas en otras cuatro ramas de la Medicina (antes de involucrarse de lleno en el caso), con el propósito de eliminar las probabilidades de que la *impotencia sexual* que presenta el paciente esté relacionada con otros trastornos que caigan fuera de su terreno de especialización. Estos especialistas son:

■ El endocrinólogo. Determinará si existen trastornos hormonales que sean los que estén causando los episodios de *impotencia sexual.*

IMPOTENCIA SEXUAL MASCULINA

- El neurólogo. Determinará si existen desajustes en el sistema nervioso del paciente que estén afectando la comunicación de la red de nervios que conecta el pene con el *cerebro* y con la *médula espinal* (tales como lesiones en la columna vertebral, alcoholismo, diabetes, y otros factores más).

- El sicólogo. Evaluará clínicamente al paciente para determinar si su trastorno de erección es de origen fisiológico o sicológico. Buscará los factores síquicos que pueden generar los episodios de *impotencia sexual.*

- El médico internista. Realizará una evaluación general de la salud del paciente, para determinar si presenta presión alta, un nivel elevado del colesterol en la sangre, problemas cardíacos, diabetes, o si fuma; la finalidad es reducir esos factores de alto riesgo por medio de medicamentos o de ajustes en los hábitos de vida y de alimentación. Existen casos en los que una simple variación en el estilo de vida modifica el cuadro de *impotencia* sin que el paciente tenga que recurrir de nuevo al especialista. Si la condición persiste, sin embargo, se impone una nueva visita al urólogo.

206

PREGUNTA: ¿Hay medicamentos efectivos para tratar la impotencia sexual masculina...?

RESPUESTA: Hasta el presente, un número considerable de medicamentos ha sido propuesto para hacer posible que el hombre que sufre de *impotencia* pueda lograr y mantener normalmente su erección. Desafortunadamente, se considera que ninguno de ellos es realmente un remedio efectivo para la *impotencia sexual (Viagra,* el medicamento que hasta el presente ha permitido controlar la condición parcialmente, aún no puede ser administrado a todos los pacientes de *impotencia sexual* debido a sus efectos secundarios).

No obstante, con el desarrollo de *Viagra,* los científicos han podido definir cuál es el tipo de *medicamento ideal* para tratar los casos de *impotencia:* un medicamento oral, fácil de tomar, económico, efectivo, y que no cause efectos secundarios... Desafortunadamente, a pesar de los esfuerzos realizados en este sentido, aún hay mucho que avanzar para diseñar un medicamento verdaderamente ideal. Además, considerando la complejidad enorme del proceso normal de la erección, es poco probable que cualquier agente oral, por sí mismo, sea efectivo para todos los pacientes que sufren de *impotencia*. Es evidente que constantemente se están diseñando nuevos medicamentos, y *Viagra* se halla a la cabeza de todos; en la actualidad se están ensayando nuevas versiones de la llamada *píldora contra la impotencia,* y controlando los efectos colaterales que pueda presentar.

En todo caso, todos los medicamentos que se mencionan a continuación –incluyendo *Viagra*– requieren ser recetados por el médico y solamente deben emplearse bajo supervisión profesional directa.

■ Vasodilatadores: Existen varios medicamentos que pueden dilatar las arterias y mejorar el flujo de la sangre. Algunos especialistas sugieren que estos *vasodilatadores* sean utilizados en pacientes que sufran de *impotencia,* especialmente en aquéllos en los que es evidente la insuficiencia arterial. Uno de estos medicamentos es el *ungüento de nitroglicerina* que puede absorberse directamente a través de la piel, y que se emplea usualmente en el tratamiento de las enfermedades del corazón y de la *hipertensión*. Cuando el *ungüento de nitroglicerina* se aplica directamente al *pene,* hace que aumente el flujo de sangre arterial en el órgano, lo cual provoca que mejoren los procesos de erección.

No obstante, hay que tomar en consideración que la *nitroglicerina* con frecuencia ocasiona dolores de cabeza y puede ser fácilmente absorbida por la mujer a través de la *vagina* durante el encuentro sexual. Por lo tanto, cuando se emplea este ungüento sobre el *pene,* el hombre debe usar un condón (o profiláctico) para evitar que la mujer también experimente los efectos secundarios de la *nitroglicerina.* ¿Grado de efectividad? Han habido informes aislados de éxitos individuales con este tratamiento, pero la realidad es que el uso de los *vasodilatadores* para combatir la *impotencia sexual masculina* no ha sido estudiado con el detenimiento científico que es necesario para que sea un tratamiento que pueda ser recomendado ampliamente.

■ Otras sustancias medicamentosas que pueden ser empleadas para combatir la *impotencia* son el *trental (pentoxifilina)* que se ha usado ampliamente para el tratamiento de deficiencias en el flujo de la sangre (éste hace que los glóbulos rojos de la sangre sean más flexibles y reduce la viscosidad de la sangre).

Un estudio reciente sugiere que el tratamiento de la *impotencia* mediante la *pentoxifilina* puede mejorar el proceso de erección en determinados pacientes que sufren de deficiencias ligeras en la fluidez de la sangre hacia el *pene.* Sus efectos secundarios son raros, pero los mismos pueden manifestarse en la forma de trastornos estomacales, mareos, y dolores de cabeza.

■ La *yohimbina (yocon)* es el medicamento oral más ampliamente recetado en los casos en los que el individuo no puede lograr ni mantener la erección (después de *Viagra,* en la actualidad). Se obtiene del extracto de la corteza del *yohimbe* (un árbol que crece en la India y en Africa), el cual se ha utilizado siempre como un afrodisíaco, así como en el tratamiento de la *impotencia.*

Sin embargo, sólo recientemente es que ha comenzado a ser evaluado desde el punto de vista científico. La *yohimbina* reduce la actividad de los nervios que inhiben la función eréctil. También se considera que podría aumentar deseo sexual en algunos pacientes. La evidencia científica disponible hasta el presente sugiere que aproximadamente un 20% de todos los pacientes que sufren de *impotencia* logran relaciones sexuales razonablemente normales al someterse al tratamiento a base de pastillas de *yohimbina* (12 pastillas al día, durante ocho semanas). Asimismo, hasta un 60% de los pacientes logran un mejoramiento parcial en sus procesos de erección. Los efectos secundarios de este medicamento son raros, pero puede provocar –en algunos pacientes– náuseas, nerviosismo, dolores de cabeza, y vahídos. Muchos especialistas consideran que la *yohimbina* es uno de los medicamentos más efectivos en el tratamiento de la *impotencia,* y por lo general la recomiendan antes de recurrir a técnicas más agresivas si la condición no cede.

■ El *trazodone (Desyrel)* es un medicamento que fue diseñado originalmente para el tratamiento de los estados de depresión severa. Sin embargo, comenzó a emplearse también en el tratamiento de la *impotencia sexual* al comprobarse que muchos pacientes deprimidos que recibían este medicamento desarrollaban erecciones totales, y prolongadas.

Ningún otro medicamento empleado para tratar la depresión ha demostrado tener este efecto dramático en el hombre, y muchos especialistas lo recomiendan, conjuntamente con dosis de *yohimbina,* debido a sus efectos complementarios: la *yohimbina* causa ansiedad y tensión, mientras que el *trazodone* provoca aletargamiento. ¿Efectos secundarios? El *trazodone* puede provocar somnolencia, letargo, y por lo tanto los especialistas recomiendan que sea tomado a la hora de dormir. No causa efectos sicológicos de ningún tipo en los pacientes que no sufren de depresión. Y aunque no se ha determinado cuál es exactamente la dosis recomendada para el tratamiento de la *impotencia,* sí se sabe que la dosificación debe ser menor a la que se recomienda generalmente para el tratamiento de la depresión.

¿Otros medicamentos? Además de *Viagra,* varios más han sido sugeridos como posibles tratamientos para la *impotencia sexual* en el hombre, pero es preciso realizar más investigaciones antes de que estas sustancias propuestas como posibles tratamientos para esta condición sean aceptadas a nivel internacional. Entre los mismos se encuentran la *dopamina* (usualmente empleada en el tratamiento de la *enfermedad de Parkinson);* la *oxytocina* (normalmente empleada para estimular las contracciones de parto en las mujeres embarazadas); el *naloxone* (un antagonista narcótico usado en el tratamiento de toxicomanía); y el *minoxidil* (otra medicina prometedora, que se emplea en la actualidad como tratamiento para la calvicie).

207

PREGUNTA: ¿Puede ser tratada la impotencia sexual en el hombre por medio de inyecciones?

RESPUESTA: Muchos pacientes que sufren de *impotencia sexual* han sido tratados mediante la inyección de medicamentos directamente en el *pene.* Los propios pacientes aprenden cómo aplicarse a sí mismos estas inyecciones, las cuales si bien causan un mínimo de dolor, pueden resultar altamente efectivas. El medicamento inyectado:

- Dilata los vasos sanguíneos.
- Disminuye el drenaje venoso.
- Relaja el tejido delicado de músculo liso de los *cuerpos eréctiles* que provocan la erección.

El tratamiento requiere que solamente una dosis pequeña del medicamento sea inyectado en el lado del *pene* (próximo a su base), y la erección obtenida por este medio puede prolongarse hasta por varias horas. Algunos especialistas recomiendan, además, el uso temporal de un torniquete en la base del *pene* para contribuir a retener el medicamento e incrementar su efectividad.

Las inyecciones en el *pene* son, frecuentemente, el tratamiento preferido de aquellos hombres que desean ocultar su terapia y sus problemas de erección, y los estudios que se han realizado al respecto (desde que este tipo de terapia comenzó a ser utilizada) muestran que este tratamiento a base de inyecciones en el *pene* es relativamente segura y causa pocos efectos secundarios.

La complicación más común que puede presentarse son los nódulos que se forman en las paredes de los *cuerpos de erección* (ocasionados por las cicatrices de las inyecciones), pero los mismos no interfieren con la satisfacción sexual del paciente. Se considera que el éxito de esta terapia para combatir la *impotencia sexual* es de –aproximadamente– un 70%. ¿Las desventajas? El riesgo de que se produzca una infección, el dolor, la aparición de marcas, las cicatrices en el interior del *pene,* y el *priapismo* (una erección dolorosa permanente). Además hay que considerar que algunos pacientes carecen de la destreza necesaria para inyectarse a sí mismos. En todo caso, se recomienda que el número de inyecciones a la semana no pasen de 2 ó 3, y que el tratamiento sea supervisado por el médico en todo momento, ya que los medicamentos inyectables pueden interactuar con otros medicamentos que el paciente pueda estar tomando.

208

PREGUNTA: ¿En qué consiste la terapia de vacío externo para la impotencia sexual masculina?

RESPUESTA: Este es un método mecánico, no quirúrgico, para producir el engrosamiento y la rigidez suficiente en el *pene* del hombre que sufre de *impotencia,* para que pueda sostener relaciones sexuales. El mismo está basado en el principio de que se puede provocar la erección al colocar el *pene* en una cámara de vacío que lleve la sangre hacia los cuerpos de erección. La erección así obtenida puede ser mantenida por un anillo de tensión especialmente colocado por el paciente alrededor de la base del pene.

El *sistema de vacío externo* consiste de un cilindro de vacío, los anillos de tensión (de diversos tamaños), una bomba de vacío manual, e instrucciones detalladas. Se estima que menos del 1% de los pacientes que usan este dispositivo interrumpen el tratamiento debido al malestar o dolor que el mismo pueda causar en ellos, y –considerando las estadísticas– estos *dispositivos de vacío externos* han sido usados exitosamente por más de 200,000 pacientes como una asistencia temporal durante el tratamiento sicológico para situaciones de *impotencia sexual.*

Aproximadamente el 80% de los usuarios de *dispositivos de vacío externo,* informan haber obtenido erecciones entre "satisfactorias" y "muy buenas", y los recomiendan para otros pacientes de *impotencia.* Algunos inclusive informan haber mejorado sus erecciones naturales después del tratamiento. Sin embargo, la *terapia de vacío externo* no es apropiada para algunos pacientes que presenten diversos tipos de lesiones en el pene, afectados por la *leucemia,* que sufran de infecciones pélvicas, que presenten problemas de coagulación, etc. Además, se requiere alguna destreza y fortaleza para aplicar, operar, y quitar el dispositivo... En ocasiones el acto sexual debe ser interrumpido para utilizar el dispositivo. El tamaño del anillo de tensión es crítico: si resulta demasiado flojo, la erección no podrá ser mantenida; y si es demasiado ajustado, la eyaculación puede resultar incómoda. Se recomienda que este dispositivo sea usado durante un plazo limitado máximo de 30 minutos.

209

PREGUNTA: Y los implantes peniles... ¿resuelven la impotencia sexual en el hombre?

RESPUESTA: Cuando los tratamientos más sencillos para aliviar situaciones de *impotencia masculina* han fracasado, el *implante quirúrgico de una prótesis penil* debe ser considerado como el próximo paso para devolverle al paciente su capacidad sexual. Se estima que en la actualidad existen por lo menos quince modelos diferentes de prótesis disponibles, las cuales pueden clasificarse en tres categorías básicas:

- Semi-rígidas.
- Totalmente inflables.
- Unidades independientes.

Todas requieren la inserción quirúrgica de dispositivos directamente en los *cuerpos de erección* del *pene,* para producir la rigidez necesaria que permita al paciente sostener relaciones sexuales. El éxito total de estos dispositivos permite que hasta el 90% de los pacientes reanuden su vida sexual interrumpida por la incapacidad de lograr y mantener la erección; la actividad sexual comúnmente comienza de cuatro a seis de semanas después de practicada la cirugía. Cualquiera de estos implantes producirán las erecciones apropiadas para el contacto sexual y no afectan la sensibilidad, la eyaculación, o el *orgasmo.* Los más comunes son:

■ Varillas maleables semi-rígidas: Estos son los implantes peniles más sencillos. Desde el punto de vista técnico, son fáciles de implantar, presentan menos complicaciones, y son más económicos. Sin embargo, el *pene* se mantiene rígido en todo momento, y –con el tiempo– el descontento del paciente llega a ser mayor comparado con otros tipos de implantes. La erosión del implante y el dolor son más comunes con este tipo de prótesis, y no siempre puede ser debidamente ocultado.

■ Totalmente inflables: El dispositivo de erección totalmente inflable es mucho más complicado. Consiste de dos cilindros inflables implantados quirúrgicamente en el interior del *pene,* una pequeña bomba mecánica que se coloca en el *escroto,* un depósito de fluido ubicado dentro del abdomen o *escroto,* y los tubos de conexión que sean necesarios.

Cuando el dispositivo se activa, el fluido se bombea desde el depósito a los cilindros, los cuales se expanden y endurecen. Para desactivarlo, una válvula sobre el mecanismo de bombeo se presiona y el fluido regresa al depósito, devolviendo la flaccidez al *pene.* ¿Inconvenientes? Siempre existe el riesgo de que se produzca un fallo mecánico o la filtración del fluido. Las conexiones y los tubos pueden obstruirse o zafarse, y los cilindros también se pueden romper o rasgar. Asimismo, el tejido puede cicatrizar alrededor del depósito, de la bomba, o los cilindros, restringiendo su función. Las recientes mejoras técnicas en el diseño de estos dispositivos han reducido el fracaso mecánico a menos de un 3% dentro de los primeros tres de años de uso. No obstante, hay que considerar que son costosos y más difíciles de implantar

■ Unidades totalmente independientes: Este tipo de prótesis incluye el mecanismo entero de activación dentro de una unidad única que se implanta completamente en el interior del *pene.* No hay conexiones o tuberías... El dispositivo llega a ser rígido cuando se activa (ya sea doblándolo o exprimiéndolo). El *pene* se vuelve fláccido si la unidad se desactiva.

Muchos especialistas consideran que estas unidades independientes funcionan mejor que los implantes semi-rígidos, pero no consideran que sean tan convenientes como el implante totalmente inflable. A diferencia de estos últimos, estas prótesis no aumentan el espesor del *pene,* y algunos modelos pueden desactivarse accidentalmente durante el acto sexual. Sin embargo, se adaptan enteramente dentro del *pene* y requieren una cirugía menor.

■ Implantes mecánicos: Esta prótesis consiste de una serie de bloques plásticos pequeños unidos mediante un cable de acero, lo mismo que si fueran las perlas de un collar. Cuando la prótesis es flexionada, un mecanismo de muelles ajusta el cable y une a los bloques provocando la rigidez. Una vez que el cable es liberado, los bloques se separan y el *pene* vuelve a su estado de flaccidez. Se trata de un tipo de prótesis muy sencilla de activar, y los resultados son similares a los que se obtienen con los dispositivos inflables.

Hay que tomar en consideración que todos los implantes peniles pueden provocar infecciones, a pesar de las medidas de prevención que el cirujano observe al realizar la cirugía. Si se desarrollara una infección (lo que sucede entre el 1% y el 9% de los casos), en muchos casos la prótesis tiene que ser removida. No obstante, cualquiera de estos implantes peniles puede devolver la capacidad de erección a los pacientes. No afectan el deseo sexual, ni la eyaculación, ni el *orgasmo,* ni la sensibilidad en el *pene.* Las complicaciones que se pueden presentar son la retención de orina (temporal), infección, dolor, sangramiento, el rechazo al implante, y las cicatrices.

210

PREGUNTA: ¿Puede la cirugía resolver situaciones de impotencia sexual en el hombre?

RESPUESTA: Los especialistas estiman que aproximadamente un 5% de todos los pacientes que sufren de impotencia sexual pueden ser sometidos a algún tipo de *cirugía vascular* del *pene:* desde la reconstrucción microscópica de la vías arteriales que abastecen de sangre al pene, hasta la eliminación de las venas que drenan la sangre desde el *pene* con excesiva rapidez. En general, estos procedimientos permiten que entre el 60% y el 65% de los pacientes logren relaciones sexuales normales después de someterse a la cirugía, Y si la cirugía no es el tratamiento adecuado, otros (como la terapia a base de inyecciones, los dispositivos de vacío externo, pueden ser utilizados).

Los resultados a largo plazo de la *cirugía vascular* no están disponibles. Debido a ello, los especialistas consideran que la *cirugía vascular* es apropiada únicamente en el caso de pacientes que sufran de *impotencia sexual* debida a factores vasculares.

INFERTILIDAD DE LA PAREJA:
LA FRUSTRACION DE NO PODER CONCEBIR

211

PREGUNTA: Nos preocupamos mucho por planificar la familia y por emplear anticonceptivos efectivos para evitar un embarazo no deseado. Pero... ¿no hay muchas parejas que sufren de infertilidad?

RESPUESTA: Es cierto. Constantemente estamos leyendo artículos sobre parejas que toman medidas para evitar el embarazo y acerca de una diversidad formidable de anticonceptivos diferentes, unos más efectivos que otros. Es decir, es evidente de que existe una preocupación grande por parte de las parejas fértiles que desean planificar sus familias, y que controlan hasta la fecha en la que cada uno de sus hijos va a nacer. Sin embargo, pocas veces nos ocupamos de esas otras parejas que desean tener hijos y que no pueden. Son matrimonios que llevan más de un año sin usar ningún tipo de anticonceptivo, que mantienen relaciones sexuales constantes (especialmente en esos días especiales en los que la mujer es más fértil)... y que, sin embargo, no logran el embarazo. Lo más probable es que, en esos casos exista un *problema de infertilidad* (o de *esterilidad*) en uno de los miembros de la pareja, ya que hay que considerar que, según las estadísticas a nivel internacional:

- Se estima que el 40% de los trastornos relacionados con la *infertilidad* son causados por el hombre (una situación que no siempre es admitida abiertamente debido a un número increíble de atavismos).
- El 60% se deben a algún tipo de deficiencia en el aparato reproductor de la mujer, el cual le impide concebir.
- Ocasionalmente, inclusive, el problema es de ambos cónyuges.

212

PREGUNTA: ¿Es que hoy la infertilidad es más frecuente que antes?

RESPUESTA: En el presente, en muchas sociedades industrializadas, existe lo que pudiera calificarse de una verdadera *epidemia de esterilidad*, cuyas causas son –a su vez– el resultado de las décadas anteriores en que se conjugaron una serie de factores que han sido decisivos en el hecho de que las situaciones de *infertilidad* sean hoy tan frecuentes:

- Los efectos de la píldora anticonceptiva (con frecuencia usada en una forma indiscriminada).
- El aumento en el número de casos de enfermedades trasmitidas sexualmente, muchas de las cuales causan la *infertilidad* (del hombre o de la mujer).
- El empleo de una droga –conocida como *dietilestibestrol*– que erróneamente se empleó muy frecuentemente durante las décadas de los años cuarenta y cincuenta para impedir la pérdida de embarazos, y cuyos efectos fueron totalmente contraproducente en los hijos de las mujeres tratadas con esa terapia. Muchos de los niños cuyas madres fueron sometidas a tratamientos de *dietilestibestrol* hoy son infértiles.

Como resultado, hoy día se estima que 1 de cada 12 parejas en los países industrializados presenta grandes dificultades para concebir; cuando la pareja se halla ya en su tercera década de vida, las posibilidades de que se produzca la concepción son inclusive menores.

213

PREGUNTA: ¿Cómo se puede identificar una situación de infertilidad? ¿Cuáles son los pasos que debe dar el especialista para llegar a su diagnóstico?

RESPUESTA: Mediante la investigación, desde luego. Cuando se sospeche la existencia de una situación de *infertilidad* (ya sea en el hombre o en la mujer), lo aconsejable es que ambos miembros de la pareja acudan inmediatamente a un especialista para someterse a una evaluación que determine exactamente cuáles son los factores por los que no es posible concebir. Esta evaluación incluye:

- El examen físico completo de cada miembro de la pareja (para determinar alguna anormalidad que pudiera existir en su anatomía).
- Un estudio clínico completo del hombre y la mujer;
- Un conteo de *espermatozoides* (un análisis del número de *espermatozoides* en una eyaculación normal del hombre).

■ Un estudio de la frecuencia ovulatoria, el equilibrio hormonal, y otras pruebas (en la mujer).

214

PREGUNTA: ¿Cuáles son los factores más frecuentes que pueden causar la infertilidad en la pareja... en la mujer y en el hombre?

RESPUESTA: Son varios, más de los que pudiéramos imaginar:

En las MUJERES, la *infertilidad* casi siempre se produce por los siguientes factores:

■ Trastornos de la ovulación.
■ Desórdenes de las *trompas de Falopio.*
■ Problemas asociados con la mucosidad del *cuello del útero (cérvix).*
■ Otros factores.

En el HOMBRE, las causas más comunes de la *infertilidad* pueden ser:

■ O bien que la concentración de *espermatozoides* es pobre; es decir, el número de estas células por milímetro cúbico no es normal.
■ La falta de motilidad de los *espermatozoides;* éstos no tienen el movimiento que es necesario para poder avanzar dentro de los órganos reproductores de la mujer y llegar al *óvulo femenino* para fecundarlo.
■ Existen, desde luego, otros trastornos relacionados con tumoraciones, enfermedades (como la *diabetes),* el uso de determinados medicamentos, algunos tratamientos a base de terapias radiactivas, etc., que también pueden afectar la capacidad reproductora del hombre.

215

PREGUNTA: ¿Por qué las situaciones de infertilidad son frecuentes en la mujer... a pesar de que las estadísticas en este aspecto no se divulgan?

RESPUESTA: Hay que tomar en consideración una serie de factores. En su estado fetal, siete meses antes de que se produzca el nacimiento de una niña, comienzan a formarse sus *ovarios.*

■ A diferencia de los *testículos* del hombre (que continúan produciendo *espermatozoides* durante casi toda la vida en la increíble proporción de 1,000 *espermatozoides* por segundo), los *ovarios* de la mujer no producen nuevos *óvulos* sino que las niñas nacen ya con un número predeterminado (unos 2,000,000 como promedio).

■ Estos *óvulos* se van transformando hasta que la niña llega la pubertad, y en ese momento se estima que el número de *óvulos* disminuye a unos 400,000 (debido a la degeneración normal de las células reproductoras, un proceso que continuará hasta que se hayan agotado todos los *óvulos* que presentaba en el nacimiento).

■ Cuando esto ocurre, los *ovarios* cesan de funcionar como órganos maduradores de *óvulos,* y entonces se produce la menopausia: la mujer ya no tiene *óvulos* y su organismo no puede producir más.

Es precisamente por este motivo que se estima que la fertilidad de la mujer va disminuyendo progresivamente con los años:

■ A partir de la pubertad, cada mes cientos de *óvulos* comienzan el proceso de su maduración.

■ Uno de ellos se define como el más privilegiado y, en un ciclo normal, será liberado en las *trompas de Falopio* para su posible fertilización.

■ Sin embargo, en ese momento, más de 1,000 *óvulos* se desintegran.

■ Consideremos, entonces, que si una mujer cuenta con unos 400,000 *óvulos* (aproximadamente) a partir del momento de su pubertad, el número que en verdad podrá aprovechar realmente durante toda su vida es de unos 400 (cifras aproximadas, desde luego).

Pero, además, es preciso tomar en consideración que a medida que disminuye el número de *óvulos* en los *ovarios,* los mismos se van volviendo menos fértiles. Asimismo, tomemos en cuenta que la edad de los *óvulos* no tiene que corresponder con la capacidad de concebir de la mujer, ya que se ha comprobado que mujeres mayores de 40 años, que reciben *óvulos* de mujeres jóvenes, logran desarrollar un embarazo completamente normal.

Todo ese proceso está controlado por las hormonas, esas extraordinarias sustancias bioquímicas que interactúan entre sí para permitir la maduración del *óvulo* y la fertilización. Es por este motivo que la mayor parte de los trabajos investigativos que los científicos realizaron durante las décadas de los años sesenta y setenta estaban orientados a resolver los desequilibrios hormonales en la mujer, para asegurar de esta manera que se pudiera producir el proceso de la fertilización. Y, en efecto, no hay duda de que los tratamientos hormonales ayudan a eliminar muchas de las causas que impiden la maduración del *óvulo* y que se produzca el proceso de la fecundación...

Pero también hay muchos otros factores que se presenta con alguna frecuencia en la mujer y que causan la *infertilidad;* estas situaciones no se resuelven mediante los tratamientos hormonales:

■ Tal vez las *trompas de Falopio* pueden estar obstruidas o presentar cicatrices como resultado de operaciones previas, y éstos son factores que impiden la implantación del *óvulo*.

■ También la mujer puede ser alérgica al *semen* del esposo, y sus anticuerpos pueden destruir los espermatozoides antes que lleguen al *óvulo*.

Es decir, hay muchos otros factores que deben ser tomados en consideración cuando se trata de resolver algún problema de *infertilidad femenina*. De cualquier forma, es sumamente importante enfatizar que:

■ Los tratamientos hormonales ayudan a la mujer a producir los *óvulos* adecuados, pero no constituyen la solución definitiva a una situación de *infertilidad*.

216

PREGUNTA: Pero además, ¿qué puede suceder en el proceso de la fecundación que impida que se produzca la concepción?

RESPUESTA: Se pueden presentar varias situaciones:

1

Es el momento de la fecundación. Un *espermatozoide* debe panetrar el *óvulo* para que se produzca la concepción...

■ **¿Qué puede fallar?** Algunos *espermatozoides* carecen de la fuerza necesaria o las enzimas adecuadas para poder penetrar en la membrana externa que envuelve y protege al *óvulo*.

■ **¿Qué se puede hacer?** Utilizar una aguja y un microscopio poderoso que permite inyectar el *espermatozoide* directamente en el *óvulo*.

2

Un *óvulo* maduro, listo ya para la fecundación, emerge de su *folículo* en el *ovario*...

■ **¿Qué puede fallar?** Algunas mujeres no ovulan; otras lo hacen deficientemente o producen *óvulos* que no pueden ser fertilizados.

■ **¿Qué se puede hacer?** Emplear altas dosis de hormonas. Con el tratamiento hormonal, los ovarios pueden reajustarse y empezar a producir *óvulos* en el número debido y con la calidad necesaria para que se produzca la fecundación.

3

Un *óvulo* que no ha sido fecundado empieza a moverse por la *trompa de Falopio*...

■ **¿Qué puede fallar?** El paso del *óvulo* puede estar obstruido por alguna cicatriz anterior, resultado de algún aborto, operación o trauma o creada por infecciones pélvicas, enfermedades trasmisibles sexualmente o *endometriosis*.

■ **¿Qué se puede hacer?** Se puede intervenir quirúrgicamente a la paciente, reabriendo las *trompas de Falopio* o simplemente olvidándose de ellas y efectuando una *fecundación in vitro*.

4

Una célula-embrión de dos días de formada (o sea, que ha sido fecundada cuarenta y ocho horas antes) empieza su trayectoria hacia el *útero*...

■ **¿Qué puede fallar?** Que su material genético (o sea, su ADN) contenga algunos genes capaces de crear la condición conocida como *fibrosis cística*, así como otros problemas de índole genética.

■ **¿Qué se puede hacer?** En estos momentos los científicos están investigando la forma en que se pueden detectar a tiempo estas anormalidades mediante los distintos tipos de análisis genéticos que se han desarrollado, así como la mejor forma de corregirlas.

5

El feto tiene seis meses...

■ **¿Qué puede fallar?** La mujer puede perder el embarazo, aunque en estos momentos la posibilidad es mucho menor que antes.

■ **¿Qué se puede hacer?** Vigilar el desarrollo del embarazo para cerciorarse de que todo el proceso se está desarrollando normalmente. Si se detectara cualquier tipo de anormalidad, se podrá actuar inmediatamente y aplicar el tratamiento correspondiente.

217

PREGUNTA: ¿Qué otros factores pueden provocar la infertilidad en el hombre?

RESPUESTA: También son muchas las otras causas posibles de la *infertilidad masculina:*

■ **Varicocele.** Se trata de las *várices* (venas dilatadas y llenas de sangre) en el *escroto.* Esta es una anomalía física que constituye la causa de *infertilidad* más frecuentemente diagnosticada en el hombre. En el 90% de los casos, las *varicoceles* se hallan en el *escroto* izquierdo, aunque también pueden haber casos bilaterales o derechos.

Las mismas disminuyen notablemente el conteo de *espermatozoides,* provocando asimismo anormalidades morfológicas en los mismos. También las *venas varicosas* en el *escroto* disminuyen notablemente el conteo de *espermatozoides* en el *semen* y su movilidad. ¿Qué causan las *venas varicosas* en el *escroto?* Se considera que se desarrollan debido a un aumento de presión venosa sobre la circulación testicular, lo cual conduce a dificultades del flujo arterial. Afortunadamente, cuando las *varicoceles* son tratadas en la forma debida (una sencilla operación en el *escroto,* para cortar y suturar las venas anormales), se logra devolver la fertilidad a más de un 55% de los pacientes así afectados.

■ **Infecciones.** Las infecciones (como la *prostatitis, uretritis* y *vesiculitis)* a veces no detectadas, pueden estar provocando situaciones de *infertilidad* en el hombre. El tratamiento consiste en la administración de los antibióticos apropiados, prescritos únicamente por el especialista, ya que hay antibióticos que pueden inhibir la producción de espermatozoides.

■ **La marihuana, el alcohol, y las drogas heroicas.** Muchos hombres deben su *infertilidad* al hecho de que fuman *marihuana.* Y a pesar de que los estudios sobre los efectos de la *marihuana* en el organismo humano no son definitivos, sí se ha comprobado que la planta afecta la producción de *testosterona,* disminuye el conteo de *espermatozoides,* impide la movilidad de los mismos (esencial para llegar hasta el *óvulo femenino* y fecundarlo), y provoca igualmente otras aberraciones de los cromosomas de las células. Lo mismo puede decirse del alcohol y las drogas heróicas.

■ **La falta de espermatozoides debido a una situación de obstrucción.** Hay hombres que deben su *infertilidad* a que, sencillamente, carecen de *espermatozoides* en el *semen.* Los mismos deben ser sometidos a pruebas especiales para determinar los factores que están provocando esta situación anormal. A veces la falta de *espermatozoides* en el semen se debe a causas congénitas (la falta de un *riñón...* o a anomalías en la *uretra,* por ejemplo), y hasta no hace mucho, esta situación era considerada como "no tratable". Hoy –con las nuevas técnicas de la Microcirugía– es posible hasta hacer injertos de los *túbulos epididimiales* (en el caso de que éstos sean muy estrechos y no permitan el paso de la *esperma)* y lograr que el hombre recupere la fertilidad que la Naturaleza le negó.

218

PREGUNTA: ¿Afectan de alguna manera los análisis de fertilidad la espontaneidad sexual de la pareja?

RESPUESTA: Evidentemente. Cuando una pareja comienza a someterse a todas estas pruebas de laboratorio para determinar su capacidad reproductiva, también comienzan a surgir problemas de ansiedad y tensiones de todo tipo que –de una forma u otra– se manifiestan en conflictos en la relación conyugal, muchas veces resquebrajando su estabilidad. Esto –analizado objetivamente– es comprensible y, muchas veces, no puede ser evitado.

Los médicos, por ejemplo, le pueden pedir a la pareja que practiquen el acto sexual en determinada posición, en ciertos momentos, etc... en un afán (muchas veces infructuoso) para determinar los factores que provocan la situación de *infertilidad.* Todo esto –unido a la ansiedad que les produce el tratar de comprobar cuanto antes los resultados de los exámenes a los que se han sometido, y las posibles soluciones– resta espontaneidad al acto sexual y produce estados de tensión y nerviosismo. Inevitablemente, se produce entonces un cambio en la conducta sexual de los dos cónyuges, lo cual puede afectar seriamente el equilibrio emocional y la solidez de la relación.

Las parejas que no logran concebir deben ocuparse de toda una serie de detalles que, desde luego, les impide dedicar su atención al acto de amarse espontáneamente. Los investigadores que nos hemos dedicado a estudiar estos problemas, hemos encontrado reacciones muy variadas en las parejas que se someten a las pruebas de la fertilidad, y en aquéllas a las que ya se les ha detectado la condición de *esterilidad:* se sienten que les falta *algo,* que no son completas:

■ El hombre estéril –consciente o inconscientemente– se culpa a sí mismo de un fracaso íntimo... y hasta en ocasiones estima que la Naturaleza le está jugando una mala pasada. En algunos casos, inclusive se presentan ataques de *impotencia sexual* cuando nunca antes habían surgido conflictos de este tipo en las relaciones sexuales de la pareja.

■ Por su parte, la mujer se siente frustrada, fracasada como mujer, incapacitada para procrear... y, de repente, se ve embargada por numerosos sentimientos de culpabilidad, especialmente si está consciente de que el esposo desea ardientemente tener un hijo.

219

PREGUNTA: ¿Cuándo se considera que una pareja es infértil?

RESPUESTA: Se considera que una pareja es *infértil* si después de mantener relaciones sexuales frecuentes y seguidas durante doce meses, sin emplear ningún tipo de anticonceptivo, aún no se produce el embarazo. Como he mencionado anteriormente, los factores pueden deberse por igual al hombre que a la mujer, aunque muy pocas veces el hombre acepta que sea él quien esté provocando la situación de *infertilidad,* culpando a la mujer de ello en la inmensa mayoría de los casos.

220

PREGUNTA: ¿Cuál es el primer paso a dar si se sospecha que el hombre es infértil...?

RESPUESTA: Al investigarse la *infertilidad masculina,* el primer paso es hacer un análisis de la eyaculación del hombre que está siendo sometido a examen; es decir, se recoge su *semen* en un tubo de ensayo –limpio y previamente esterilizado– y se mantiene a una temperatura superior a los 70 grados Farenheit, para que pueda ser analizado dentro de las tres horas de haber sido recogido.

Es importante tener en cuenta que la eyaculación es un proceso complejo, en el que intervienen simultáneamente secreciones de los *vasos de-*

ferentes, las *vesículas seminales,* la *próstata* y las *glándulas periuretales.* Es por ello que las muestras tomadas en horas diversas pueden variar en sus resultados, especialmente en el número de *espermatozoides* por milímetro cúbico. Por lo tanto, se necesitan por lo menos tres muestras (recogidas después de intervalos que varían de dos a seis semanas) para confirmar un diagnóstico de *semen deficiente* que pueda sugerir una condición de *infertilidad.* Por supuesto, el hombre que presenta un conteo bajo de *espermatozoides* en su eyaculación no es informado de los resultados de todas estas pruebas a las que es sometido hasta el final... y muchos nunca llegan a aceptar que el factor real que impide que se produzca la concepción se encuentra en él.

221

PREGUNTA: ¿Qué factores pueden influir para que un hombre sea infértil?

RESPUESTA: Una vez que se comprueba la *infertilidad* del hombre (por medio del análisis de su semen), se le somete a un examen físico y se toma en cuenta su historia médica. Esto incluye sus antecedentes urológicos totales, los cuales pueden revelar infecciones urológicas o genitales (pasadas o presentes), así como lesiones en los genitales, y el haber sufrido enfermedades venéreas que pudieran haber afectado su sistema reproductor. Asimismo, este estudio de la hoja clínica del paciente puede revelar el uso de drogas, el haber estado expuesto a toxinas y a radiaciones industriales... factores todos causantes de la *infertilidad masculina.*

Generalmente el médico prefiere que la esposa esté presente durante este examen médico del cónyuge, ya que en muchos casos ella puede aportar información que el paciente pase por alto (consciente o inconscientemente). No hay que olvidar que el hombre, por regla general, se resiste a este tipo de evaluación y tratamiento ya que enfrentarse a su *infertilidad* equivale, para él, aceptar de alguna manera que es "menos hombre"... Algunos confunden –erróneamente, desde luego– los términos *infertilidad* con *impotencia.* Y éste es el motivo por el cual los especialistas actuales ponen un énfasis especial para convencer al paciente de que puede ser infértil y, sin embargo, mantener una vida sexual absolutamente normal.

222

PREGUNTA: ¿En qué consiste el examen físico?

RESPUESTA: Una vez conocida la historia médica del paciente, se procede a someterlo a un examen urológico de rutina, con énfasis en sus órganos genitales. El tamaño y consistencia de los *testículos* es importante, y el especialista (al palpar) puede determinar muchas veces la presencia de *varicoceles* (várices de las venas de los *testículos*), las cuales con frecuencia provocan la *esterilidad* en el hombre.

Asimismo, si se sospecha que la *infertilidad* en el paciente se debe a una infección, se le proporciona un masaje a la *próstata* para obtener secreción, la cual luego es examinada en el laboratorio para determinar la presencia de *glóbulos blancos*... siempre tomando en consideración que la *esperma* no madura consiste de células grandes y redondas que a veces pueden ser confundidas fácilmente con los *glóbulos blancos*.

223

PREGUNTA: ¿Qué pueden indicar los análisis de laboratorio?

RESPUESTA: También los análisis de laboratorio proporcionan una información muy importante para que el especialista pueda hacer una evaluación completa de la posible *infertilidad* en el paciente:

- El análisis de la orina puede revelar la presencia de una infección que esté impidiendo la fertilidad del hombre.
- Igualmente, debe hacerse un conteo sanguíneo completo para descartar la presencia de otras enfermedades que puedan haber afectado su fertilidad.
- Y otras pruebas permiten identificar deficiencias hormonales (debidas principalmente a una situación de anormalidad en determinadas glándulas de secreción interna).

En muchos casos, las infecciones pueden ser controladas por medio de medicamentos especiales (casi siempre antibióticos). Y en las situaciones más difíciles, en la actualidad existen diversas técnicas médicas altamente sofisticadas (entre ellas la Microcirugía) para resolver obstrucciones y malformaciones que estén impidiendo la secreción hormonal debida y causando la situación de *infertilidad*.

224

PREGUNTA: En términos generales, si se diagnostica la infertilidad en uno de los cónyuges, ¿se desarrolla el conflicto en la pareja?

RESPUESTA: Sí, es una situación que se presenta con frecuencia. Entre las complicaciones que se manifiestan en las parejas que tienen dificultad para lograr concebir, las siguientes son las más frecuentes:

■ Disminución en el apetito sexual (de uno o ambos cónyuges). Son parejas que empiezan a actuar de una manera anormal, dejando sus relaciones íntimas solamente para esos *días especiales* que han sido marcados por el médico por ser "los más fértiles". Como es natural, esta planificación absoluta del amor provoca situaciones de tensión entre los dos cónyuges: muchos hombres llegan a considerarse sementales, a quienes sus esposas sólo buscan íntimamente para quedar embarazadas... o viceversa.

■ A veces se presenta la falta de lubricación vaginal en la mujer, no solamente como consecuencia del factor anterior, sino también debido a que muchas mujeres dejan de utilizar el diafragma (o cualquier otro método anticonceptivo que empleaban hasta entonces) y sólo se dedican a tratar de concebir el hijo que anhelan. Esto reduce el tiempo dedicado por la pareja a los *juegos preliminares del amor,* que son los que preparan a la mujer (y al hombre) para el acto sexual. La lubricación vaginal, entonces, es mínima... y la penetración puede provocar dolor (o molestias) para ambos cónyuges.

■ Cuando existe tensión emocional entre los miembros de la pareja, no siempre es posible llegar al *clímax sexual*. La tensión y la ansiedad llegan a alcanzar un nivel tan elevado, que ni la mujer ni el hombre se entregan al disfrute del acto sexual, sino únicamente a la tarea de concebir. El *clímax sexual* no es, entonces, frecuente.

■ Muchas mujeres, sometidas a estas pruebas de esterilidad, temen al dolor del acto sexual. Consideran que para quedar embarazadas, es preciso una penetración muy profunda... y llegan a desarrollar un pánico inconcebible a tener relaciones íntimas con sus cónyuges.

■ Son muchos los hombres que presentan trastornos de *impotencia* y que se vuelven incapaces de sostener relaciones sexuales normales. Al sentirse que se han convertido como en una especie de conejillos de Indias, sometidos a una investigación científica constante, pierden completamente el apetito sexual... y –por supuesto– no son capaces de mantener la erección.

225
PREGUNTA: ¿Cómo puede ayudar el médico?

RESPUESTA: Como se puede apreciar fácilmente, la situación que la *infertilidad* provoca en las relaciones conyugales es bastante compleja. Sin embargo, la mayor parte del problema existe más en la mente de la pareja que en la realidad. Pero hay un medio efectivo para prevenir y minimizar estos problemas, e impedir que las pruebas (y posteriormente, el diagnóstico) de la *infertilidad* sea la causa de un trastorno mayor en la vida de la pareja: obtener la orientación del especialista durante todo el proceso. Considere:

- Primeramente: la entrevista inicial, en la que la pareja acude al médico sospechando la *infertilidad,* debe ser realizada en presencia de ambos cónyuges. O sea, debe ser una sesión conjunta con el especialista que vaya a tratar la situación. Se ha comprobado que la presencia de una enfermera en este tipo de reunión ayuda mucho a neutralizar la tensión inevitable del momento entre los miembros de la pareja.
- Segundo: la pareja debe saber (y se le debe confirmar) que no existe nada anormal en ellos, que hay muchas parejas que no son fértiles, y que lo que se detecte en los análisis quedará en el marco de la privacidad más absoluta.
- Asimismo, es muy importante que el especialista le explique a la pareja cuáles son los factores que determinan la *infertilidad* (tanto en el hombre como en la mujer), y les haga ver que se trata de un mecanismo que está funcionando de una manera diferente a la esperada... nada más.

  En otras palabras: la pareja debe ser debidamente orientada, explicándole bien cómo funciona el sistema reproductor y dándoles a entender el problema y la naturaleza de las pruebas a las que van a ser sometidos. En muchos casos, las complicaciones sicológicas asociadas con esta situación procede de la falta de conocimientos de los miembros de la pareja, quienes en ocasiones no tienen un concepto adecuado de cómo funcionan sus órganos reproductores.
- Tercero: una relación sexual y amorosa sana no se basa exclusivamente en el deseo de tener hijos, ni en llevar un conteo exacto de los días de la ovulación para poder procrear. Por lo tanto, es importante que el especialista recomiende a la pareja que sus relaciones sexuales se mantengan como hasta ese momento, sin preocuparse por ningún otro factor externo (como es la posible situación de *infertilidad* que los ha llevado a buscar la ayuda profesional). Esta orientación –si el

especialista la imparte en una forma objetiva y directa– contribuye a eliminar una gran parte de la tensión que suele acompañar el diagnóstico de la *infertilidad* en uno de los miembros de la pareja.

Cuando se comparten las inquietudes de la *infertilidad* con el especialista, no hay duda de que se reduce considerablemente la ansiedad que causa esta condición. Y se logra evitar –o al menos, reducir– la tensión y la frustración que generalmente embarga a la pareja.

226

PREGUNTA: ¿Qué tratamientos hay en la actualidad para resolver una situación de infertilidad...?

RESPUESTA: La *infertilidad* de la pareja puede ser tratada en la actualidad de muchas formas diferentes. Sin embargo, uno de los tratamientos que han demostrado ser más efectivos ha sido diseñado por la **Escuela de Medicina de la Universidad de Harvard** (en los Estados Unidos), y tiene por nombre *Mind-Body Program for Infertility (Programa físicomental para la infertilidad).* Según los especialistas que atienden a cientos de mujeres que anualmente acuden a ese centro médico norteamericano en busca de una solución a su problema de *infertilidad,* el cuadro es típico: llegan sumamente tensas, y al borde de una depresión seria, debido a que durante meses han estado obsesionadas con la idea de lograr un embarazo, y ello no ha sido posible. Han agotado todas las posibilidades, desde tomar medicamentos especiales hasta someterse a procedimientos quirúrgicos. Sin embargo, ninguno de los tratamientos a los que se han sometido les ha ayudado a controlar un estado emocional cada vez más negativo e intenso.

227

PREGUNTA: ¿En qué consiste este programa para tratar la infertilidad que ha sido desarrollado por la Universidad de Harvard?

RESPUESTA: Básicamente, en neutralizar en la mujer que no ha sido capaz de concebir la obsesión de quedar embarazada; asimismo, tratar de desviar su atención del esfuerzo enorme que hace para alcanzar la concepción... para que finalmente la logre.

Con esa actitud obsesiva, los especialistas han comprobado que el embarazo es mucho más difícil de que se produzca. Al relajarse con respecto a la meta a alcanzar (tener un hijo), la mujer no sólo recobra el respeto por sí misma, sino que vuelve a disfrutar las relaciones sexuales con su pareja... y –las estadísticas revelan– las posibilidades de que se produzca la concepción son mucho mayores.

Para lograrlo se utilizan procedimientos sicológicos físico-mentales que hacen que la mujer supuestamente infértil se relaje; que transforme sus actitudes y pensamientos negativos en sentimientos positivos y optimistas; que manifieste sus emociones libremente; y que desarrolle fuentes de apoyo en el medio en que vive. Los resultados son sorprendentes. La mayoría de las pacientes son capaces de disipar el fantasma de la *infertilidad* que las atormenta en poco tiempo; muchas logran el embarazo o adoptan un niño; otras deciden vivir sin hijos.

Si la mujer está tratando de concebir un hijo y tiene dificultades para lograr el embarazo, este tipo de orientación puede hacerla volver al presente y permitir que disfrute plenamente su vida sexual.

228

PREGUNTA: ¿Cómo funciona la terapia físico-mental para que la mujer logre concebir?

RESPUESTA: La llamada *Medicina Sicológica Físico-mental* no es complicada; se basa en el principio de que "una vez que la mente sane, la condición física igualmente quedará curada".

Hay muchas formas diferentes de lograr este propósito: respirar profundamente, meditar, practicar posiciones de yoga, relajar progresivamente todos los músculos del cuerpo. Aunque son procedimientos diferentes, los efectos sicológicos son los mismos. Con cualquiera de estas técnicas, el ritmo del corazón, de la respiración, la tensión muscular, y el consumo de oxígeno, descienden por debajo del nivel de reposo. Y para las mujeres que se sienten abrumadas por el estrés que produce en ellas la idea de ser estériles, estas técnicas de relajación las ayuda a calmar su sistema nervioso y a conseguir un estado de tranquilidad mental y física extraordinario. Esa tranquilidad ha producido efectos sicológicos y físicos profundos en muchas mujeres que han participado en este programa desarrollado por los especialistas de Harvard, comprobándose que:

■ La mayoría ha experimentado alivio con respecto a los estados depresivos que las embargaban, la ansiedad, la hostilidad, y el cansancio perenne.

■ Asimismo, en los seis primeros meses después de haberse sometido a este programa sicológico, el 42% de las pacientes logra concebir.

Los médicos están conscientes de que la *terapia físico-mental* alivia el estrés y la depresión, y estiman que ese alivio ejerce una influencia positiva en el proceso reproductivo de la mujer. Existen pruebas concluyentes de que:

■ El estrés causa desequilibrio hormonal y espasmos en las *trompas de Falopio,* y ambos factores son capaces de impedir la concepción. Al ceder los estados de estrés, el cuerpo está más propicio para que se produzca la concepción.

■ También existe la posibilidad de que la mujer, al sentirse física y mentalmente mejor, tenga relaciones sexuales con más frecuencia con su hombre, y que ésta sea la causa de que un número mayor entre las participantes en el plan logren quedar embarazadas.

■ No obstante, la opinión general es que, aunque éstos y otros factores puedan haber influido en tratar con efectividad la supuesta *infertilidad* en estas pacientes, indudablemente la *terapia físico-mental* contribuyó enormemente a los resultados obtenidos.

229

PREGUNTA: Entonces, ¿cuáles son las recomendaciones que los especialistas pueden ofrecer a la mujer para facilitar la concepción?

RESPUESTA: Los pasos que enumeramos a continuación han sido tomados del programa de la **Universidad de Harvard**, y pueden ayudar considerablemente a las mujeres que tratan de concebir y que no lo logran.

¡APRENDA A RELAJARSE!

Primera recomendación, fundamental: no piense que los métodos de relajación a los que se va a someter tienen como único propósito el que usted logre quedar embarazada; si sus pensamientos están encaminados en esa dirección, lo más probable es que la relajación no ejerza efecto positivo alguno en usted. Para relajarse, elija los procedimientos que usted ya pueda haber comprobado que resultan efectivos en su caso. No obstante, no se aferre a ésos solamente, y nunca los tome como una obligación que la esclavice. También es importante que les dedique un tiempo determinado: unos 20 minutos (una o dos veces al día), en un lugar cómodo y cuando no espere interrupciones.

La respiración. Desde niña lo más probable es que usted se haya acostumbrado a contener la respiración cada vez que siente sacudidas emocionales; en situaciones de este tipo, respira entre las paredes del tórax, donde –en forma figurada– *encierra* las emociones. Recomendación:

■ Cambie de la *respiración toráxica* a *respiración abdominal*. Para ello, primeramente respire normalmente; después respire con más lentitud y mayor profundidad, hasta que compruebe que el abdomen se expande. Repita este ejercicio varias veces.

■ Una vez que haya notado la diferencia, dedique 10 minutos a imaginar que el aire que inhala la satura de paz y calma; el aire que exhala se lleva la tensión y la ansiedad que la embargan.

Examen del cuerpo. Muchas veces también acumulamos tensión en el cuerpo y, sencillamente, no nos damos cuenta de ello. Una vez que logre estar relajada, examine su cuerpo con los ojos de la mente, y no le resultará difícil detectar cuáles son los puntos donde se acumula la tensión.

■ Empiece respirando profundamente, varias veces; después concéntrese en la frente.

■ Al respirar, observe los músculos en esa zona y compruebe si están tensos; al exhalar notará que se distienden.

■ Después haga lo mismo con los ojos... y continúe el examen a todo lo largo del cuerpo.

■ Concéntrese en músculos que muestran tensión cuando inhala; relájelos al exhalar. Este es un ejercicio formidable si a usted le es difícil concentrar la atención en un punto determinado.

Relajación muscular progresiva. Este ejercicio permite observar el cuerpo a otro nivel.

■ Cuando se fije detenidamente en una zona determinada (como la frente, por ejemplo) contraiga los músculos lo más posible, mientras cuenta despacio, hasta cinco.

■ Después, distiéndalos y respire profundamente, con lentitud.

■ Repita la contracción y distensión de los músculos en cada parte del cuerpo que observe.

Meditación. Meditar regularmente produce una sensación de paz mental y bienestar físico profundos; la meditación permite aligerar la mente de cargas emocionales.

■ Comience a contar regresivamente a partir del número 10 hasta el 1; respire profundamente con cada número.

■ Al inhalar, concentre la atención por unos segundos en una frase o en una palabra que tenga algún significado especial para usted. Por ejemplo: "Ahora me siento aliviada". "Soy feliz".

■ Cada vez que inhale o exhale, deténgase unos segundos. Respire más despacio cada vez que se concentre en la palabra o en la frase que la calma.

Imágenes programadas.

■ Respire profunda y lentamente varias veces. Imagínese que está en un lugar donde se ha sentido tranquila, o donde sabe que se sentirá relajada. Mentalmente, pase un buen rato en ese lugar; recuerde los sonidos, los olores; las vistas de los alrededores... Entréguese completamente a la sensualidad de las imágenes que surjan en su mente.

■ Si la sensación de paz que experimenta es interrumpida por pensamientos o imágenes negativas, que la perturben, neutralícelos.

■ Después, lentamente, vuelva a imaginar imágenes positivas.

■ Una advertencia: si trata de imaginar un embarazo, compruebe si al hacerlo se siente esperanzada o desilusionada. Si al pensar en el embarazo se siente frustrada, no repita ese tipo de imagen.

Mini-relajación. La *mini-relajación* es la ayuda más efectivas de la *Medicina Físico-mental.* Una forma fácil de practicarla es haciendo unos pocos ejercicios de respiración. Para ello:

■ Respire profundamente, pero muy lentamente; cuente del 1 al 4 mientras lo hace.

■ Al exahalar, completamente, cuente también despacio... del 4 al 1.

¡TRATESE BIEN!

Diferentes estudios sobre la *infertilidad* demuestran que una de las causas de la depresión y de la ansiedad en las mujeres que no logran concebir, es que no consideran que tienen derecho a disfrutar los placeres más normales que les ofrece la vida. El tiempo apremia, el matrimonio sufre, las visitas al médico son desagradables, y la desesperación está a flor de piel... haga lo que haga. Recomendación:

■ Es fundamental que evite cualquier sentimiento de culpabilidad que pueda embargarla (aunque en verdad sea culpable). Elimine pensamientos negativos, como pudiera ser el que usted merece el castigo que está experimentando al no poder concebir el hijo que tanto anhela. Sea positiva y optimista, ¡en todo momento!

■ Todos los días dedíquele media hora a actividades cuyo único propósito sea alimentar su mente, su cuerpo, y su mundo espiritual.

■ Compre flores para su casa; disfrute de una cena en un buen restaurante; dése un baño de inmersión en una bañera con el agua perfumada.

■ Distráigase. En vez de sentarse a meditar, en alguna ocasión vea televisión durante un largo rato... aunque no le interese mayormente la programación.

¡DE RIENDA SUELTA A SU INDIGNACION!

La mayoría de las mujeres que luchan contra su incapacidad de concebir, sienten hostilidad hacia su cuerpo porque considera que de alguna manera las traicionó; se enfadan con el marido, porque no entiende "la tragedia por la que ella está pasando"; y se rebelan contra los médicos por someterlas a tantas pruebas. Sin embargo, muchas no se dan cuenta de que esos estados de ánimo negativos deben ser reprimidos, porque generan nuevos conflictos y tensiones. Es esencial para la mujer que no logra concebir controlar su indignación de una manera constructiva. Para ello:

■ Empiece a llevar un diario, para desahogar en sus páginas la ira que la embarga... y no una sola vez, sino cada vez que necesite expresar lo que siente contra los demás y contra usted misma. Si no observa esta medida tan sencilla, la ira reprimida quedará atrapada en su cuerpo... y le hará daño. ¡Canalice positivamente su agresividad!

¡RESTABLEZCA LA ARMONIA EN SU RELACION CONYUGAL!

Las dificultades para concebir un hijo afectan enormemente la relación de la pareja. Al hombre le es difícil entender por lo que pasan las mujeres que se sienten abochornadas y fracasadas al no quedar embarazadas, además de que les abruman los tratamientos hormonales y las constantes visitas al médico.

Por su parte, a las mujeres tampoco les es fácil entender los sentimientos del hombre que se siente incapaz de ayudarla, y piensa que "no está cumpliendo su parte en el proceso biológico de la concepción". Estos pensamientos, naturalmente, afectan la vida sexual de la pareja; también afecta su vida social, porque sienten que les falta algo que no les permite disfrutar lo que comparten. Si debido a que usted no logra concebir considera que su matrimonio atraviesa por una crisis de este tipo, trate lo siguiente:

- Cuide su bienestar general con *terapia físico-mental.*
- Comparta con su hombre todos los esfuerzos que está haciendo para concebir.
- Anime a su pareja para que comparta su plan, pero no lo fuerce... infórmelo y estimúlelo, solamente.
- Practiquen técnicas de comunicación que den resultados positivos. Es decir, no piense que son capaces de saber lo que piensa uno del otro; díganse claramente lo que cada cual necesita, sin exigencias, con el propósito de mejorar la relación conyugal.
- Si no logra concebir, a pesar de sus esfuerzos, y el problema le está creando una situación difícil en su matrimonio, considere ir los dos a un consejero profesional especializado en los efectos que causa en las parejas la incapacidad de concebir (su médico puede orientarlos al respecto). Uno de los puntos que suelen tratarse, casi siempre, es la falta de espontaneidad en las relaciones sexuales de la pareja.
- También, procure un nivel mayor de espontaneidad en sus relaciones sexuales. Es decir, no hagan el amor con el único propósito de concebir (la tendencia en la mayoría de las parejas que se hallan ante esta situación), sino de disfrutar el momento. No imponga días ni horarios... Y, si fuese necesario, permita hasta que transcurran varias semanas sin relaciones íntimas, hasta que éstas se propicien de una forma espontánea, genuina. El amor forzado no ayuda a concebir.

230

PREGUNTA: Cuando el hombre es infértil, ¿cuáles son las alternativas para la mujer... para la pareja?

RESPUESTA: Cuando el hombre –después de haber sido sometido a las diferentes pruebas mencionadas en las preguntas anteriores– finalmente llega a comprender que su única alternativa es aceptar su situación de *infertilidad:*

■ Si ésta es parcial (es decir, si produce *espermatozoides),* inmediatamente piensa en la *inseminación artificial...* con él como donante, desde luego. Hay casos en los que esto es posible, ya que la *inseminación artificial* permite a veces obviar los obstáculos físicos que impiden la fecundación por los medios normales.

No obstante, la posibilidad de que el mismo hombre parcialmente infértil sea el donante depende en gran parte de su conteo de *espermatozoides,* del volumen del semen, de las condiciones de su *glándula prostática,* etc. Pero si el hombre logra producir una esperma saludable, entonces el especialista sí recogerá las muestras de semen y procederá a la técnica de la *inseminación artificial.*

Este proceso se realiza en etapas, empleándose preferentemente la primera eyaculación del donante (porque es la que generalmente tiene la mayor concentración de *espermatozoides),* la cual es implantada dentro del *útero* femenino para que los *espermatozoides* lleguen al *óvulo* y lo fertilicen. Ahora bien, es importante que el hombre infértil que está sirviendo de donante tenga en cuenta que si los *espermatozoides* no muestran la movilidad necesaria para trasladarse hasta el *óvulo,* a través de las *trompas de Falopio,* entonces no se producirá la fecundación... su *infertilidad* será total.

■ La siguiente alternativa –que no es aceptada por todos los hombres, especialmente en España y los países hispanoamericanos– es emplear para la *inseminación artificial* la esperma de un donante ajeno, desconocido. Este procedimiento es empleado frecuentemente en muchos países, con resultados emocionales muy positivos para la pareja que no puede concebir. Desde luego, ésta es una decisión a la que debe llegar cada pareja ante una situación de *infertilidad,* tomando en cuenta factores muy íntimos en los que no debe influir –en modo alguno– el especialista que haya tratado al hombre infértil.

231

PREGUNTA: ¿A qué otras alternativas es posible recurrir para resolver las situaciones de infertilidad...?

RESPUESTA: Diariamente, millares de parejas acuden a los especialistas en busca de una solución a sus problemas de *infertilidad;* muchas veces, la alternativa de la *inseminación artificial* (con un donante ajeno) no es posible, o no es aceptada por los miembros de la pareja. Sin embargo, en estos momentos hay muchas esperanzas de resolver las situaciones de *infertilidad,* aun en aquellos casos que se puedan considerar como "más difíciles".

Los nuevos descubrimientos científicos –unidos a los avances más recientes de la tecnología médica al comenzar un nuevo milenio– están abriendo puertas que antes estaban totalmente cerradas a la Medicina. Así, en la actualidad los especialistas son capaces de manipular virtualmente cada una de las fases del ciclo reproductivo de la pareja: desde lograr la maduración artificial de los *óvulos* (en el propio *ovario* de la mujer), hasta la implantación de *espermatozoides* en el *útero* femenino. Es más, en estos momentos en muchos laboratorios genéticos se efectúan análisis del embrión antes de implantarlo en la mujer, un procedimiento que tiene como finalidad asegurarse de que no existen imperfecciones que causen la pérdida de la criatura, que se produzca lo que comúnmente se llama "un mal parto", o que se presenten situaciones anormales y deficiencias que puedan poner en peligro la seguridad de la criatura.

Millares de niños han nacido en los últimos diez años como resultado de una verdadera revolución dentro del campo de la fertilización con la aplicación de procedimientos como:

■ La llamada *inseminación in vitro;* o sea, la combinación del *óvulo* y la *esperma* en un disco o tubo de ensayo.

■ Las llamadas *técnicas GIFT,* una variación del procedimiento anterior, en que tanto la *esperma* como los *óvulos* no fertilizados se insertan directamente en las *trompas de Falopio* de la mujer.

■ Las *técnicas ZIFT* (variación de la anterior, *GIFT),* que combina la *esperma* y los *óvulos* en un tubo de ensayo y los pre-embriones resultantes se implantan a su vez en las *trompas de Falopio.*

■ Las *micro-inyecciones,* un método en el que se utiliza una aguja hipodérmica para insertar la *esperma* a través de la membrana externa del *óvulo,* o en el que se remueve parte de la capa externa de un *óvulo* no fertilizado antes de exponerlo a la *esperma* masculina.

Las técnicas anteriores permiten hoy tener hijos a mujeres que inclusive están atravesando ya la etapa de su menopausia, o que presentan problemas anatómicos y fisiológicos que –de no existir estas técnicas revolucionarias de fertilización– las incapacitarían permanentemente para llevar a la realidad sus deseos de ser madres. Por supuesto, las nuevas técnicas para lograr el embarazo también han hecho surgir nuevos dilemas legales y morales. Por ejemplo:

■ ¿Quiénes tienen derecho sobre los hijos... los donantes (o sea, quienes proporcionan la *esperma),* o quienes la reciben?

■ ¿Cuál es el límite moral para manipular (modificar o alterar) el material genético del ser humano, sin caer en prácticas indecorosas o antiéticas o en la tentación de crear verdaderos *superbebés* (combinando los aspectos más positivos del padre y de la madre para lograr una criatura casi perfecta)?

Las interrogantes son muchas ya que hay quienes especulan que en un futuro no muy lejano –tomando en consideración los avances formidables de la Genética– se podrá almacenar el material genético de sabios, artistas, empresarios hábiles, genios de todo tipo... o de personas sumamente atractivas físicamente, y extraer los genes correspondientes a esas características para crear una sociedad de hombres y mujeres superinteligentes, superdotados y superhermosos. Mientras tanto, los científicos se proponen metas mucho más modestas:

■ Determinar lo que ocurre antes y después de la fecundación, ya que durante esas dos etapas se producen todos los cambios descritos que determinarán que la fertilización del *óvulo* se lleve a cabo con éxito... o que fracase.

INSATISFACCION SEXUAL:
A VECES EL ENCUENTRO SEXUAL TERMINA EN FRUSTRACION...

232

PREGUNTA: A pesar de que tanto los hombres como las mujeres hoy tenemos conceptos mucho más abiertos con respecto al sexo, hay rezagos del pasado que hacen que muchas personas no se sientan plenamente realizadas en su vida íntima, y muy en especial las mujeres. ¿Se ha determinado un porcentaje en este sentido?

RESPUESTA: Si nos guiáramos por las estadísticas que divulgan los grupos feministas alrededor del mundo, en la mayoría de los países la mujer parece haber alcanzado la igualdad con el hombre como miembro de la pareja. Es decir, las organizaciones feministas nos aseguran que la mujer finalmente está consciente de lo que debe esperar en sus relaciones íntimas, y su actitud en general con respecto al sexo ha cambiado notablemente en los últimos años, lo cual le provoca un grado de satisfacción sexual mucho mayor que el que lograba años atrás. Sin embargo, a pesar de que no hay duda de que hoy existe un concepto mucho más abierto con respecto al sexo –tanto en las mujeres como en los hombres–, todos los estudios realizados al respecto (a nivel mundial) muestran que:

■ Más del 50% de las mujeres consideran que no están recibiendo todo lo que esperan en sus relaciones sexuales, y muchas no sólo se sienten insatisfechas en su vida íntima, sino frustradas.

233

PREGUNTA: ¿Qué importancia puede tener esto?

RESPUESTA: Si analizamos que el sexo es un instinto natural (y fundamental) del ser humano, comprenderemos rápidamente que nuestra conducta está influida poderosamente por el mismo:

■ Si la mujer se siente realizada sexualmente, es feliz. Su vida íntima es satisfactoria y, por lo tanto, plena.

■ Ahora bien, cuando existe algún grado de insatisfacción en sus encuestros sexuales, se considera frustrada... una *mujer-a-medias*. En otras palabras: su vida íntima se desequilibra completamente, y ese desbalance se refleja en su carácter y en su actitud hacia la vida en general.

Por medio de infinidad de estudios científicos, sabemos que cuando una mujer no alcanza un nivel mínimo de satisfacción de sus necesidades sexuales, se siente irrealizada e inconforme; y esa frustración se manifiesta en todas sus actividades: en su trabajo, en los estudios, y hasta en las mismas relaciones familiares (especialmente con el hombre que está provocando esa insatisfacción íntima). En algunos casos, la *insatisfacción sexual* provoca ansiedad; en otros tensión, tristeza o estados depresivos. Y sí, en situaciones extremas, la mujer que no está conforme con su vida íntima puede llegar a desarrollar cierto grado de agresividad neurótica, y hasta a manifestar violencia.

Desafortunadamente, la *insatisfacción sexual* no sólo tiene graves consecuencias sobre el aspecto síquico y social de la mujer, sino que también afecta su constitución física, pues su organismo es una unidad integrada, en la que si se interrumpe el balance que existe entre sus partes (físicas y síquicas), todas se afectan considerablemente.

234

PREGUNTA: ¿Cuáles son los factores más comunes que provocan la insatisfacción sexual en la mujer?

RESPUESTA: Algunos especialistas opinan que existen –en el orden social– dos causas fundamentales para que continúe aumentando el número de mujeres que se sienten insatisfechas en sus relaciones sexuales. Y consideran que:

■ La más importante de estas causas es la tradición cultural que durante siglos ha regido el tema sexual.
■ La segunda de estas causas es, curiosamente, la propia revolución sexual de la mujer.

235

PREGUNTA: ¿Qué quiere decir esto?

RESPUESTA: Pues que hasta hace muy poco, las estrictas normas impuestas por la sociedad a la mujer, en materia de sexo, ataban a ésta a una pesada cadena que debía arrastrar por el resto de su vida. Según estas normas, la mujer debía ser *sumisa* y *recatada*.

■ Como *sumisa,* debía aceptar los patrones que le impusieran, entre ellos (y básicamente) los dictados por el marido, en todas las relaciones que se estableciesen entre ellos. Y, por supuesto, el sexo era una de las normas: "la mujer debía complacer al hombre en la intimidad... su propia satisfacción no era tan importante, y exigirla la degradaría ante los ojos de su cónyuge".

■ Ser *recatada* significaba evadir por completo el tema sexual. En fin, la mujer se ahogaba en el sufrimiento, en la frustración, y el desconocimiento... pues no sabía con certeza "si eso le ocurría a otras mujeres normales". Y temiendo señalarse como una "mujer liviana" o una "enferma sexual", callaba abnegadamente su *insatisfacción sexual,* como si los problemas sexuales que confrontaba fuesen su culpa.

En este momento, los efectos denigrantes de muchos de estos conceptos todavía persisten, a pesar de la gigantesca revolución que en materia sexual ha alcanzado la mujer. Y esto se debe a que, precisamente, la generación que logró que la mujer fuera aceptada en la pareja como un ser igual, como tuvo que cargar sobre sus hombros la presión y el rechazo de toda una sociedad, aún no ha podido desprenderse completamente de las viejas trabas... y quedan algunos rezagos, sobre todo en lo que se trata de pudor y recato.

236

PREGUNTA: Pero, además, aún quedan muchos hombres con conceptos retrógrados. ¿Cierto...?

RESPUESTA: Sí. Estos residuos de los antiguos conceptos con respecto al sexo son todavía frecuentes en los hombres actuales, los cuales no se resisten a perder su egoísta supremacía en el terreno sexual. Pero la realidad es que –si se analiza objetivamente la situación– las mujeres tienen tanta culpa de esta situación como ellos, pues sienten el temor a comunicar a sus hombres sus intereses y necesidades sexuales más íntimas. Es decir, con la divulgación sexual que existe actualmente, todas las mujeres están conscientes de una serie de principios sexuales que son elementales para alcanzar la satisfacción en el encuentro sexual:

- Saben –desde el punto de vista científico– que el proceso de excitación sexual en la mujer es mucho más lento que en el hombre. Esto provoca que el *orgasmo* femenino no se alcance con la misma rapidez que la eyaculación masculina.

- También saben que la estimulación del *clítoris* (y de todos los puntos eróticos femeninos), en la fase preparatoria para el acto sexual en sí, es fundamental para que puedan alcanzar su satisfacción sexual. El hombre, en cambo, no necesita tanto de estos *juegos preliminares*.

Es difícil encontrar hoy a una pareja que desconozca estas dos realidades, pero a pesar de ello, los contactos sexuales de muchas parejas, desde sus inicios, sólo proporcionan satisfacción sexual al hombre. ¿Qué hace la mujer en estos casos? En muchos casos calla, resignadamente... e indebidamente, desde luego.

237

PREGUNTA: ¿Esperan las mujeres demasiado del sexo...?

RESPUESTA: Es muy posible. Un viejo proverbio afirma que "todo en exceso es malo", y en las relaciones sexuales, esto es perfectamente aplicable. Uno de los conceptos más divulgados por la revolución sexual femenina, es que:

- La mujer puede (y debe) alcanzar el *orgasmo múltiple* en sus relaciones sexuales. Se repite a los cuatro vientos que "la mujer sólo alcanza su plenitud sexual cuando logra dominar el secreto del *orgasmo múltiple*".

Pero la realidad es que no todas las mujeres pueden alcanzar esos *orgasmos* intensos y seguidos... y, entonces, no pueden evitar sentirse deficientes, por debajo de lo normal. ¿Resultado? ¡Se sienten *sexualmente insatisfechas*!

En otras palabras: la revolución sexual ha confundido a la mujer en muchos aspectos relacionados con su sexualidad. Las mujeres esperan hoy demasiado de sí mismas, y de sus compañeros de sexo... y ahí es, precisamente, donde radica el punto central de su *insatisfacción*. En verdad, el *multi-clímax* no es imprescindible para la satisfacción sexual de la mujer; es más, un sólo orgasmo bastará para que la mujer se sienta sexualmente realizada.... todo depende, desde luego, del punto de vista que adopte al enfrentarse a la relación sexual:

■ Si se enfoca el sexo como la máxima expresión del amor, como prueba de la salud mental, o sencillamente, como una actividad placentera (y nada más), entonces se sentirá *sexualmente satisfecha.*

■ Ahora bien, si espera emociones violentas en cada encuentro sexual con su hombre, como si estuviera viajando en una montaña rusa a velocidades vertiginosas, entonces se sentirá *sexualmente frustrada.*

Estas situaciones serán resueltas, desde luego, cuando las mujeres finalmente comprendan que cada ser humano es diferente y que no todas pueden esperar reaccionar de la misma manera ante los mismos estímulos sexuales. En otras palabras:

■ La sexualidad de cada ser humano no puede (ni debe) ser comparada, porque cada persona es diferente y –por lo tanto– sus necesidades íntimas varían.

238

PREGUNTA: Entonces... ¿Qué puede hacer la mujer para combatir su insatisfacción sexual?

RESPUESTA: Mantenerse informada, desde luego, es un primer paso... y muy importante.

Como todo en la vida se puede mirar desde diferentes ángulos, este problema de la *insatisfacción sexual* en la mujer, puede ser considerado como una situación muy negativa; sin embargo, visto desde otro ángulo, también puede tener su cara positiva. Efectivamente, el hecho de que un número creciente de mujeres se muestren *sexualmente insatisfechas* puede significar un paso de avance hacia una realización sexual más completa, pues quien se siente insatisfecha es porque está consciente que puede lograr algo mejor. En este punto, estar informada de las realidades de su sexualidad es fundamental. Es decir, la mujer actual debe informarse de cómo funciona sexualmente (tanto ella como el hombre). Y, por supuesto, hacer los ajustes correspondientes para adaptarse a las realidades sexuales... y a las necesidades específicas de su caso en particular.

239

PREGUNTA: ¿Qué medidas específicas debe tomar la mujer para resolver su situación de insatisfacción sexual?

RESPUESTA: Las siguientes recomendaciones pueden ayudar a la mujer a solucionar cualquier problema de *insatisfacción sexual* que se le presente... o contribuirán a evitar que caiga innecesariamente en este tipo de frustración en su vida íntima:

■ La comunicación entre los miembros de la pareja es esencial. El sexo es una forma más de relación entre los seres humanos y, por lo tanto, es imprescindible que ambos miembros de la pareja se comuniquen debidamente... que manifiesten cuáles son sus necesidades y preferencias en la intimidad, y cómo las mismas pueden ser alcanzadas. Esta comunicación debe sentarse sobre bases muy objetivas, y caracterizarse por una profunda sinceridad, honestidad, y deseo de comprensión.

■ Es peligroso evitar el encuentro sexual. Resulta importantísimo evitar el rechazo abierto a la relación sexual cuando nuestro cuerpo (nuestra salud, o nuestro estado de ánimo) no se encuentra en condiciones óptimas para hacer el amor. Para ello pueden hallarse infinidad de soluciones colaterales o alternativas de actividad sexual... y cualquiera de ellas resultará siempre preferible a negarse completamente a hacer el amor. Se ha comprobado que esta negativa a hacer el amor puede formar parte de un círculo vicioso peligroso: *negativa-disgusto-negativa,* que luego puede ser muy difícil de romper.

■ La importancia de la frecuencia en las relaciones sexuales debe ser tomada en cuenta. Mientras más frecuentemente sea realizado el acto sexual, mayores posibilidades habrán de disfrutarlo a plenitud, alejando el peligro de la insatisfacción en la intimidad. Las relaciones sexuales representan un complicado proceso de retro-alimentación. Esto significa que la realización de la propia actividad sexual en sí nos impulsa a ejecutarla nuevamente. Así, en cada nuevo encuentro sexual obtendremos mayor placer y nos sentiremos más satisfechos en nuestras necesidades físicas más íntimas.

■ El encuentro sexual debe ser disfrutado. La actividad sexual debe resultar siempre placentera, divertida, agradable... nunca trabajosa. Para eso resulta imprescindible la selección adecuada del momento y el lugar precisos. Un acto sexual hecho formalmente, para cumplir el compromiso después de un agotador día de trabajo, en la oscuridad de la noche, durante veinte minutos ("no más porque se hace muy tarde y hay que descansar") tiene muy pocas posibilidades de tener éxito. La actividad sexual necesita relajamiento y distensión, y para ello hace falta tiempo. Una relación sexual contra-el-reloj quizás marque el inicio de conflictos en la pareja... porque va a producir insatisfacción, lógicamente.

Es importante amar, pero sin asfixiar. Todo ser humano necesita –para realizarse como tal– tener algo de individualidad e intimidad. Y para ello resulta imprescindible contar con algunos instantes al día que nos podamos dedicar a nosotros mismos. No deben interpretarse tales reacciones como actos de desamor, o suponer que durante ellos el hombre está pensando en otra mujer. El amor entre dos personas debe unir, pero nunca asfixiar. En determinados momentos, cada miembro de la pareja necesita espacio y tiempo. ¡Exíjalo para usted! ¡Concédaselo a su hombre!

Las experiencias sexuales negativas del pasado deben ser neutralizadas. Las consecuencias de las experiencias negativas en la actividad sexual que puedan haber existido en el pasado, han sido profundamente analizadas y debatidas. Todas las investigaciones realizadas al respecto demuestran que muchas personas que hoy se sienten insatisfechas en sus relaciones sexuales, tienen las bases de sus problemas en experiencias sexuales negativas que sufrieron en la infancia, adolescencia, o primera juventud. Es posible que estas experiencias negativas hayan sido reforzadas una y otra vez, y que su influencia se manifieste hasta en las etapas actuales.

¿Qué hacer? Analizar la situación con la mayor objetividad, comprender que no se puede hacer nada por enmendar el pasado, y mirar hacia el presente con una actitud más optimista. Es importante superar cualquier experiencia negativa que haya podido existir en nuestra vida sexual pasada, y comenzar una nueva etapa en la que el amor sexual, total, tenga la oportunidad de manifestarse plenamente.

Considere que el amor no se planifica. La actividad sexual, como el placer, no puede (ni debe) planificarse. Debemos disfrutar el amor espontáneamente, sin considerar que el *clímax sexual* es la única meta para sentirnos sexualmente realizados. Cuando nos entregamos al amor genuinamente, sin mayores expectativas, lo disfrutamos más. Sólo en esa entrega generosa es que podremos alcanzar la más sana satisfacción en la intimidad.

■ Hay que aprender a recibir; no solamente a dar. El criterio errado de muchas mujeres que se sienten insatisfechas en sus relaciones sexuales, de que tienen el deber de "dar algo" a su hombre, y la excesiva preocupación por lograr que el hombre se satisfaga al hacerles el amor, estropean el amor en sí y lo convierten en una obligación que lo condena al fracaso, desde luego. Hay que *saber sentir...* y *recibir* para que la actividad sexual sea más placentera, para ambos miembros de la pareja.

■ La relación sexual es infinita. No podemos limitar la relación sexual a que se inicie y culmine en la cama. Es necesario salpicar con algo de sexo, todo el día, y cada una de nuestras actividades. Esto no significa, en forma alguna, desarrollar una obsesión por el sexo, pero sí es importante darle continuidad al contacto físico con el hombre que se ama, prolongándolo desde con una mirada insinuante hasta con unas dulces palabras de amor pronunciadas en un momento inesperado. Con ello se mantiene la magia de esa relación íntima maravillosa, y esa sensación de complicidad, que sólo existe entre un hombre y una mujer que se aman realmente.

240

PREGUNTA: ¿Hay formas de incrementar la confianza sexual...? ¿Existe una forma efectiva de evitar la insatisfacción en la intimidad?

RESPUESTA: Ensaye los cuatro métodos que le menciono a continuación, considerando que una cosa es *desear hacer algo muy atrevido* y otra muy diferente es *tener el coraje de intentarlo*. Algunos medios de incrementar la audacia y decisión en la intimidad son los siguientes:

■ Esté consciente que todos sentimos cierto temor a implementar determinados cambios en cualquier aspecto de nuestra vida íntima. Por lo tanto, no se asuste ante la posibilidad de ensayar alguna novedad sexual en la intimidad... siempre que su pareja esté de acuerdo en hacer la prueba, obviamente.

■ ¡Corra riesgos! ¿Qué puede suceder si usted desea ensayar una nueva forma de hacer el amor con su pareja...? ¿Que se niegue...? Sí, es una posibilidad. Pero considere también que la negativa ya la había aceptado usted antes de preguntarle o sugerirle lo que desea... evidentemente porque daba por seguro que no iba a aceptar. Sin embargo, existe la posibilidad de que usted haya estado equivocada en su suposición negativa, y que su pareja sí acepte sus insinuaciones. ¡Pruebe y lo sabrá!

■ Si en algún momento fracasa en el intento de implementar una nueva práctica sexual, vuelva a intentarlo. Hágalo tantas veces como sea necesario para convencer a su cónyuge de qué es lo que realmente desea. Puede que el ensayo de ese nuevo procedimiento sexual no haya tenido éxito por su temor inicial (o por cualquier otro factor). No se desanime por eso; inténtelo otra vez. Y otra más, si fuera necesario. Llegará el momento en que lo haga bien y se sienta satisfecha.

■ Recuerde que cuando se hace el amor, siempre son dos las personas involucradas en la misma actividad. Por eso usted necesita contar con la ayuda, el apoyo y el entusiasmo de su pareja. Búsquelo; intente obtenerlo. Mientras más de acuerdo estén los cónyuges, mejores serán sus relaciones sexuales.

JUEGOS PRELIMINARES DEL AMOR:
AL AMAR, LA PACIENCIA ES ESENCIAL

241

PREGUNTA: ¿Por qué hay tantos hombres que apresuran el momento de la intimidad y no logran que la mujer llegue a un nivel de excitación adecuado para amar con la intensidad debida?

RESPUESTA: Por diferentes factores (desconocimiento, egoísmo o ansiedad) muchos hombres *hacen el sexo* y jamás llegan a *hacer el amor*. Pueden ser veteranos de mil encuentros sexuales diferentes... pero se olvidan que para la mujer, los *preámbulos del amor* son tan (o más) importantes que el encuentro sexual en sí.

Las estadísticas no mienten, y cada día es mayor el número de mujeres que acuden a consultorios médicos y siquiátricos porque no son capaces de llegar al *orgasmo*. Muchas se quejan de "la inexperiencia masculina"... aunque lleven ya varios años de casadas. Otras mencionan "el egoísmo de los hombres" como la causa de sus frustraciones en la intimidad... Y la mayoría sugieren "la ansiedad de los hombres por satisfacer sus propias necesidades sexuales" como el factor que las inhibe sexualmente, impidiéndoles alcanzar su *clímax sexual*. No hay duda de que hasta la mujer más enamorada dejará de interesarse sexualmente en un hombre que al hacer el amor con ella se muestre falto de experiencia, muy egoísta, o ansioso por terminar el acto sexual.

Como para la mujer siempre es difícil hacer saber a su hombre cuáles son sus preferencias y necesidades sexuales (por un concepto mal entendido de la moralidad), espera que el hombre aprenda y detecte por sí mismo la forma en que ella puede derivar un mayor placer en la intimidad. Lamentablemente, he podido comprobar que hay más hombres inexpertos en las cuestiones íntimas de lo que muchas mujeres imaginan, y la consecuencia es, lógicamente, la frustración sexual total.

242

PREGUNTA: ¿Por qué son tan contados los hombres que dedican el tiempo necesario a estos juegos preliminares, procediendo con precipitación increíble a consumar el acto sexual con la penetración... y la satisfacción propia, únicamente?

RESPUESTA: Porque son muchos los hombres que tienen un desconocimiento total de lo que es la sexualidad de la mujer, a pesar de que sean veteranos de mil encuentros sexuales diferentes... sin contar la realidad ineludible de que hay muchos hombres ansiosos y egoístas que utilizan a la mujer como una especie de objeto sexual para satisfacer sus necesidades más elementales, y que consideran que los *juegos preliminares* son poco menos que "una pérdida de tiempo".

243

PREGUNTA: ¿Por qué son tantas las mujeres que permiten que la intimidad comience sin un prólogo de caricias que la predispongan para el nivel de excitación que será capaz de desarrollar después, el cual seguramente culminará con el clímax?

RESPUESTA: Porque las mujeres, movidas por una actitud pasiva que muchas consideran que es la adecuada para no ofender a sus cónyuges, permiten que sea el hombre quien dirija el *juego del amor,* sin tomar en cuenta de que son muy pocos los hombres que en verdad conocen cuáles son las reglas de este juego tan especial. Se sienten frustradas, pero por temores desarrollados desde tiempos ancestrales, permanecen calladas... ¡y frustradas, desde luego!

244

PREGUNTA: ¿Cuánto tiempo deben tomar, como promedio, estos juegos preliminares del amor...?

RESPUESTA: Se trata de una situación muy variable, evidentemente. El amor no puede estar regido por un reloj que marque tiempos, como si se tratara de un juego de fútbol. La espontaneidad es lo que cuenta en el encuentro sexual, y cada pareja dedicará a los *juegos preliminares* un tiempo diferente, porque la sexualidad del ser humano viene en todos los matices que podamos concebir: mientras que algunas personas tienen un grado de sensualidad y erotismo muy elevado, y se excitan instantáneamente al contacto con su pareja, otras requieren de estímulos físicos más intensos y prolongados.

245

PREGUNTA: Entonces, en parte, son los hombres los culpables de que las mujeres no reciban la estimulación debida antes de hacer el amor... ¿es ésta la conclusión a la que llegan los investigadores?

RESPUESTA: En parte. Los hombres deben recibir la orientación adecuada para que (de una vez por todas) sepan lo que las mujeres realmente necesitan en la intimidad... y, para ello, no son los cursos sobre sexualidad femenina los que van a resultar más efectivos, sino lo que las propias mujeres puedan hacer para instruir a sus hombres en este aspecto tan importante de sus necesidades más íntimas. Sugerirles. Pedirles. ¡Inclusive exigirles, cuando ello sea preciso!

Evidentemente, esta desorientación o desconocimiento masculino sobre la sexualidad femenina ha existido siempre, sólo que antes era un tema prohibido del que ninguna mujer se atrevía a hablar, ni siquiera a su propio cónyuge. Aún hoy muchos toman cualquier sugerencia íntima que parta de la mujer como una crítica a su hombría o a sus técnicas como amante en la intimidad. Es lógico que la mujer que detecte una actitud de este tipo en su hombre, por lo general calle... pero en verdad está haciendo (consciente o inconscientemente) los ajustes necesarios para buscar algún tipo de compensación ante su frustración personal: si bien algunas sufren abnegadamente la incomprensión masculina, muchas recurren al auto-erotismo, y una inmensa mayoría llega a caer en situaciones de infidelidad, con todas las complicaciones que ello puede provocar en la unión conyugal.

No obstante, en general la mujer actual aspira a satisfacerse plenamente en las relaciones sexuales con el hombre que ama, y desde hace ya varias décadas son muchas las publicaciones que han difundido nuevas hipótesis y expuesto nuevas técnicas para desarrollar totalmente la sexualidad femenina, en los mismos niveles que el hombre. Sin embargo, ante esta expectativa de la mujer con respecto al sexo, y ante la desorientación del hombre con respecto a las fases por las que debe atravesar la mujer en su camino hacia el *orgasmo,* son probablemente más las que se sienten que "les falta algo" en la vida conyugal. Por lo tanto, no es de extrañar que –de acuerdo con investigaciones realizadas por grupos de siquiatras, a nivel mundial– se considere que:

■ 9 de cada 10 mujeres esperan más de sus relaciones conyugales, en lo que a placer y satisfacción orgásmica se refiere.

246

PREGUNTA: ¿Cuál es la alternativa ante esta actitud de despreocupación general de muchos hombres con respecto a la excitación inicial que debe alcanzar la mujer para lograr hacer el amor en una forma total?

RESPUESTA: Para eliminar tanta frustración femenina en la intimidad, los hombres sólo tienen que hacer un ajuste en sus relaciones íntimas:

■ Controlar sus necesidades más urgentes, y dedicar el tiempo necesario a la estimulación debida de sus compañeras de sexo durante la *fase preliminar del amor* para que luego disfruten las fases siguientes con una intensidad mayor que, en definitiva, también les proporcionará mayor satisfacción sexual a ellos. No olvidemos que la pasión genera más pasión.

247

PREGUNTA: ¿Puede participar la mujer en una forma más activa en esos juegos preliminares que la lleven al nivel de excitación sexual necesario para amar plenamente?

RESPUESTA: Evidentemente. Por lo general el hombre ha sido siempre el que inicia, conduce, y determina la intensidad, el ritmo y hasta la duración de la relación íntima con la mujer, sin preocuparse mayormente por las necesidades que pueda experimentar su compañera de intimidad. Esta costumbre se ha convertido en una tradición, y la tradición ha obstruido la sensualidad de muchas mujeres, lo mismo que sucede con una vieja maquinaria que se halla enmohecida por falta de uso. Y para poner fin a esta dictadura íntima, es preciso la participación activa de todas esas mujeres que se califican a sí mismas de "frustradas en la intimidad", para que de una vez por todas les hagan comprender a sus cónyuges dos factores fundamentales con respecto a la sexualidad femenina:

■ Que el mecanismo de excitación de la mujer es diferente al del hombre; es decir, la mujer no tiene una erección instantánea cuando se excita sexualmente (como sucede en el caso del hombre), sino que requiere de un *preámbulo* a base de estímulos de sus zonas erógenas y de caricias que la predispongan para el momento de consumar el acto sexual. Es precisamente esta excitación progresiva la que provoca la lubricación de la *vagina,* lo cual facilitará la penetración en la fase final del amor.

■ Si esa *fase preliminar de excitación* es saltada (por la ansiedad, egoísmo o desconocimiento del hombre en cuestión), lo más probable es que la mujer no pueda alcanzar su *clímax sexual,* porque –para ella– el proceso del amor no está completo... ha sido interrumpido precisamente en su fase inicial.

248

PREGUNTA: Pero... ¿es siempre culpable el hombre de que se salten los juegos preliminares del amor en el encuentro sexual?

RESPUESTA: En diferentes estudios sicológicos que se han hecho de las *fantasías sexuales* que todas las mujeres tienen, se ha podido comprobar que muchas dedican mucho más tiempo a imaginar las caricias preliminares del encuentro sexual: las miradas sugestivas, las palabras excitantes, el recorrido de las manos del hombre por las zonas erógenas de su cuerpo, la fiebre creciente del deseo sexual que es en sí un placer enloquecedor... y no se preocupan mayormente por el momento fugaz y agotador del *clímax,* que pone fin a todo ese proceso delicioso.

Sin embargo, al enfrentarse a una situación real, frente al hombre que aman y que desean sexualmente, la situación es muy diferente. Sencillamente, la mujer no ha tenido tiempo de desarrollar debidamente su fase de excitación lo suficiente para alcanzar su *clímax,* y siente un vacío inmenso... y en este punto es preciso plantear tres preguntas obvias:

■ ¿De quién es la culpa...?

■ ¿Quién la estaba apurando?

■ ¿Por qué abreviar el *juego preliminar del amor,* que es en sí mismo una fuente de placer extraordinario?

En muchos casos, ambos cónyuges son culpables de saltar la fase de los *juegos preliminares del amor,* y las circunstancias pueden ser varias:

■ A veces por la falta de tiempo.

■ Pero también porque después de un tiempo de actividad sexual continuada, muchas parejas caen en una rutina sexual en la que *hacen el sexo* y se olvidan de *hacer el amor.*

249

PREGUNTA: Entonces... ¿Es la rutina el factor que hace que muchas parejas se olviden de la importancia de los juegos preliminares del amor...?

RESPUESTA: Sí. La luna de miel es una experiencia inolvidable para casi todas las parejas, justamente porque ambos cónyuges se comportan como amantes genuinos, cuya mayor ambición es despertar en el otro la locura del deseo sexual, y disfrutar al grado máximo todas y cada una de las fases del encuentro íntimo... Así, suelen emplear largo rato en la práctica de los *juegos preliminares,* ensayando e inventando caricias diferentes para descubrir la forma de brindarse mutuamente el placer erótico máximo.

Lamentablemente, a medida que transcurre el tiempo, van dejando de comportarse como verdaderos amantes, y entonces llegan a sostener relaciones íntimas únicamente como "marido y mujer"; es decir, se van eliminando progresivamente todos esos *preámbulos* del encuentro sexual, y lo que en un comienzo fue una excitante provocación se convierte ahora en una rutina que pocas veces logra llevar a la mujer al *orgasmo,* y la deja cansada... y profundamente decepcionada.

¿Por qué surge esta situación? Porque la pareja que lleva ya tiempo de casada generalmente no le dedica el tiempo necesario a sus relaciones íntimas, y en este caso nuevamente habría que culpar a las circunstancias de la época dinámica que estamos viviendo. En una situación típica:

- Por lo general ambos cónyuges se acuestan tarde, cuando los dos están ya agotados físicamente después de un largo día de trabajo o de quehaceres domésticos, o de luchas con los problemas de los hijos...
- El hombre, al sentir la proximidad de su mujer en el lecho conyugal, aprovecha simplemente la oportunidad de satisfacer sus necesidades sexuales más elementales, con la comodidad del que hace uso de lo que le pertenece por derecho adquirido (el contrato matrimonial).
- Además, satisface sus propias necesidades sexuales porque considera que "está cumpliendo con su *deber* de buen esposo".
- La mujer, por su parte, se entrega pasivamente a su marido cada vez que éste lo desea, porque de esta manera también "cumple con su *obligación* de esposa".

Y en esta forma rutinaria y sin pasión van transcurriendo los años en muchos matrimonios que se creen felices porque se mantienen unidos y fieles a su pareja. Admirable, pero muy aburrido... y terriblemente frustrante. ¿Resultado? Ninguno de los dos cónyuges está disfrutando el verdadero placer del amor. Y es muy posible que un día, uno de los dos se hastíe definitivamente de esa relación hasta cierto punto estéril, y busque una forma de escapar... cualquiera que sea la vía que sea preciso tomar.

250

PREGUNTA: Si el hombre alcanza su erección, y la mujer la lubricación vaginal... ¿significa esto que ambos están listos para consumar el acto sexual?

RESPUESTA: La mujer que ha logrado despojarse de prejuicios hoy en día no tiene reparos en tomar la iniciativa en el amor y despertar el deseo sexual en su hombre, acariciándole sus zonas erógenas. Pero muchas mujeres piensan, erróneamente, que cuando su hombre ya está excitado, ya no pueden hacerles esperar más... y entonces se disponen a consumar el acto sexual, saltando nuevamente los *preámbulos del amor* que son tan importantes para alcanzar su propia excitación.

Es importante aclarar que la erección en el hombre y la lubricación vaginal en la mujer, son solamente manifestaciónes de excitación sexual, que es la primera fase de la relación íntima; o sea, se trata de una reacción fisiológica que indica la disposición de ambos miembros de la pareja a continuar las caricias eróticas para que sus cuerpos pasen gradualmente a las fases subsiguientes de la relación sexual, hasta culminar en el *clímax*. Es en esa primera fase, justamente, donde el *juego amoroso* es más delicioso y más necesario para ambos participantes. Inclusive, es posible (y no sólo posible, sino que contribuye al mayor placer sexual y por lo tanto al *clímax)* detener el impulso por unos segundos para luego provocarlo de nuevo (una técnica sexual que fue desarrollada por los prestigiosos sexólogos norteamericanos Masters y Johnson).

De nuevo, es en este punto en el que la mujer debe ejercer el control sobre la situación y prolongar el *preámbulo amoroso* hasta que se sienta realmente estimulada para consumar el acto sexual. Es preciso que también tome en consideración que algunos hombres llegan a su *clímax sexual* más rápidamente que otros. Por lo tanto, unas caricias breves bastan para estimularlos, con el resultado de que pueden culminar la relación íntima mucho antes de que su compañera esté preparada para experimentar su *clímax sexual*.

Evidentemente, es la mujer la que debe aprender a manejar esta delicada situación, en beneficio propio... aunque, desde luego, es igualmente fundamental que establezca una comunicación abierta con su cónyuge para hacerle saber cuáles son sus necesidades preliminares, y en qué momento está lista para llegar al sexo total.

251

PREGUNTA: ¿Qué tiempo debe ser dedicado a los juegos preliminares, antes de consumar el acto sexual...?

RESPUESTA: No es posible establecer reglas o medidas de tiempo para el *juego del amor*. No se trata de una receta de cocina (batir por tantos minutos, poner al horno a tantos grados durante tanto tiempo, y sacar cuando ya el pastel esté hecho). Hay una infinidad de circunstancias variables en cada encuentro íntimo, que determinan el mayor o menor tiempo de *juego preliminar* para propiciar los resultados más satisfactorios en las relaciones íntimas entre dos personas que se aman. No siempre es igual; sencillamente porque no todos los hombres o las mujeres son iguales en todos sus momentos de intimidad:

■ Hay circunstancias individuales de salud, bienestar físico, humor, y estado de ánimo (preocupaciones, cansancio, etc.) que no tienen nada que ver con el amor y la atracción física que un cónyuge pueda sentir por el otro.

■ Y también hay que tomar en consideración las circunstancias ambientales (de lugar, ocasión, tiempo disponible, aislamiento, o –por el contrario– el temor de ser interrumpidos) que tampoco tienen nada que ver con el amor y sin embargo, sí pueden afectar a las relaciones amorosas de la pareja.

Ante todo, hay que comprender que la reacción sexual no es un reflejo condicionado. La complejidad de nuestras propias emociones (que pueden ser tan diversas), complica a veces nuestro comportamiento sexual. Cuando comenzamos a preocuparnos por el tiempo que toman nuestras reacciones durante el *juego preliminar del amor,* nos estamos negando a nosotros mismos la satisfacción que puede brindarnos esta fase fundamental del acto sexual. El sexo en general –pero en particular la fase de los *juegos preliminares del amor*– debe ser espontáneo y, sobre todo, debe ser difrutado por ambos cónyuges.

252

PREGUNTA: ¿Favorecen ciertas condiciones el proceso de excitación inicial de ambos miembros de la pareja...?

RESPUESTA: Desde luego; las circunstancias del medio ambiente son imprescindibles para lograr la excitación total de la pareja al hacer el amor. Todos sabemos que la privacidad (sin temor a intrusiones) es el primer requisito para sentirnos relajados al hacer el amor, y para disfrutar plenamente de esos *juegos preliminares...* lo mismo en los hombres que en las mujeres. Sin embargo, eso no es todo: también influyen (al menos para algunas personas) el poder hacer el amor en una habitación grata, con la comodidad de una buena cama, el grado de luz u oscuridad que resulte más agradable en la habitación, tomando en cuenta la temperatura ambiente... o sea, es fundamental amar en un estado que propicie el romance y la intimidad sexual.

253

PREGUNTA: ¿Cómo deben ser los juegos preliminares del amor...? ¿Cuáles son las mejores formas de lograr la excitación total antes del amor...?

RESPUESTA: La respuesta es una sola: todas las formas (o cualquiera de ellas) son adecuadas para lograr la excitación total de la pareja antes del amor total. Los llamados manuales de las técnicas sexuales, que se han puesto tan de moda, están llenos de sugerencias, desde las más naturales hasta las más exóticas y elaboradas. Lo que todo hombre y toda mujer debe preguntarse es:

■ ¿Qué es lo que a mí me produce más placer?

Al hombre, desde luego, le apasionará que la mujer le pida lo que ella desea en la intimidad, y por su parte... ¿quién puede saber cómo brindarle el mayor placer al hombre en la intimidad que la misma mujer? En el amor todo está permitido... aunque de nuevo tropecemos a veces con los conflictos creados por una educación tradicionalmente puritana y conservadora, que actualmente resulta traumática para muchas mujeres.

La tensión y la preocupación son las peores enemigas del placer sexual, uno de los obstáculos más graves para el funcionamiento sexual adecuado de una pareja, porque son –quizás– los factores más difíciles de superar. Estos factores pueden llevar a la mujer a tener relaciones sexuales "por deber" y "por obligación", evadiendo los *juegos preliminares del amor* (para ella, mientras más rápido sea el encuentro sexual, mejor)... y en esta actitud hay un gran peligro de que se produzca el resquebrajamiento de la unión conyugal.

254

PREGUNTA: ¿Qué se puede hacer cuando hay factores ya identificados que impiden dedicar a los preámbulos del amor el tiempo necesario para alcanzar el nivel de excitación sexual deseable... tanto en el hombre como en la mujer?

RESPUESTA: Las situaciones de este tipo, desde luego, requieren el tratamiento y orientación profesional; en estos casos es recomendable que el hombre también acuda al sicoanalista, para que éste pueda ayudarle a comprender que las reacciones que pueda tener la mujer en la intimidad no constituyen un rechazo, sino que se deben en realidad a sus inhibiciones, las cuales deben ser vencidas progresivamente.

Por lo general he podido comprobar que todas esas dificultades suelen desaparecer una vez que se abren los canales de comunicación franca entre los cónyuges, cuando ambos son capaces de hablar con sinceridad, sin falsos pudores, sobre sus necesidades sexuales. Ambos cónyuges deben considerar que los *juegos preliminares del amor* constituyen un lenguaje de caricias que expresa "te quiero". Y el *clímax sexual* se alcanza por la escala de las emociones que se van desarrollando progresivamente, y no solamente por la reacción física ante determinados estímulos.

El hombre debe tener en consideración que el amor no es un solitario de barajas, sino un juego a dúo, de participación. Por su parte, la mujer debe enseñarle a su hombre, sin falsos pudores, que no es él quien debe jugar todas las cartas en el *preámbulo amoroso,* sino que ella también participa activamente en ese juego. Una vez que este principio quede comprendido (y aceptado), es potestad de cada miembro de la pareja determinar hasta cuándo y hasta dónde llegar en esa fase fundamental del amor.

MASTURBACION:
¡EL AMOR-A-SOLAS SIGUE SIENDO UNO DE LOS TEMAS PROHIBIDOS DE LA SEXUALIDAD HUMANA!

255

PREGUNTA: Con la mayor flexibilidad sexual que se ha logrado en los últimos años, ¿se acepta hoy el hecho de que muchas personas recurran a la masturbación en busca de alivio para sus necesidades sexuales?

RESPUESTA: No; de todos los aspectos relacionados con la sexualidad humana, la *masturbación* sigue siendo uno de los más controversiales, y a todos los niveles (culturales y socio-económicos). Cuando hace algunos años la **Doctora Joycelyn Elders**, que ocupaba la importantísima posición de Cirujano General de los Estados Unidos, mencionó en una conferencia de prensa el tema de la *masturbación,* aprobándola indirectamente, provocó un estremecimiento tal en los mismos cimientos de la sociedad norteamericana que sólo unas semanas después se vio forzada a renunciar a su posición.

¿Cuál fue el comentario de la Doctora Elders...? Sencillamente, expresó con toda sinceridad su opinión de que "la *masturbación* es una manifestación más de la sexualidad humana" y que "el tema no debe ser excluido en las clases de educación sexual que se ofrecen actualmente en muchos colegios en los Estados Unidos". Curiosamente, en un país que se rige por estudios e investigaciones que arrojan cifras estadísticas inflexibles, quienes apoyaron a la Dra. Elders inmediatamente recurrieron a las mismas, demostrando que:

■ La inmensa mayoría de los norteamericanos han practicado la *masturbación* en algún momento en sus vidas.

■ El 60% de los hombres en los Estados Unidos, y el 40% de las mujeres, han recurrido a la *masturbación* durante el último año.

■ El 90% de los varones adolescentes norteamericanos se masturban habitualmente.

■ Entre el 65% y el 70% de las adolescentes norteamericanas también siguen la misma práctica.

Si –como revelan las estadísticas– la *masturbación* es una práctica tan generalizada en los Estados Unidos, ¿entonces por qué el tema causa tanta consternación...? La respuesta es muy sencilla: los conceptos obsoletos que arrastramos desde hace cientos de años, aún no han logrado ser erradicados. Lo mismo sucede en muchos otros países.

256

PREGUNTA: ¿Por qué tienen tanto arraigo estos conceptos sobre la masturbación, a pesar de que no tienen validez científica alguna...?

RESPUESTA: Digamos que debido a la repetición, de una generación a otra, muchos han llegado a ser aceptados como válidos.

Las hipótesis para explicar este fenómeno son muchas:

- Los colonizadores españoles que llegaron a América tenían conceptos religiosos muy estrictos, de gran arraigo, los cuales influyeron en la fundación de todas las colonias de España en el nuevo continente.
- En la América colonial también funcionaron los tribunales de la Inquisición española, y la herejía era severamente castigada por los inquisidores. Todos los temas relacionados con la sexualidad fácilmente eran interpretados como "faltas a la Iglesia".
- Por su parte –en el caso específico de los Estados Unidos– los *peregrinos* que llegaron de Europa a las costas de Norteamerica (en el barco *Mayflower)* eran fanáticos religiosos con conceptos muy estrictos sobre la moralidad y la sexualidad, los cuales de alguna forma han trascendido hasta nuestros días en ese país.
- Muchas personas aún se rigen en su religión por el *Antiguo Testamento* (donde se advierte del "pecado de Onán", quien "derramó su semilla en la tierra"), y no toman en consideración los conceptos más flexibles que pueden interpretarse de la lectura del *Nuevo Testamento*. Lo cierto es que los teólogos que han estudiado la Biblia (en sus muchas versiones y diferentes traducciones) han llegado a la conclusión que no era *masturbarse* en sí el "pecado de Onán" mencionado en los libros sagrados, sino practicar lo que hoy conocemos como *coitus interruptus* (es decir, la interrupción del acto sexual por parte del hombre, segundos antes de que se produzca el clímax), vertiendo el *semen* fuera de la *vagina* de la mujer para evitar un embarazo no deseado. En verdad Onán sólo estaba observando un método anticonceptivo utilizado actualmente e inclusive aprobado por la

MASTURBACION

Iglesia Católica (conjuntamente con el llamado *método del ritmo).*

Pero a pesar de la liberalización con respecto a la sexualidad humana que se ha producido en el mundo en las últimas décadas, no hay duda de que el tema de la *masturbación* continúa siendo tabú para muchas personas.

Esta ola en contra del también llamado *auto-erotismo, amor-a-solas,* u *onanismo*, surgió en el mundo occidental en el siglo XVIII, cuando el médico suizo **S.A.D. Tissot** publicó un folleto (en 1741) al cual tituló *El onanismo, un tratado de los desórdenes de la masturbación.* En su obra –que llegó a convertirse en un formidable éxito literario en sus días– el Dr. Tissot proclamaba que "el acto de la *masturbación* drena al organismo humano de fluidos vitales, causando enfermedades como la tuberculosis, neurosis de diferentes tipos, y daños irreparables al sistema nervioso". El folleto fue traducido a muchos idiomas y circuló ampliamente en toda Europa, donde se condenó una práctica que había sido común hasta ese momento, siendo calificada entonces por primera vez no solamente como "inmoral", sino también como "peligrosa para la salud".

No es de extrañar que esos conceptos supuestamente científicos (habían sido enunciados por un médico famoso en su época) fueran asimilados rápidamente por los religiosos y empleados como método de control para la sexualidad; tampoco es de extrañar que los mismos llegaran a nuestra América, al punto de que el **Doctor Benjamín Rush** –uno de los patriotas norteamericanos que firmaron la *Declaración de Independencia* de ese país, y quien se destacara como médico no sólo por las purgas que ofrecía a sus pacientes, sino por las campañas que desató en contra de la *masturbación*– mencionara en artículos y conferencias que "la práctica de la *masturbación* causa la epilepsia, la tuberculosis, la pérdida de la memoria, y dificulta la visión". En aquellos años, muchos otros médicos llegaron a proclamar públicamente que "las personas que practican la *masturbación* son fácilmente reconocibles por su aspecto enfermizo y repugnante".

Cuesta trabajo destruir tantos siglos de ignorancia y prejuicios: los conceptos obsoletos, por absurdos que hoy nos puedan parecer, no cambian de la noche a la mañana. Además, con respecto a la *masturbación,* desde la época del Dr. Tissot, siempre ha existido un cierto temor religioso que asocia la práctica con "el pecado de la carne" y "algo malvado"... lo cual complica mucho más una situación de por sí compleja (por ejemplo, versiones antiguas del *Talmud* judío prohibía inclusive que los hombres se sostuvieran el *pene* con las manos mientras orinaban).

En todo caso, la *masturbación* continuó siendo acerbamente censurada desde los púlpitos de toda Europa, y un médico francés del siglo XVIII llegó a proponer la idea de colocar "cinturones apretados de cuero, cubriendo la *vagina* de las niñas, apenas éstas cumplieran los 8 años de edad, para evitar que las mujeres jóvenes y solteras utilicen cuerpos artificiales para obtener sensaciones placenteras" (las palabras exactas que utilizó en su descripción). Es evidente, por lo tanto, que la *masturbación* también era una práctica común entre las jóvenes de su época, pero lo más extraordinario de esta situación es que su proposición fue adoptada en algunas ciudades francesas, y Lyon, por ejemplo, se convirtió en el centro donde se manufacturaban los cinturones de cuero diseñados por este médico francés.

Avanzamos en el tiempo, y nuevamente en los Estados Unidos, **Sylvester Graham** publicó un libro que fue un *bestseller* en su época (1834) titulado *Consejos a un hombre joven,* en el que advertía a la juventud de su época que "quienes practican la *masturbación* se transforman rápidamente en idiotas, reconocibles fácilmente por sus ojos vidriosos, su envejecimiento prematuro, y su aspecto maléfico".

También de mediados del siglo XIX la **Oficina de Patentes de los Estados Unidos** está repleta de diseños e instrucciones de inventores que crearon aparatos de todo tipo para impedir que los seres humanos se masturbaran. Entre éstos se hallan una especie de pequeña *jaula genital* (provista de alarmas sonoras que se activaban en el instante en que el hombre que la utilizara tuviera el más mínimo síntoma de erección), un *anillo de púas* que el hombre colocaba alrededor del *pene* (un aro con alfileres que producía un dolor espantoso en el caso de que se produjera una erección), e infinidad de variedades del clásico cinturón de castidad medieval que los hombres imponían a sus mujeres para evitar la infidelidad, destinados ahora a impedir la *masturbación* femenina.

Tan mal visto era el hábito de masturbarse que muchas personas llegaron a suicidarse al comprender que no eran capaces de librarse del "vicio". Y no fue hasta que **Sigmund Freud** (el médico austríaco considerado como el Padre del Sicoanálisis) comenzó a enunciar sus hipótesis sobre la sexualidad humana y a destruir progresivamente todos estos mitos absurdos, que algunos científicos finalmente fueron aceptando que la *masturbación* no causa la locura, ni la *impotencia sexual* en el hombre, ni las enfermedades venéreas, ni situaciones de *eyaculación prematura,* ni enfermedades de ningún tipo... sino que es, únicamente, una manifestación más de la sexualidad humana.

257

PREGUNTA: ¿Cómo ven los científicos la masturbación en el momento actual?

RESPUESTA: Es decir, la *masturbación* ha sido condenada a través de los siglos como "un pecado capital", y aún hoy es uno de esos temas de la vida sexual de cada persona que siempre se ha considerado como algo prohibido, una cuestión probablemente más privada que el acto sexual en sí... un tópico del cual muchos consideran que "no se debe hablar", ni siquiera con el cónyuge.

En mi experiencia siquiátrica he comprobado que –al menos entre las mujeres– es más fácil que éstas le confiesen a una amiga íntima lo que hacen con sus esposos a puerta cerrada y no que admitan que practican el auto-erotismo con determinada frecuencia. Es más, muchas consideran que se trata de "un pecado" y se niegan a hablar del mismo. ¡Así pesa aún hoy el tema de la masturbación sobre nuestra conciencia!

Sin embargo, a medida que las investigaciones siquiátricas y clínicas han ido avanzando y desarrollándose, esta forma obsoleta de ver esta manifestación de la sexualidad humana ha ido cobrando otra perspectiva. Actualmente se enfoca de una manera más objetiva y se le analiza científicamente, en una forma muy diferente a como se hacía hasta hace relativamente muy pocos años. La **Asociación Médica de los Estados Unidos (AMA)**, por ejemplo, define la *masturbación* como:

■ "Un comportamiento normal, practicado por el 90% de los hombres y el 65% de las mujeres adultas", enfatizando que "la mayoría de los seres humanos se han masturbado en algún momento de sus vidas" y el hecho de que "no hay ninguna evidencia de que la *masturbación* causa daños físicos o emocionales, a pesar de los conceptos prevalecientes en el siglo XIX de que era el origen de la demencia, la ceguera y otros trastornos en el ser humano".

Es decir, la prestigiosa **AMA** norteamericana llega al extremo de incluir en su definición de la *masturbación* una aclaración para destruir de una vez y por todas los conceptos que nos han llegado del pasado y que muchos insisten en mantener vigentes.

258

PREGUNTA: ¿Qué es la masturbación?

RESPUESTA: De nuevo, la **Asociación Médica de los Estados Unidos** define científicamente la práctica como:

■ La auto-estimulación de los órganos genitales, hasta alcanzar el *orgasmo.*

Se trata de una práctica sexual que ha recibido varios nombres. Se le conoce como *auto-estimulación, auto-erotismo,* y –un poco literariamente– se le ha llamado *placer solitario, amor a solas...* y hasta *onanismo,* haciendo referencia al personaje bíblico del *Antiguo Testamento* que fue castigado por masturbarse. En pocas palabras, la *masturbación* es un proceso mediante el cual un individuo –de cualquier sexo– estimula manualmente sus órganos genitales para controlar de esta manera sus *orgasmos:* cuando esta estimulación llega a determinado nivel de intensidad, se produce el *clímax sexual,* y en ese mismo instante termina el proceso.

259

PREGUNTA: ¿Por qué los seres humanos nos masturbamos?

RESPUESTA: La *masturbación* se produce como una respuesta del organismo humano a un grado de excitación sexual determinado que puede haberse producido por estimulación oral, auditiva, o mental (de alguna persona o situación que represente un situación sexual o de elevado contenido erótico). También se produce cuando, por distintos motivos, existe erección en el hombre (debido al roce normal de la ropa o de otro objeto), y un estado erótico en la mujer (por causas similares). En todos estos casos, se produce una tensión nerviosa y un grado de ansiedad sexual que solamente se libera y relaja mediante la obtención del *orgasmo.*

260

PREGUNTA: ¿Cómo es que el ser humano descubre que la masturbación puede proporcionarle placer sexual?

RESPUESTA: En general los jóvenes descubren la *masturbación* como su primera experiencia sexual. Aprenden que si se estimulan sus órganos sexuales pueden derivar de la práctica un placer extraordinario.

Inicialmente no crean ninguna fantasía sexual al masturbarse; sencillamente se estimulan por el contacto y la frotación, hasta que se produce el *clímax.* Precisamente esta sexualidad que tienen los jóvenes es la que suele ser mal interpretada por otros como "indicios de desviaciones sexuales", cuando lo cierto es que no es así.

Por ejemplo, cualquier roce continuado con las áreas abundantes en nervios en los órganos sexuales –tanto del hombre como de la mujer– produce un nivel progresivo de excitación sexual que llega a culminar con el *orgasmo*. Por supuesto, cuando tanto el hombre como la mujer comienzan a dominar sus propias técnicas para auto-estimularse, la *masturbación* entonces va acompañada de las *fantasías sexuales*.

Los estudios realizados al respecto indican que muchas personas se apoyan en revistas con desnudos o en películas eróticas para estas sesiones de auto-estimulación, específicamente los hombres, quienes pueden alcanzar su excitación más fácilmente por medio del estímulo visual; otras, sencillamente, liberan sus tensiones sexuales mediante el auto-erotismo más puro, apoyando únicamente por las *fantasías* que existan en sus mentes... el caso de la mayoría de las mujeres.

261

PREGUNTA: ¿Cómo se efectúa la masturbación?

RESPUESTA: En primer lugar, por medio de la estimulación manual o mecánica. Es decir, el hombre o la mujer frotan sus dedos (u otro objeto) contra las áreas de mayor sensibilidad en sus órganos genitales (en el hombre el *glande;* en la mujer, el *clítoris).* Estas áreas genitales son muy ricas en terminaciones nerviosas y vasos sanguíneos y, por ese motivo, al ser frotadas envían estímulos por todo el sistema nervioso que culmina con el complejo proceso biológico del *orgasmo*.

262

PREGUNTA: ¿Es peligrosa la masturbación...?

RESPUESTA: En lo absoluto. Los científicos (siquiatras, sexólogos, y médicos en general) han llegado a la conclusión de que el auto-erotismo inclusive puede ser beneficioso para los adolescentes que sienten un nivel de energía sexual muy elevado, el cual no son capaces de liberar de otra manera. Las estadísticas igualmente muestran que muchas mujeres recurren a ella para liberar igualmente sus tensiones y ansiedades, sobre todo cuando no llevan una vida sexual activa (o placentera), aunque son muy pocas las que lo admiten.

Es importante aclarar que la fatiga que se experimenta inmediatamente después de que se alcanza el *orgasmo* por medio de la auto-estimulación genital es absolutamente normal y similar al estado que se presenta después de realizar el acto sexual entre dos personas, o de haber hecho cualquier esfuerzo que haya requerido una alta tensión nerviosa. Inclusive ese relajamiento total que se logra con el *clímax sexual* auto-provocado es saludable, y el mismo casi siempre desaparece en pocos minutos.

El peligro de que un hombre cometa excesos con esta práctica, al punto de que pueda enfermarse, carece totalmente de fundamento científico, según los estudios realizados en las últimas décadas. Precisamente la forma en que funcionan los órganos sexuales masculinos, y el mecanismo de la erección en sí, parecen estar preparados especialmente para evitar que se puedan cometer excesos. Es decir, que aunque un hombre desee alcanzar su *clímax sexual* por medio de la auto-estimulación continuada, no podrá lograrlo, porque después de dos o tres *orgasmos* seguidos, no logrará la erección.

Por lo tanto, esta comprobación destruye otro mito absurdo que hemos arrastrado desde tiempos inmemoriales ("los enfermos esquizofrénicos se pasan el día practicando el auto-erotismo")... es evidente que su organismo no es capaz de responder las veinticuatro horas a sesiones de *masturbación* permanente. Lo que sucede es que las personas que sufren de este trastorno mental (la esquizofrenia) a veces se masturban públicamente, un síntoma de la enfermedad, y no una causa), lo que quizás explique por qué en siglos pasados muchos médicos llegaron a asociar la *masturbación* con la *demencia*.

263

PREGUNTA: ¿Quiénes se masturban en la actualidad, según las estadísticas?

RESPUESTA: Las estadísticas compiladas a nivel mundial demuestran que más de un 94% de los hombres confiesan haberse masturbado regularmente durante determinados períodos de sus vidas; muchos (inclusive hombres casados) continúan haciéndolo en el presente. También estos estudios hacen notar el hecho de que existe un aumento notable entre el número de mujeres que practican la auto-estimulación con frecuencia... y más de un 40% de ellas confiesan haberlo hecho o continuar haciéndolo (también, no importa que sean solteras o casadas).

Aquellas personas que niegan haber practicado el auto-erotismo, o que prefieren no hablar del tema, casi siempre alegan motivos religiosos para su rechazo a la práctica, aunque según diferentes investigaciones llevadas a cabo, algunas pueden presentar trastornos emocionales de algún tipo al respecto, casi siempre relacionados con una educación muy estricta en cuanto a las cuestiones sexuales en general.

Inclusive, el hecho que un hombre casado y que ame a su esposa practique en determinadas circunstancias el *amor-a-solas,* no quiere decir que ya no le interese su mujer ni que se encuentre insatisfecho en su vida íntima. Hay ocasiones en que –por diferentes motivos– un hombre puede buscar la forma de alcanzar su placer sexual por otros medios, y el hecho de que llegue a su *clímax* a solas no significa en forma alguna que no se sienta bien junto a la mujer que ama, con quien puede tener unas relaciones sexuales armoniosas y muy activas. Es decir, el auto-erotismo es una manifestación de la sexualidad, y no excluye las relaciones sexuales totales entre un hombre y una mujer. Es más, en muchos casos, la pareja puede practicar el auto-erotismo mutuamente, como parte de los *juegos sexuales,* dando así rienda suelta a sus *fantasías sexuales,* las cuales –debo aclarar– también son absolutamente normales (y muy frecuentes) en el ser humano.

264

PREGUNTA: ¿En quiénes es más común la práctica de la masturbación... en los hombres o en las mujeres?

RESPUESTA: De acuerdo con las estadísticas (compiladas básicamente en países más industrializados, y entre personas de nivel cultural más elevado), los hombres recurren más fácilmente y con mayor frecuencia a la auto-estimulación sexual. No obstante, durante estos últimos años es evidente que hay un incremento marcado en el número de mujeres que recurren a la auto-estimulación como medio para aliviar sus tensiones sexuales, sobre todo cuando se sienten muy excitadas y están separadas de sus cónyuges o se hallan en situaciones de confinamiento.

De todas formas, no se puede responder exactamente a esta pregunta porque, además, las mujeres son más reservadas que los hombres en este aspecto; muchas, aunque se auto-estimulan periódicamente para alcanzar su *clímax sexual,* no lo confiesan... ni siquiera en encuestas anónimas. Es por ello que en las estadísticas, se considera que el nivel de error con respecto a las respuestas femeninas puede ser hasta de un 10% y un 15%.

265

PREGUNTA: Si un hombre felizmente casado recurre a la auto-estimulación sexual en determinados momentos... ¿Significa esto que ha perdido el interés sexual por su esposa?

RESPUESTA: No, por supuesto que no. Quizás este hombre esté experimentando otras formas de placer o se haya acostumbrado a la auto-estimulación desde joven y se masturbe como un complemento en su vida sexual. Sin embargo, si siempre prefiriera la auto-estimulación a la unión sexual total, entonces sí es preciso que analice la situación. Pueden existir otras causas ocultas que sugieran dificultades conyugales o insatisfacción en la vida sexual de la pareja.

266

PREGUNTA: ¿Cuándo debe preocupar la masturbación?

RESPUESTA: La *masturbación* solamente debe preocupar a la persona que la practica cuando se la prefiere en todo momento a tener una relación sexual con otra persona. Es decir, el auto-erotismo se convierte en una práctica negativa si un hombre y una mujer prefieren masturbarse siempre, aun teniendo la oportunidad de mantener relaciones sexuales placenteras con otro ser humano. En estos casos habría que analizar cuál es la causa que lleva al individuo a preferir la auto-estimulación y determinar si existe algún conflicto de índole sicológico que impide la culminación del acto sexual con otra persona.

Sin embargo, observemos que esta situación no es "un peligro de la masturbación en sí", sino que la misma puede estar indicando otra alteración sexual en la persona, más bien de carácter síquico. Por ejemplo: si un individuo tiene *fantasías sexuales* muy intensas y se ha creado un mundo totalmente irreal en su imaginación, es posible que siempre encuentre un defecto en la persona que le interese sexualmente. Por ese motivo se inventa una imagen, y con ella en la mente se erotiza y se auto-estimula sexualmente hasta alcanzar su *orgasmo*. En estos casos, es evidente que existen trastornos de la personalidad que se están canalizando a través de la *masturbación,* pero que no han sido producidos por ésta. Se trata de un desajuste de la personalidad, un trastorno síquico que puede ser corregido por medio del tratamiento siquiátrico adecuado.

También es preciso considerar la posibilidad del hombre o la mujer que, debido a la práctica constante de la auto-estimulación, puedan llegar a tener algún tipo de dificultad a la hora de encontrar una pareja sexual adecuada, debido a las ideas y fantasías que se han podido arraigar permanentemente en sus mentes, las cuales no siempre estarán a la altura de la realidad. En todo caso, aunque una prefiera recurrir a la auto-estimulación a sostener una relación sexual normal, no debemos preocuparnos exageradamente por la situación, ya que la *masturbación* es un acto que, a pesar de ser un pobre sustituto del amor, no es en modo alguno ni maligno, ni peligroso, ni dañino (física o emocionalmente).

267

PREGUNTA: ¿Puede ser la masturbación una alternativa a la actividad sexual total...? ¿En qué oportunidades?

RESPUESTA: Es importante tomar en consideración que el *amor-a-solas* puede ser la solución a muchas situaciones de conflicto que se pueden presentar en una pareja:

- Así, por ejemplo, en el caso de mujeres que son incapaces de alcanzar el *orgasmo* durante el encuentro sexual con un hombre, por medio de la auto-estimulación llegan a definir exactamente sus zonas más erógenas y a relajarse debidamente para poder lograr su *clímax sexual.* En estas situaciones, la auto-estimulación puede considerarse como una especie de ensayo general de lo que puede ser el acto sexual en sí, para facilitar la plenitud durante el encuentro amoroso.

- En otros casos, el auto-erotismo puede ser una forma de escape a las tensiones sexuales de una pareja que prefiere recurrir a la auto-estimulación como forma de canalizar sus energías sexuales y satisfacer sus *fantasías sexuales,* evitando situaciones de infidelidad que no solamente provocan serios traumas emocionales, sino que pueden ser muy peligrosas en esta época en que son tan frecuentes las enfermedades trasmisibles sexualmente (entre ellas el SIDA y el herpes genital).

- Asimismo, entre las recomendaciones que se imparten a muchos adolescentes con respecto a las formas de practicar un *sexo seguro,* evitando la posibilidad de la trasmisión de una enfermedad venérea así como un embarazo que no es deseado en ese momento, los especialistas incluyen la práctica de la auto-estimulación a solas y entre ambos miembros de la pareja.

268

PREGUNTA: ¿Debe recomendarse la auto-estimulación sexual como una práctica sana para el individuo promedio?

RESPUESTA: Si un hombre o una mujer no se sienten cómodos practicando la auto-estimulación sexual, y tienen otras formas de satisfacer sus deseos sexuales y liberar sus tensiones, es evidente que no hay que obligarlos ni insistir en que recurran a esta práctica sexual que no es de su preferencia. Ahora bien, si lo hacen y después se sienten invadidos por sentimientos de culpabilidad, entonces es preciso ayudarles a entender que la *masturbación* es una práctica absolutamente normal derivada de nuestra sexualidad, y que no tiene nada de inmoral, pecaminosa, o ilícita.

269

PREGUNTA: ¿Es peligroso auto-estimularse sexualmente después de ingerir alimentos en abundancia...? ¿Se puede producir –como aseguran muchos– una embolia...?

RESPUESTA: Lo mismo que sucede cuando realizamos cualquier ejercicio físico violento, la *masturbación* es un proceso muy complejo que implica un aumento en la presión arterial, un cambio en el ritmo respiratorio y circulatorio, y ajustes metabólicos en el organismo que no deben interferir con la digestión. La persona debe seguir las mismas reglas que observaría al practicar un ejercicio físico extenuante después de ingerir alimentos abundantemente.

270

PREGUNTA: ¿Cuántas veces puede una persona normal auto-estimularse sexualmente a la semana... o diariamente?

RESPUESTA: Esta pregunta equivale a "¿cuántas veces a la semana, o al día, es normal tener relaciones sexuales?". La respuesta, lógicamente, es que depende de cada individuo... de su apetito sexual, de sus necesidades personales, y de sus tensiones y ansiedades más íntimas. Hay quienes recurren a la auto-estimulación sexual diariamente; otros lo hacen una o dos veces a la semana. Pero es importante tener presente que el organismo tiene un mecanismo de control automático que marca los límites sexuales... y su tope está indicado cuando falta el deseo sexual.

271

PREGUNTA: ¿Es verdad que la persona que se masturba frecuente-mente, siempre tiene ojeras....?

RESPUESTA: Cuando el individuo se auto-estimula sexualmente, está haciendo un esfuerzo físico grande, el cual involucra a todo su organismo. Tradicionalmente se han relacionado las ojeras con la *maturbación,* pero la realidad es que una cosa no tienen nada que ver con la otra. La falta de sueño, una alimentación desequilibrada, así como tomar ciertos medicamentos, sí pueden provocar las ojeras... no la *masturbación.*

272

PREGUNTA: Entonces... ¿qué conceptos son los que deben prevalecer hoy con respecto a la masturbación?

RESPUESTA: Es evidente que el proceso de la *masturbación* es absolutamente normal en el ser humano, y que no tiene nada de peligroso o dañino. Las ideas absurdas que le han acompañado a través de la Historia se basan en falsos prejuicios y en la ignorancia, ideas que –lamentablemente– todavía pesan en la mente de muchas personas y que les hace sentir culpables cuando se entregan a sesiones de auto-estimulación. Quizás éste sea, precisamente, el único daño de la masturbación: llegar a desarrollar en el individuo un complejo de culpabilidad por algo que en definitiva no es más que una manifestación de sus instintos más primarios. Cuando debido a ideas y prejuicios de distinto tipo (ya sean religiosos o médicos) un hombre o una mujer consideran que se están haciendo daño al practicar el auto-erotismo, en realidad lo que están es creándose traumas y forjando sentimientos de culpabilidad que deben ser desterrados de sus mentes para que puedan llevar una vida sexual equilibrada y feliz.

Lo importante es saber que un hombre y una mujer pueden seguir *amando-a-solas* toda la vida sin que ello implique que están haciendo algo indebido, ni que se encuentran mal orientados sexualmente, ni que estén cometiendo "un acto contra la Naturaleza" (como he escuchado en determinadas ocasiones con respecto a la *masturbación*). También debemos insistir en que –desde el punto de vista de la Medicina Preventiva– es preferible la auto-estimulación antes que realizar un acto sexual con alguien dudoso, debido al peligro de contraer una enfermedad trasmisible sexualmente.

273

PREGUNTA: ¿En realidad los medicamentos causan problemas sexuales en la pareja?

RESPUESTA: Se estima que un elevado porcentaje de las personas que confrontan problemas sexuales en la actualidad, lo deben a que están tomando determinados medicamentos que provocan en ellos *efectos secundarios negativos* que afectan su vida íntima.

Consideremos un caso hipotético... Hasta hace una semana, su vida sexual era activa y no presentaba problemas de ningún tipo. De repente, comienza a tener dificultades en sus relaciones íntimas, y no sabe a qué atribuírselas... ¿Qué hace? Lamentablemente, las estadísticas a nivel internacional demuestran que un alto porcentaje de personas (hombres y mujeres por igual) sienten un estado de desconcierto tan grande que no les permite analizar la situación con la objetividad que se requiere.

- Unos (los hombres, generalmente) se sienten avergonzados por las dificultades que puedan presentar para lograr y mantener la erección, pero prefieren no consultar la situación con el especialista para no tener que revelar "el secreto" que de repente se ha convertido en un eje fundamental que controla sus vidas.
- Otras (las mujeres, casi siempre), se sienten afectadas por un terrible desgano sexual, no son capaces de alcanzar el *clímax* en sus encuentros íntimos (los cuales tratan de espaciar), y no comprenden por qué se ha desarrollado en ellas esa resequedad vaginal que convierte el sexo en una actividad dolorosa o (al menos) molesta.
- La mayoría considera que la situación se debe a que han llegado a un estado de "vejez prematura", prestando poca atención a la realidad científica que asegura que el deseo y la capacidad sexual del ser humano no tienen edad.
- No faltan los que estiman que están enfermos.
- Y algunos se afectan síquicamente por la frustración que les embarga,

y desarrollan una conducta errática que les lleva al distanciamiento conyugal.

Pero, ¿qué les está pasando a estos individuos... realmente? De acuerdo con todos los estudios que se han realizado al respecto, se considera que:

■ Entre el 50% y el 75% de los problemas relacionados con la actividad sexual de la pareja tienen una causa física, y no sicológica (como muchos pudieran precipitarse a pensar).

Asimismo, se estima que:

■ En 1 de cada 4 casos, el culpable de todas las deficiencias sexuales que puede presentar un individuo se encuentra en el botiquín familiar que mantiene en su propio hogar.

Es decir,

■ Uno (o varios) de los medicamentos que pueda estar tomando en esos momentos (aunque el mismo haya sido recetado por el especialista para tratar alguna enfermedad, condición o malestar) puede estar provocando en él las deficiencias sexuales que no sabe a qué factor atribuir.

274

PREGUNTA: ¿Y no toman en consideración (los científicos que trabajan para los laboratorios que diseñan los medicamentos de mayor consumo) los efectos que los mismos puedan tener en la vida sexual de los seres humanos?

RESPUESTA: "Los *efectos secundarios* de muchos medicamentos son mayores de lo que generalmente se cree, y sus consecuencias sobre la actividad sexual no se debieran tomar ligeramente", expresa el **Doctor Laurecen Lieberman**, autor de un libro sobre el tema del efecto de medicamentos aparentemente inofensivos sobre la sexualidad humana. "Las medicinas que una persona está tomando como parte de un tratamiento pueden hacer muy difíciles las relaciones íntimas... a veces hasta imposibles. En el caso específico de los hombres, muchas provocan la *impotencia sexual,* ocasionan eyaculaciones dolorosas, o hacen que el individuo pierda todos sus deseos sexuales. Lamentablemente, las autoridades internacionales que regulan la distribución comercial de todos estos medicamentos no exigen debidamente que se comprueben cuáles pueden ser sus efectos en la vida sexual del individuo que los va a tomar... y ésas son las consecuencias que estamos sufriendo en estos momentos: problemas sexuales causados por los propios medicamentos que tomamos. Por supuesto, los científicos desean evitar estos *efectos secundarios,* pero muchas veces, ello es imposible".

275

PREGUNTA: ¿Por qué las autoridades no regulan la comercialización de estos medicamentos que pueden afectar tan negativamente la vida sexual de la pareja?

RESPUESTA: Las causas parecen estar en el mismo mecanismo que autoriza la prescripción de un medicamento. En los Estados Unidos, por ejemplo, la **Administración de Medicamentos y Alimentos de los Estados Unidos** (la agencia federal que regula la distribución de todos los medicamentos y alimentos que los norteamericanos consumen) no exige que las compañías que manufacturan estos medicamentos investiguen cuidadosamente los *efectos secundarios* que sus productos pueden causar en la vida sexual de sus consumidores. Lo mismo sucede con otras agencias de salud pública internacionales.

Por otra parte, la mayor parte del público es muy aprensiva a la hora de confesar problemas de índole sexual y –según las estadísticas– se supone que "solamente se reporta un 1% de los efectos adversos que tiene un medicamento sobre el comportamiento sexual de un paciente". Por lo tanto, no siempre es posible que las autoridades de salud pública estén al tanto de los *efectos colaterales* de determinados medicamentos.

Para agravar esta situación evidentemente crítica, muchos médicos también pasan por alto (o no le prestan la debida atención) los *efectos secundarios* que pudieran causar determinados medicamentos en lo que respecta al deseo sexual o al funcionamiento sexual del individuo, y cuando sus pacientes (muchos de ellos avergonzados, y haciendo un gran esfuerzo por sobreponerse al estado sicológico en que sus "problemas sexuales" los han sumido) les informan sobre la situación que les afecta, casi siempre se precipitan a considerar que se trata de un "estado emocional transitorio", considerando que el mismo puede ser resuelto por el sicólogo o el siquiatra.

276

PREGUNTA: ¿Y cuál es el resultado de este estado de cosas?

RESPUESTA: Muchas parejas con problemas severos en la intimidad, sin percatarse que están afectadas por un trastorno físico y no sicológico, acuden a largas sesiones de terapia sin lograr los resultados positivos que esperan de las mismas; otras (la mayoría, lamentablemente) esperan varios años antes de decidirse a buscar ayuda profesional. Cuando finalmente se deciden a hacerlo, es evidente que la relación conyugal (específicamente en el aspecto sexual) se ha deteriorado a un punto donde ya prácticamente es imposible restablecer la normalidad: existe frialdad, falta de comunicación, rechazo, inclusive antagonismo abierto, y hasta violencia. Este resquebrajamiento en las relaciones de la pareja podría haberse evitado solamente con una orientación oportuna... y con una modificación en el tratamiento médico que se estaba recibiendo.

277

PREGUNTA: ¿Cuáles son los medicamentos culpables de que la vida sexual de una pareja se vea afectada?

RESPUESTA: La respuesta a esta pregunta no es fácil, desde luego:

■ Prácticamente cualquier medicamento puede afectar la capacidad del ser humano para experimentar el placer sexual, el deseo, o la respuesta sexual.

Esto, por supuesto, no quiere decir que todos los medicamentos ocasionen problemas de índole sexual. Sin embargo, lo que habitualmente se recomienda es que si una persona está tomando algún tipo de medicamento, y de repente detecta que su funcionamiento sexual no es el habitual, inmediatamente debe hacer una lista de cuáles son los productos que pudieran estar provocando esa situación; asimismo, debe anotar sus síntomas para exponérselos a su médico.

En este aspecto, no se deben pasar por alto medicamentos que se puedan estar tomando y que supuestamente no tienen nada que ver con el sexo:

■ El *Timolol,* por ejemplo (unas gotas que se emplean para tratar el *glaucoma).* Se ha podido comprobar que estas gotas debilitan el deseo sexual en las mujeres y causan impotencia sexual en los hombres.

■ Asimismo habría que considerar el *Accutane* (que se emplea ampliamente como tratamiento para el acné), el cual disminuye el apetito sexual en la mujer y desarrolla problemas en la erección masculina.

■ Inclusive un medicamento al parecer tan inofensivo como el *Tagamet* (para las úlceras), se ha asociado a la impotencia sexual masculina.

Por supuesto, no es posible relacionar todos los medicamentos que se venden en las farmacias y que potencialmente pueden causar trastornos en el deseo y en la respuesta sexual del individuo, pero sí existen determinadas drogas, medicinas y sustancias que se pueden calificar como "problemáticas", y los efectos de muchas de ellas han sido ya muy bien estudiados por los especialistas para de esta manera poder llegar a diagnósticos más precisos cuando un paciente les plantea la situación de que "están afectados por un problema sexual que ha surgido repentinamente"... y no existe para ello causa aparente alguna.

278

PREGUNTA: ¿Cómo influyen los medicamentos anti-histamínicos en la vida sexual de la persona...?

RESPUESTA: Este tipo de medicamentos, que por lo general se venden sin receta médica en cualquier farmacia, actúa secando las membranas mucosas (sobre todo en las fosas nasales). Sin embargo, en las mujeres tienen un efecto adverso: también pueden secar las membranas mucosas de la *vagina,* una condición que hace que el acto sexual sea molesto y poco placentero.

Aunque a simple vista no parezca un gran problema, lo cierto es que las mujeres que toman *pastillas anti-histamínicas* (para controlar estados de alergia), sin saber el efecto que las mismas realmente puede ocasionar en su organismo, pueden comprobar fácilmente que su apetito sexual disminuye... y pensar, por lo tanto, que ya están perdiendo interés en el sexo, o que ya su pareja no las excita debidamente.

En los hombres los *anti-histamínicos* se asocian con las situaciones de impotencia sexual. Esto puede deberse a que los ingredientes presentes en este tipo de medicamentos afectan el flujo de sangre al *pene,* aunque no se ha podido determinar con exactitud cómo es el mecanismo que hace que los *anti-histamínicos* afecten la actividad sexual del hombre.

279

PREGUNTA: Y los medicamentos anti-depresivos, que hoy se consumen tanto... ¿afectan también la vida sexual de la pareja?

RESPUESTA: Podemos decir que casi todos los *medicamentos anti-depresivos* que se conocen son destructores potenciales del placer sexual en el ser humano; las mujeres (que los utilizan mucho más que los hombres), suelen ser sus víctimas principales, desde luego.

■ Estas drogas alteran los trasmisores químicos del cerebro, incluso los que tienen que ver con el deseo y la respuesta sexual. Así, ciertos *anti-depresivos* (conocidos como *tricíclicos,* entre los que se incluye la *amitriptilina* y la *imipramina)* pueden disminuir el deseo sexual y reducir la intensidad del *orgasmo.*

■ Lo mismo sucede con otros *anti-depresivos,* y entre ellos se hallan los llamados *inhibidores de la monoamina oxidasa* (como la *fenelzina,* por ejemplo).

■ No obstante, quizás el peor de todos estos *medicamentos anti-depresivos* con respecto a la respuesta sexual humana sea una gama que es conocida como *inhibidores SSRI,* entre los que se encuentran el *Prozac,* el *Paxil* y el *Zoloft.* Los especialistas estiman que estos *anti-depresivos* son responsables de problemas en las relaciones sexuales de más de 30% de personas que, al usarlos, neutralizan su deseo sexual, prolongan el tiempo de la respuesta sexual, e impiden que muchas mujeres lleguen a alcanzar su *clímax.* Tan efectivos resultan para retardar la respuesta sexual que (en el caso de los hombres) muchos sexólogos los están empleando para combatir situaciones de *eyaculación precoz.*

■ Otros medicamentos que se han desarrollado para combatir problemas sicológicos (como el *Mellaril,* un anti-sicótico; y el *Lithium,* empleado para tratar a las personas afectadas por estados maníaco-depresivos) también pueden causar severos problemas sexuales. En diferentes investigaciones que se han realizado al respecto, algunas mujeres que toman estas pastillas expresan que se sienten terriblemente frustradas porque en los encuentros sexuales casi llegan al borde del *orgasmo* y, abruptamente, la sensación desaparece.

280

PREGUNTA: Sin duda los antibióticos se hallan entre los medicamentos de mayor consumo mundial. ¿También afectan la respuesta sexual del ser humano?

RESPUESTA: Aunque podríamos generalizar y decir que la mayoría de los *antibióticos* no afecta directamente el funcionamiento o el deseo sexual del ser humano, algunos de los más comunes (como la *tetraciclina,* por ejemplo) pueden provocar infecciones vaginales en las mujeres al favorecer el desarrollo de levadura (hongos). Debido a la irritación en la *vagina,* los encuentros sexuales se vuelven muy molestos, y éste es el motivo por el cual muchos especialistas recomiendan a sus pacientes mujeres que, conjuntamente con los *antibióticos,* empleen simultáneamente un tratamiento a base de supositorios vaginales de los que se indican habitualmente para combatir las infecciones causadas por levadura.

281

PREGUNTA: Una inmensa mayoría de mujeres toman anticonceptivos orales (la píldora) en la actualidad, para evitar un embarazo no deseado. ¿Cómo afectan su sexualidad?

RESPUESTA: En muchos casos, las *píldoras anticonceptivas* liberan a las mujeres de la preocupación de que se presente un embarazo inoportuno; sin embargo, también pueden afectar el interés sexual de la mujer, disminuyéndolo peligrosamente.

■ Los estudios efectuados indican que entre un 14% y 50% de las mujeres que toman regularmente las *píldoras anticonceptivas* muestran un interés sexual menor. En estos casos, al cambiar la dosis se soluciona la situación. La explicación fisiológica al respecto pudiera ser que muchas de estas píldoras impiden la ovulación y eliminan, por lo tanto, la intensidad del deseo sexual que causan las hormonas durante ese proceso.

■ También algunas mujeres experimentan sequedad vaginal como consecuencia de la combinación de hormonas presente en algunas versiones de la *píldora.*

■ Y otro efecto secundario posible de las *píldoras anticonceptivas* es que determinadas marcas exacerban los síntomas del llamado

Síndrome Pre-menstrual en algunas mujeres, volviéndolas hipersensibles... si su pareja las toca en esos "días difíciles", la reacción de irritabilidad no se hará esperar.

■ Asimismo, hay otros medicamentos a base de hormonas (como los que se emplean para tratar la *endometriosis* o los síntomas de la *menopausia)* que pueden tener efectos similares con respecto a la actividad sexual de la mujer.

282

PREGUNTA: Los medicamentos para tratar la hipertensión y los problemas del corazón, ¿afectan de alguna manera el comportamiento sexual de la persona?

RESPUESTA: También:

■ Ciertos medicamentos que se emplean habitualmente para tratar las *enfermedades cardíacas* (o la *hipertensión arterial)* pueden tener efectos secundarios negativos en la vida sexual de la persona que los esté tomando. Se estima que en un 23% de las mujeres, estos medicamentos afectan su funcionamiento sexual; en el 48% de los hombres, causan *impotencia sexual temporal.*

■ Pero no son sólo estos medicamentos los que provocan reacciones debilitantes del apetito sexual de este tipo, ya que los llamados *bloqueadores Beta* (que se emplean no sólo para tratar la migraña sino también la *hipertensión)* igualmente pueden interferir con las señales que normalmente envía el sistema nervioso y que acompañan la excitación sexual. Asimismo, estos *bloqueadores Beta* pueden llegar a constreñir las venas del *pene,* afectando la circulación en esa área y causando *impotencia sexual.*

283

PREGUNTA: ¿Qué otros medicamentos pueden afectar la vida sexual de la pareja?

RESPUESTA: Considere los siguientes:

LOS DIURETICOS

■ Se emplean para tratar la *hipertensión,* aumentando el volumen de fluido y sodio que se elimina del cuerpo. Los mismos pueden también bajar mucho la presión arterial y –por consiguiente– disminuir el flujo sanguíneo al *pene*... lo cual imposibilita la capacidad de lograr una erección normal.

■ Es importante mencionar que, lamentablemente, la mayoría de estos estudios relacionados con los *efectos secundarios* de determinados medicamentos sobre la sexualidad humana no han tomado debidamente en cuenta a las mujeres y, por ello, es difícil precisar hasta qué punto las mismas se ven afectadas por condiciones similares. No obstante, los especialistas sugieren (con mucha lógica) que si un medicamento crea problemas en la conducta y actividad sexual de los hombres, puede suponerse que también cause el mismo efecto en el caso de las mujeres.

LOS TRANQUILIZANTES

■ Los más comunes (el *Xanax, Librium* y *Valium)* tienden a disminuir la respuesta sexual del cuerpo, y en ocasiones hasta pueden impedir que se produzca el clímax sexual.

■ Además, las personas que los toman se vuelven soñolientos y no pueden mantenerse lo suficientemente activos y enérgicos para la actividad sexual habitual.

LOS MEDICAMENTOS CONTRA LAS ULCERAS

El *Tagamet,* que es uno de los principales medicamentos empleados para tratar las *úlceras,* parece tener un efecto negativo en la actuación sexual masculina. Estos medicamentos actúan suprimiendo la secreción del ácido gástrico en el *estómago,* pero tienen el *efecto secundario* de también suprimir la producción de la hormona masculina *testosterona,* lo cual puede llevar al hombre afectado a la incapacidad de tener una erección o mantenerla.

LAS ANFETAMINAS

■ La realidad es que en la actualidad las *anfetaminas* no se recetan con la frecuencia que solía hacerse hasta hace algunos años, pero se sabe que su uso prolongado disminuye considerablemente el deseo sexual y prolonga el tiempo que –tanto el hombre como la mujer– necesitan para alcanzar su clímax sexual.

■ El mismo efecto se reporta en las píldoras que se venden libremente en las farmacias y en otros establecimientos con el propósito de controlar el apetito para bajar de peso. Muchas de estas píldoras incluyen un descongestionante que actúa en el organismo con las mismas propiedades inhibidoras del deseo sexual que las *anfetaminas*.

284

PREGUNTA: Si una persona identifica que se le ha presentado algún problema en su mecanismo sexual, y estima que puede deberse a un medicamento... ¿qué debe hacer?

RESPUESTA: Es fundamental que haga una evaluación objetiva de la situación en que se encuentra, en primer lugar.

■ Cuando se comienzan a experimentar problemas en las relaciones íntimas, es preciso buscar ayuda (lo mismo se trate de un hombre o una mujer). La recomendación más importante que puedo hacerle es que hable con su médico, a quien le debe informar acerca de la situación íntima que está confrontando.

No obstante, no deje de tomar los medicamentos habituales por cuenta propia; el especialista es quien únicamente puede indicarle la dirección a seguir. Considere que si el medicamento le ha sido recetado para tratar una determinada condición, la misma pudiera empeorarse peligrosamente si usted repentinamente deja de tomarlo.

■ Si usted considera que su médico no le presta mayor atención a su problema (porque considera que se trata de un "estado emocional" que lo está afectando transitoriamente), consulte su situación con un ginecólogo o un urólogo, según el caso. También puede buscar un terapeuta sexual calificado y licenciado.

Mientras tanto infórmese. Pídale a su farmacéutico una copia con toda la información de la medicina que esté tomando y lea con detenimiento el epígrafe donde se relacionan los *efectos secundarios* que ese medicamento pudiera tener. Si descubre, entre esos efectos secundarios, alguna alusión a "cambios en el apetito sexual", "malestares genitales o urinarios" y frases similares, debe desconfiar del medicamento en cuestión, aunque los textos aclaren que estos efectos son raros. Como muchos pacientes no reportan los *efectos secundarios* que algunos de estos medicamentos pueden ocasionar, pudieran ser más generalizados de lo que pudiéramos pensar.

■ Si comprueba que el medicamento que está tomando es el responsable de sus problemas sexuales, hable con su médico.

MENOPAUSIA EMOCIONAL DEL HOMBRE JOVEN:
¡UNA ETAPA DE CRISIS SEXUAL!

285

PREGUNTA: ¿Es posible hablar de menopausia en el caso del hombre...? ¿No es la mujer quien únicamente atraviesa por esta etapa en su vida, cuando deja de ser fértil?

RESPUESTA: No, el hombre por lo general también sufre una crisis emocional –entre los 35 y los 55 años– que puede afectar severamente su vida sexual. Si la pareja no toma medidas muy definidas en esta etapa crítica, la estabilidad conyugal puede quedar en peligro.

¿Cuáles son estas medidas de prevención? Muchas personas (especialmente las mujeres) piensan que las primeras señales de debilitamiento sexual en el hombre se presentan muy tarde en la vida (después de los 60 años, como regla general). Sin embargo, aunque resulte sorpresivo para algunos:

■ Muchos hombres sí atraviesan por lo que pudiéramos llamar una *menopausia emocional* que se manifiesta casi siempre entre los 35 y los 55 años de edad, provocando ciertas repercusiones físicas en él, y afectando la vida íntima de la pareja... porque el sexo, sencillamente, deja de interesarle a él.

286

PREGUNTA: ¿Se trata, entonces, de una situación de impotencia sexual...?

RESPUESTA: No se trata de una *impotencia sexual prematura,* definitiva e irremediable en el hombre joven afectado. Pero sí se manifiestan síntomas –más definidos en unos casos que en otros– que tanto el propio hombre como la mujer deben conocer... y –sobre todo– comprender. Mantenerse alerta con respecto a los mismos les servirá a ambos para proteger su felicidad conyugal y para no adoptar una actitud negativa ante la situación en la que puedan hallarse en un momento determinado, creyendo equivocadamente que sus días de intimidad y de placer sexual han terminado... precisamente cuando apenas deberían estar comenzando.

La situación con respecto a la *menopausia emocional* en el hombre no es tan trágica como pudiera parecer a simple vista. Muchos matrimonios prolongan una vida sexual placentera hasta una edad avanzada y aún disfrutan –cuando ya no son tan jóvenes– de una mayor compenetración afectiva y física. Para que este equilibrio conyugal se logre, no obstante, es necesario que tanto la mujer como el hombre sepan las situaciones que pueden producirse en la intimidad de su matrimonio, cuando el hombre todavía es joven y lleno de vida, a una edad tan temprana como los 35, los 38 y los 40 años... una etapa de verdadera turbulencia emocional para el hombre, en la que éste comienza a redefinir cuáles son sus propósitos en la vida y a analizar los logros que ha alcanzado en el camino hacia las metas (conscientes o inconscientes) que se haya trazado en años más jóvenes.

287

PREGUNTA: ¿Es adecuado aplicar el término "menopausia masculina" a esta condición por la que atraviesa el hombre a determinada edad...? ¿No es la menopausia un término que sólo se debe aplicar a la mujer?

RESPUESTA: En efecto, el término *menopausia* tradicionalmente se le ha aplicado únicamente a la mujer. Es la mujer quien experimenta un ciclo menstrual que, a determinada edad (generalmente entre los 38 y los 52 años) cesará de repetirse, porque dejará de ovular. Se operarán entonces cambios hormonales y –al final de ese proceso normal– la mujer dejará de ser fértil.

Aplicar el término *menopausia* al hombre –en opinión de algunos especialistas– es erróneo (la palabra más adecuada sería *climaterio*). Sin embargo, yo estimo que el hombre también atraviesa por una etapa en su vida que muy bien podría ser considerada como una especie de *menopausia,* debido a la similaridad de los estados emotivos que se manifiestan en él, muy parecidos a los de las mujeres menopáusicas... si bien hay que estar conscientes de que, fisiológicamente, ambos casos son radicalmente distintos.

¿Cómo se debe definir, entonces, la *menopausia masculina?*

■ Es una etapa crítica en la que el hombre todavía joven y fuerte verá afectadas su conducta sexual, sus reacciones, sus deseos y –a veces– su potencia viril.

288

PREGUNTA: ¿Es posible determinar si un hombre sufre de menopausia emocional?

RESPUESTA: A toda mujer le interesa poder determinar cuándo y cómo comienzan a manifestarse los síntomas que le permitirán darse cuenta de que su esposo ha entrado en esta fase crítica de su vida. La que logra identificarlos correctamente, e interpretarlos en forma positiva, será también la que menos se perturbe por esos síntomas y la mejor preparada para no fallarle a su cónyuge, probablemente en los momentos en que él más puede necesitarla. En otras palabras,

■ La *menopausia emocional* del hombre sólo es trágica cuando los cónyuges no entienden cabalmente el fenómeno que se está produciendo.

■ Por el contrario, si ambos tienen plena consciencia de lo que ocurre, el período crítico puede reducirse a sus mínimas manifestaciones y las relaciones conyugales se mantendrán estables, sin que sufran daño alguno.

El primer punto que tanto el hombre como la mujer deben mantener presente es que los fenómenos de la *menopausia emocional* del hombre no se limitan sólo a hombres maduros o de edad ya avanzada. Esta "crisis de la mediana edad" (como algunos la llaman) se manifiesta también en hombres saturados de energía y cronológicamente jóvenes, a veces de sólo 35 años de edad (o poco más). Es necesario enfatizar mucho este punto. Mientras no se comprenda y acepte el hecho de que esta crisis puede presentarse en una etapa temprana del matrimonio, ni el hombre ni la mujer podrán estar preparados para hacerle frente en una forma positiva, realmente efectiva.

La *menopausia del hombre joven* puede revelarse a través de una notable variedad de síntomas, muchos de los cuales tal vez no sean forzosamente menopáusicos. Precisamente por su número, complejidad y vaguedad, es que el hombre (y, en consecuencia, su esposa) puede sentirse turbado, confuso, preocupado, irascible, inseguro de sí mismo y, sí... asustado, muy asustado, temeroso de haber llegado prematuramente al final de su potencia viril, con todas las consecuencias que una situación de este tipo puede representar en su vida futura.

Los sicólogos y los siquiatras coinciden en estimar que esta *menopausia emocional* prematura puede exteriorizarse con manifestaciones tan diversas como:

■ Cambios súbitos de humor.
■ Dolores de cabeza.
■ Preocupación por trastornos físicos imaginarios o supuestos,
■ Cansancio físico.
■ Fatiga mental.
■ Susceptibilidad ante el comportamiento de otras personas.
■ Impaciencia exagerada.
■ Pérdida (parcial, gradual, o total) del apetito sexual.

Además pueden presentarse otros síntomas, como son irregularidades del ritmo cardíaco; trastornos estomacales y respiratorios; afecciones urinarias (no tan frecuentes); situaciones de insomnio y estados de depresión emocional (muchas veces profundos).

289

PREGUNTA: Los estados depresivos que se pueden manifestar como síntoma de la menopausia emocional masculina, ¿cómo afectan al hombre?

RESPUESTA: En muchos casos los estados depresivos en que se ve sumido el hombre que presenta los síntomas de la *menopausia emocional* provocan la indecisión en hombres que anteriormente eran resueltos, decididos, arriesgados, seguros de sí mismos, ambiciosos y agresivos en su trabajo o negocio, respetados por no habérseles visto nunca vacilar ante las situaciones más difíciles.

En casos extremos –por fortuna los menos– se observan tendencias suicidas en el hombre afectado, además de que se desencadena una preocupación obsesiva en torno a la idea del envejecimiento. Está de más mencionar, desde luego, que la mayoría de los síntomas enumerados (y otros similares que pudieran manifestarse) son de índole sico-somática. Es decir, participan de una naturaleza física y síquica a la vez, sin que resulte fácil precisar los límites entre lo que es puramente orgánico y lo emotivo.

290

PREGUNTA: ¿A qué edad suele manifestarse la menopausia emocional masculina?

RESPUESTA: Sería exagerado afirmar que en todos los hombres la crisis de la *menopausia emocional* comienza a manifestarse antes de los 40 años; no es así, puesto que en algunos se presenta mucho más tarde. Lo que importa señalar es que este tipo de crisis es muy frecuente, es normal, y se manifiesta muchas veces en hombres todavía jóvenes que escasamente han cumplido los 35 años.

Precisamente porque nos hemos acostumbrado a pensar en el *climaterio del varón* como un fenómeno que nunca se produce antes de los 55, los 60, ó los 65 años de edad, es que se hace tan necesario que todos estemos conscientes de las crisis sico-sexuales por las que puede atravesar un hombre en una etapa de su vida muy anterior a otras en que se puedan producir distintas limitaciones sexuales que a veces se desarrollan con el transcurso de los años y la incidencia de otros factores.

291

PREGUNTA: ¿Qué factores provocan la menopausia emocional del hombre joven?

RESPUESTA: Las investigaciones que se han llevado a cabo al respecto atribuyen la *menopausia emocional* en el hombre joven al hecho de que:

■ En la época actual, el ritmo acelerado de la vida, los rigores de la competencia, la excesiva actividad que demanda el mundo dinámico de las grandes ciudades (el cúmulo de las tensiones a las que estamos sometidos, en pocas palabras) son factores que contribuyen a precipitar la *menopausia emocional* en el hombre de hoy.

Yo opino que, además de esos factores (que definitivamente influyen), hay que tomar en consideración:

■ El cuestionamiento existencial del hombre, el cual se presenta precisamente en esa edad crítica en que ya no es tan joven, pero tampoco es una persona madura: ¿Qué soy? ¿Cuál es mi propósito en la vida?

¿Vale la pena tanto sacrificio y esfuerzo? ¿Hacia dónde voy? ¿Qué es lo que quiero en la vida? ¿Podré alcanzarlo, si ya tengo esta edad y aún me falta tanto por llegar...?

292

PREGUNTA: Pero el éxito y la solidez económica y social... ¿no son factores que le hacen ver al hombre que es un triunfador... o que, al menos, ha alcanzado las metas que se pudiera haber trazado en la vida?

RESPUESTA: Paradójicamente, el éxito y la solidez económica y social (aunque para muchos hombres son factores tranquilizantes que les permite llevar una vida más reposada), resultan contraproducentes para otros... desencadenando en ellos, igualmente, la *menopausia emocional*.

En efecto, hay hombres que –aunque sean cronológicamente jóvenes– se sienten repentinamente envejecidos cuando han llegado a la cima de sus aspiraciones y se ven sin nuevas metas que les impulsen a seguir luchando. Un cierto grado de actividad y el mantenimiento de un espíritu combativo (aunque sea moderado), contribuyen a que muchos hombres se sientan jóvenes por más tiempo y, al sentirse así, también funcionan como jóvenes en todos los órdenes de la vida... muy especialmente en el aspecto sexual.

293

PREGUNTA: ¿Y no hay factores negativos que pudieran desencadenar la menopausia emocional en el hombre joven?

RESPUESTA: Sí. Hay acontecimientos negativos específicos que pueden contribuir a precipitar la menopausia emocional del varón, haciendo que en éste se operen cambios profundos. Esos eventos negativos abarcan desde la aparición súbita de una enfermedad seria hasta las pérdidas económicas o de una posición importante, reveses profesionales, o la muerte de un familiar cercano. Los sentimientos de fracaso también explican –en un elevado porcentaje de casos– la aparición prematura de la *menopausia masculina* (el fracaso en un negocio emprendido, por ejemplo, cualquiera que sea el motivo que lo haya causado). Asimismo, el hombre que se impuso objetivos elevados para alcanzar, metas ambiciosas, y que comienza a perder su fe en poder lograr sus propósitos, cuando ya han transcurrido varios años de su vida productiva y empieza a luchar contra competidores más jóvenes, muchas veces se siente frustrado, vencido ante la vida.

Este estado de ánimo repercutirá en su actitud general ante la vida y, en muchas ocasiones, afectará su conducta sexual... porque es lo normal que suceda. Si ese mismo hombre asocia mentalmente su fracaso real o supuesto a las responsabilidades familiares y considera que éstas le han robado sus oportunidades más brillantes en la vida, tal vez llegue a desarrollar un sentimiento de franca hostilidad (a veces subconsciente) hacia la esposa y el hogar, una hostilidad que también se refleja negativamente en su potencia sexual.

294

PREGUNTA: ¿No hay muchas características de inmadurez emocional en los factores que pueden causar la menopausia emocional del hombre joven?

RESPUESTA: La *inmadurez emocional* –que quizás venga arrastrándose desde la niñez o la adolescencia– es otra de las causas que con relativa frecuencia conduce a una *menopausia* anticipada en el hombre joven.

El hombre que nunca ha aprendido a hacer frente a las muchas dificultades que presenta la vida constantemente, el que jamás ha renunciado a la idea de que la felicidad se le sirve en bandeja de plata, el que se siente víctima de las injusticias del mundo contra las circunstancias desfavorables, es un tipo de hombre que fácilmente tiende a perder la confianza en sí mismo y que se deja avasallar sin resistencia por los aspectos más negativos de la vida. Todo esto se reflejará en su hombría (globalmente considerada) y, por ende, en los aspectos sexuales de ésta.

Hay casos extremos en los que este tipo de hombre, compadeciéndose a sí mismo y buscando apoyo en una figura más fuerte, se convierte en el marido dominado por la mujer y por los hijos, y quizás hasta llegue a manifestar tendencias homosexuales que antes no se habían revelado en él.

Otros, por el contrario, quieren compensar su frustración transformándose en dueños y señores absolutos del hogar, por ser ésta la única esfera en la que se sienten capaces de imponer su voluntad, mientras que en el trabajo tal vez tengan que dejarse atropellar por jefes y superiores contra quienes no tienen el coraje de rebelarse. Este afán de probar su hombría, al menos en el área doméstica (donde ellos sí son importantes, sí pueden mandar) por lo general crea una tensión que llega a hacerse intolerable, arruinando la felicidad del matrimonio.

Más aún, una esposa subordinada, vejada y ofendida, disminuida en su dignidad personal por un marido tirano, lejos de comprender las crisis sexuales por las cuales él pueda estar atravesando en esa etapa crítica de su vida, lejos de ayudarlo en el proceso a que las supere, quizás se regocije (consciente o subconscientemente) al ser testigo de la pérdida de vigor sexual en el hombre con quien comparte su vida íntima.

295

PREGUNTA: ¿Qué puede ocurrir en la intimidad de la pareja cuando el hombre sufre de menopausia emocional?

RESPUESTA: El marido aún joven en el cual empiezan a manifestarse los síntomas de la *menopausia emocional* puede reaccionar de maneras muy diferentes:

■ Quizás busque, para reafirmarse a sí mismo, intensificar su vida sexual. Probablemente aspire a aumentar la frecuencia de los contactos sexuales y tal vez quiera repetir la intimidad varias veces en la misma noche, reviviendo los ardores de los primeros tiempos de matrimonio, cuando su potencia viril estaba a prueba de todo.

Mientras su potencia sexual no lo abandone ni se debilite notablemente en el proceso, el sentirse capaz de dar estas pruebas de virilidad le servirá de soporte emocional para la etapa emocional crítica que está atravesando. Tranquilizado al respecto, despejado sus temores, es posible que en breve tiempo retorne a un patrón íntimo menos intenso.

■ Por el contrario, si sexualmente no puede hallar la reafirmación que busca (porque la necesita, desde luego), si se producen episodios de impotencia sexual, de eyaculación prematura, o de insatisfacción, si no logra mantener la erección con la frecuencia a que aspira, su desconfianza y su inseguridad aumentarán, y tal vez quiera cortar definitivamente toda relación sexual con la esposa.

296

PREGUNTA: Entonces, ¿afecta el apetito sexual del hombre el hecho de que desarrolle la menopausia emocional...?

RESPUESTA: La *menopausia emocional* del hombre joven –independientemente de que se manifiesten o no episodios de *impotencia sexual*– puede traducirse en una disminución del apetito sexual. El hombre comprueba que los atractivos de su esposa (o el de otras mujeres, si tiene experiencias extra-matrimoniales) no le excitan con el mismo ardor de antes. Si en un pasado inmediato se le hacía difícil pasar dos semanas de abstinencia sexual, ahora puede transcurrir más de un mes sin que el deseo lo incite. Esto le creará una doble preocupación, que agravará más la crisis en la que ya se halla:

■ Se reprochará más a sí mismo por considerar que su esposa está sexualmente insatisfecha y –al propio tiempo– temerá que esa disminución del deseo sexual sea síntoma de una *impotencia* definitiva... lo cual crea nuevos temores y ansiedades, formando un círculo vicioso del que es muy difícil escapar sin la ayuda profesional (siquiátrica o sicológica).

297

PREGUNTA: ¿Puede ser culpable la mujer... en alguna forma... de que se manifiesten en un hombre joven los síntomas de una menopausia emocional?

RESPUESTA: No siempre... pero existe la posibilidad de que el hombre culpe a su cónyuge del proceso que se está produciendo en él. Ignorante de que este fenómeno es frecuente, quizás se pregunte, lleno de angustia secreta: ¿Cómo es posible que me ocurra esto, si todavía me faltan dos meses para cumplir los 37 años...? Otros hombres, renuentes a admitir ante sí mismos (o ante la esposa) una potencia sexual debilitada, atribuirán a la mujer actual su falta de vigor sexual... ya sea en el fuero interno, ya sea abiertamente, acusándola en muchos casos de frialdad o de indiferencia sexual.

Es importante tener presente que un primer episodio de *impotencia* (y es raro el hombre que no haya experimentado alguno) puede carecer de importancia para quien se siente seguro de sí mismo, emocionalmente estable, y sin dudas sobre su propia virilidad. Para otros, más aprensivos, puede constituir motivo de grave preocupación. Y, en una minoría, un solo episodio de *impotencia sexual* bastará para convertirlos en impotentes por el resto de sus vidas, si no aciertan a superar lo que en verdad no es más que una crisis emocional pasajera en sus vidas que puede ser neutralizada con una actitud positiva por parte de ambos cónyuges.

298

PREGUNTA: ¿Cómo puede ayudar la mujer a que el hombre supere sus problemas emocionales... y recupere la normalidad en su comportamiento sexual?

RESPUESTA: Muchas veces, por fortuna, la *menopausia emocional* del hombre joven pasa sin dejar huellas permanentes que alteren su equilibrio sexual y la estabilidad del matrimonio, sobre todo cuando el hombre cuenta con una compañera capaz de entender su preocupación y de ayudar a superarla. Hay casos, sin embargo, en los que se requiere la asistencia profesional, y en este sentido no siempre es fácil que el hombre se decida a buscarla. Lo hará, sí, cuando considere que una crisis pasajera de impotencia obedece a alguna causa orgánica que el médico puede remediar mediante un tratamiento adecuado y rápido. No obstante, si está convencido de que orgánicamente nada anda mal en su organismo, y presume que sus deficiencias sexuales se deben a una pérdida natural de su vigor juvenil, lo más probable es que no intente buscar ayuda médica. Semejante actitud negativa, desde luego, constituye un gravísimo error, que influirá en detrimento de las relaciones matrimoniales.

Al hombre −y esto es algo que las mujeres deben tener siempre presente− se le ha educado desde niño en la convicción de que él pertenece al *sexo fuerte;* ha sido criado para ser masculino, por lo tanto, debe ser agresivo (supuestamente, la cualidad masculina por excelencia), enérgico, decidido, seguro de sí mismo, y −desde luego− de potencia probada en los encuentros sexuales. La ansiedad, la depresión, las crisis emocionales y nerviosas son "cosas de mujeres", que disminuyen su masculinidad. Reconocer que esas crisis también lo pueden afectar a él −y que necesita ayuda profesional para sobreponerse a ellas− es algo que se le hace muy difícil de aceptar.

Muchos hasta reaccionan airada y violentamente si la esposa, un familiar o un amigo, les propone que vean a un médico. Y si la palabra que se menciona es *siquiatra* o *especialista en trastornos nerviosos,* peor. La mujer unida a un hombre así, sin embargo, no deberá resignarse pasivamente a que su marido, todavía joven, no busque la asistencia especializada que necesita, pero sí tendrá que poner en juego grandes dosis de paciencia, comprensión y discreto tacto para ir induciendo en él la convicción de que las dificultades y las crisis que confronte no constituyen el fin del mundo, haciéndole ver que la Medicina y la Sicología sí disponen hoy de recursos de los cuales él puede derivar una gran ayuda.

En muchos casos no será necesario insistir en que el hombre afectado por la *menopausia emocional* se ponga de inmediato bajo la asistencia siquiátrica. Será más prudente conversar francamente con él, sin rubores puritanos ni falsas reservas. Asimismo, es conveniente que se hable con el médico habitual de la familia, de quien se puede obtener siempre una orientación efectiva. Una vez que se logre que el hombre se confíe al médico que le conoce desde hace años, y que es también amigo (en la mayoría de los casos), el mismo profesional podrá convencerlo de la sensatez de obtener orientación siquiátrica si las circunstancias del caso así lo aconsejaren.

299

PREGUNTA: ¿Qué recomendaciones debe observar la mujer para ayudar a su hombre en esta etapa crítica de su vida?

RESPUESTA: Independientemente de que los síntomas manifestados por el hombre afectado por la *menopausia emocional* requieran o no asistencia médica, hay estrategias que la mujer puede seguir para ayudar a su cónyuge a vencer lo que tal vez sea la crisis más compleja y agobiante que se le pueda presentar en su vida:

▪ Para empezar, lo peor que puede hacer, cuando advierta en su hombre una disminución del deseo sexual o un debilitamiento de su potencia viril, es empezar a imaginar (sin fundamentos) que la está engañando con otra, o que ya su atractivo femenino no incita su deseo sexual. Estas sospechas infundadas por parte de la esposa no harán bien a ninguno de los dos, y sólo lograrán complicar y hacer más tensa una situación que ya, de por sí, es bastante delicada y demanda gran tacto.

▪ En segundo lugar, es imprescindible tener presente que las crisis de impotencia o debilidad sexual no son un fenómeno puramente orgánico. Lejos de ello, afectan emocionalmente al hombre en medida muy superior a lo que se podría imaginar. Para él constituye una verdadera agonía y una profunda humillación el no poder funcionar debidamente en la intimidad. Por lo tanto, ahora más que nunca necesita sentirse seguro del amor sin lástima de su compañera. La mujer deberá esforzarse por evitarle todo aquello que pueda interpretarse como una herida a su propia estimación, a su hombría, a su virilidad.

■ Si la mujer hace sentir al esposo que su satisfacción sexual depende de él, puede ser una actitud en extremo contraproducente. Aunque la esposa se sienta invadida por deseos sexuales intensos, deberá mantener una sosegada paciencia, y nunca crear en el hombre *emocionalmente menopáusico* la idea de que se siente frustrada, esperando por los avances sexuales de él.

Ello no significa, tampoco, demostrarle una fría indiferencia, ya que ésta podría agravar aún más la crisis emotiva que él ya experimenta. Ser cariñosa, receptiva, complaciente, demostrando a su marido que sí lo ama, lo estima y lo respeta, es la actitud más positiva que la mujer puede adoptar en momentos de crisis como éstos.

■ También puede procurarle (discretamente) ratos de descanso y distracción, en los que él pueda sentirse cómodamente relajado, sin presiones a su alrededor. Inspirarle confianza, no tanto en su virilidad sexual, como en su hombría en general, en su capacidad para triunfar, en su talento... Asimismo, puede disminuir las quejas y las censuras e incrementar los halagos y las frases de aprobación, para permitirle que él vuelva a recuperar la confianza en sí mismo.

■ Si las presiones del trabajo se le vuelven intolerables, también la mujer puede servir de guía, orientándolo hacia la confección de horarios más razonables de trabajo, a tomar unas vacaciones, y a liberarse un poco de su pesada carga de responsabilidades.

■ Si están llevando una vida social demasiado activa, que a él le fatiga y le aburre, trate de aumentar las oportunidades de quedarse en casa, descansando, leyendo, mirando la televisión o, simplemente, charlando de temas agradables que contribuyan a unirlos y a compenetrarlos más. Por el contrario, si hacen una vida en exceso retraída, al extremo de que la misma pueda resultar rutinaria y monótona, ayúdelo entonces a descubrir nuevos horizontes e intereses.

Pero tome todas estas medidas exteriorizando su preocupación lo menos posible. La mujer no debe convertirse en el hada madrina protectora de su hombre (como si éste fuera un paciente decrépito, a pesar de sus 36, 40 ó 43 años). En otras palabras, no lo presione. Hágale saber que él puede contar con su amor incondicional, y enfatice en todo momento que usted está lejos de considerarlo un hombre vencido.

MENTIRAS SEXUALES:
¿SE PUEDE DECIR SIEMPRE LA VERDAD AL HACER EL AMOR?

300

PREGUNTA: ¿Es esencial decir la verdad con respecto a la vida sexual de la pareja...? ¿Es la verdad un elemento fundamental para lograr la estabilidad en sus relaciones conyugales?

RESPUESTA: Sería muy fácil afirmar que la verdad debe prevalecer por encima de todo, desde un principio, para evitar situaciones de conflicto conyugal; es lo lógico. Sin embargo, la realidad no siempre es tan fácil debido a las complejidades de la mente humana. Las *mentiras sexuales* son prácticamente inevitables en toda relación de pareja, y sobre todo en la sociedad básicamente machista que aún prevalece en muchos países hispanoamericanos.

Si las *verdades sexuales* de ambos miembros de la pareja fueran expuestas al comienzo de una relación, surgirían desde un inicio una serie de conflictos que difícilmente permitirían que esa relación llegara a fraguar, mucho menos a consolidarse. Y no es que recomendemos que las *mentiras sexuales* sean utilizadas en todo momento, pero no hay duda de que cada miembro de la pareja debe analizar debidamente si su cónyuge está realmente capacitado para enfrentarse objetivamente a una realidad del pasado (que ya es inevitable), o si es preferible disimular esa realidad con un poco de fantasía piadosa que no afecte la relación establecida.

301

PREGUNTA: ¿Esto significa que en muchas parejas no existe la sinceridad con respecto a las cuestiones sexuales...?

RESPUESTA: Casi todo el mundo supone que cuando una pareja mantiene durante mucho tiempo una unión feliz, entre ambos existe la más absoluta sinceridad en cuanto a las cuestiones íntimas. Y quienes piensan así suelen engañarse, porque la felicidad en las relaciones sexuales depende muchas veces de la habilidad con que se miente.

Y es que no todos los seres humanos saben resistir el impacto de la verdad en el amor, en la amistad, o en cualquiera de las manifestaciones sociales. Considere por unos instantes: ¿qué sería de su vida social si todas las veces, y en todas las ocasiones, usted dijera exactamente lo que piensa? Sin duda quedaría destruido bajo el aplastante peso de las consecuencias que conlleva el ser absolutamente sincero. Si esto sucede cuando se trata de las relaciones sociales con la familia y los amigos, ¿qué no sucedería en un asunto tan espinoso, delicado, y plagado de emociones como es el de las relaciones sexuales?

302

PREGUNTA: ¿Debe recurrirse a la "mentira piadosa" en las relaciones sexuales...?

RESPUESTA: La vanidad, el amor propio, y el convencimiento de los propios valores, experiencia y atributos sexuales, exigen que no se utilice la franqueza cuando un miembro de una pareja comenta sus episodios sexuales o hace preguntas respecto a ellos.

Por ejemplo, la típica vanidad masculina de un hombre quedaría destruida si la mujer, al compararlo con amantes anteriores, le dijera que éstos eran mejores que él en su comportamiento en la intimidad, o que estaban mejor dotados sexualmente. La raíz de la confianza que el hombre tiene en sí mismo reside en sus órganos sexuales y en su pericia para sacarles el mejor partido posible. Si la mujer que comparte su vida íntima comete la falta de ser sincera y asegurar que ha conocido otros hombres que lo superan en esos aspectos y que la llevan a la cumbre del éxtasis sexual como él no lo ha logrado aún, esa mujer no sólo estará cometiendo una falta de buenos modales sexuales: estará también cometiendo algo muy parecido a un crimen, porque semejantes declaraciones pueden arruinar la vida sexual del hombre así calificado y destruir su paz, su alegría de vivir, y –muy posiblemente– hasta su vida profesional o de negocios. Por supuesto, las relaciones íntimas de la pareja igualmente quedarían devastadas.

303

PREGUNTA: Entonces, ¿qué se debe hacer en situaciones de este tipo para evitar catástrofes conyugales...?

RESPUESTA: En casos de este tipo, el silencio debe prevalecer; lo indicado es recurrir a la clásica *mentira por omisión*. Y no sólo son cientos de miles las mujeres que mienten sexualmente en este sentido, sino hombres que evitan las comparaciones para no afectar la auto-confianza de sus compañeras de intimidad.

Lo correcto, lo humano, y lo beneficioso para ambos miembros de la pareja es que esa mujer (u hombre) diga todo lo contrario a la verdad y proclame a su cónyuge actual como "el mejor de todos los amantes que ha conocido sexualmente"... aunque su opinión sea distinta. Cabe en lo posible que ella, por no quedar satisfecha, por no lograr *orgasmos* o por otras razones, desee que él modifique algún aspecto de su modo de hacer el amor. Pero el momento propicio para iniciar las lecciones en materia sexual no es cuando él acaba de dar lo mejor de sí o si, guiado por algún temor secreto a estar fallando, hace la pregunta crítica que permitiría que su compañera de sexo lo destruyera con su verdad. Esa ocasión de indicarle lo que ella necesita en la intimidad llegará finalmente en su lugar y momento oportunos y, desde luego, se producirá sin la aspereza de una respuesta tajante y excesivamente verdadera o realista.

304

PREGUNTA: ¿Es también vulnerable la mujer cuando es expuesta a la verdad en sus relaciones sexuales?

RESPUESTA: La mujer también es vanidosa y siente orgullo por sus atributos sexuales, y un aspecto muy delicado en este sentido es la forma y tamaño de sus senos. Si una mujer no se cuenta entre las que pueden exhibir un busto opulento, cualquier referencia a otra mejor dotada le puede producir una amarga decepción e incluso una profunda depresión. En estos casos es el hombre quien debe decir su *mentira blanca,* la cual puede disfrazar de muchas maneras. Que a él no le interesan las mujeres de senos tan protuberantes, por ejemplo, es una salida elegante y una forma hábil de mantener la armonía conyugal.

305

PREGUNTA: ¿Son muchos los hombres que mienten y hacen alarde de sus conquistas sexuales?

RESPUESTA: Infinidad... por no decir todos. No hay hombre que no lleve escondido en el alma (y en sus aspiraciones más íntimas) a un Don Juan siempre triunfador en las lides del amor. El número y la variedad de esas aventuras forman parte del catálogo de *mentiras sexuales* que casi todo hombre comenta con sus amigos en momentos de regocijada expansión. Pero el catálogo estaría incompleto si al número de lances sexuales ellos no les añadieran detalles falsos pero que aumentan el interés de la narración y dejan a los crédulos oyentes saturados de una envidia incontrolable. Son muy pocos los que confiesan haber tenido una tarde de amor con mujeres "maduras", poco atractivas, o que no tengan el más mínimo parecido con las diosas del cine o la televisión. Todas "sus conquistas" suelen ser mujeres jóvenes... y muy atractivas, por supuesto.

Tampoco en esas narraciones salen a relucir las mujeres que a duras penas se interesan por sus proezas sexuales. Todas, absolutamente todas, son mujeres incansables, mujeres de fuego, despampanantes, a las que cuesta trabajo satisfacer... sólo que ellos sí saben cómo llevarlas al punto del éxtasis sexual total.

306

PREGUNTA: ¿Hacen también alarde las mujeres de su vida sexual?

RESPUESTA: Tampoco las mujeres se quedan atrás al comentar con sus amigas las proposiciones que les han hecho hombres muy atractivos e interesantes. El orgullo femenino se basa más bien en el rechazo a las proposiciones de hombres que –según ellas– "casi morían por una hora de intimidad sexual".

Como una buena parte de los sueños de toda mujer –cuando está dedicada a las aburridas tareas domésticas y deja volar la imaginación– consiste en verse adorada pero inalcanzable, suele contar esas historias con una vehemencia que tal parecería que las situaciones que describe son reales. Por nada del mundo confesarían muchas de ellas la triste verdad de noches perturbadas por los ronquidos del hombre que tienen a su lado. Y ni bajo tormento otras serían capaces de decir la verdad de sus "jaquecas" cuando sus hombres insinúan que desean hacerles el amor y ellas no tienen deseo alguno de un rato de intimidad física. ¡Muchas sencillamente no pueden enfrentarse abiertamente a las realidades de su vida sexual!

307

PREGUNTA: Con respecto a su vida sexual anterior, ¿debe la mujer revelarle a su hombre actual la verdad...?

RESPUESTA: Desde que el tabú de la virginidad comenzó a quedar atrás hace ya algunos años, no hay duda de que muchos hombres echaban de menos aquello del *estreno*. Pero ya esa necesidad ha sido sustituida por sus compañeras de sexo que saben muy bien cómo halagarlos para retenerlos a su lado, y ahora confiesan entre suspiros "¡tú eres el primero que me has llevado al *clímax!*". Y él, satisfecho y orgulloso por sus habilidades y capacidad en la intimidad, se siente como un verdadero campeón... ¡su vanidad masculina alcanza niveles muy elevados!

En el pasado, fingir la virginidad cuando se había perdido era difícil; algunas mujeres recurrían hasta a operaciones quirúrgicas para tener sangramiento durante las relaciones sexuales y demostrar de esta manera que "eran vírgenes". Si el hombre tenía la debida experiencia en las cuestiones sexuales, esto era prácticamente imposible. ¿Pero el *orgasmo...?* No hay nada más fácil para la mujer que fingir el *orgasmo*. Y el hombre por lo general lo cree. En parte porque quiere; más bien *necesita* creerlo. En parte porque no se requiere mucha maña por parte de la mujer para imitar un *orgasmo*.

Y esa es la *mentira sexual* más común. La que infinidad de mujeres practican tantas y tantas noches de sus vidas. Mentiras absolutamente necesarias porque complacen a sus hombres y les halagan la vanidad activando su auto-estimación. Si no lo hicieran, posiblemente muchos de ellos se buscarían otras mujeres que supieran ensalzarles su hombría haciéndoles creer esa *mentira piadosa* del orgasmo que mantiene unidas a tantas parejas.

Por supuesto, esto no significa que la mujer deba mentir indefinidamente con respecto a su incapacidad para ser satisfecha sexualmente (vea la página 238). Es preciso obtener orientación profesional, abrir líneas de comunicación con el cónyuge, y –en definitiva– poner fin a una situación de insatisfacción que más tarde o más temprano llegará a hacer una crisis, de una u otra manera.

NINFOMANIA:
¿EL DESEO SEXUAL NO SATISFECHO...
O TRASTORNO SICOLOGICO?

308

PREGUNTA: La mujer ninfomaníaca, ¿es un ser pervertido o en realidad está enferma?

RESPUESTA: Hay mujeres que son insaciables en el amor; es decir, son capaces de tener infinidad de contactos sexuales, y jamás quedan satisfechas. Algunos consideran que son unos seres pervertidos, preocupados únicamente por obtener un placer sexual que en realidad nunca llegan a disfrutar. Otros las ven como mujeres promiscuas, que se entregan al sexo con cualquier hombre, sin importarles las enfermedades sexuales de todo tipo que pudieran contraer y transmitir. La mayoría supone que las mujeres ninfomaníacas tienen una especie de fuego interno (el famoso *fuego uterino* que tanto se menciona a nivel popular) que ningún hombre –por potente que sea– es capaz de calmar. Y, por supuesto, no faltan los hombres que ven una especie de reto en este tipo de mujer, para poner a prueba su masculinidad.

Pocos, sin embargo, aceptan que las *mujeres ninfomaníacas* (o *ninfómanas)* sufren de un profundo desajuste orgánico o sicológico (o ambos), y que es ese desequilibrio el que provoca en ellas el tipo de conducta desenfrenada que les hace entregarse al amor sin límites.

La **Asociación Médica de los Estados Unidos** define la *ninfomanía* como:

■ Un desajuste de índole sico-sexual, en la cual una mujer es dominada completamente por un apetito insaciable por tener relaciones sexuales con numerosos hombres, todos diferentes.

309

PREGUNTA: ¿Qué factores pueden causar en la mujer este tipo de comportamiento sexual desenfrenado...?

RESPUESTA: En la mayoría de los casos en que una mujer mantiene una actividad sexual excesiva, con una cadena insaciable de compañeros sexuales que nunca la satisfacen, lo más probable es que estemos frente a un caso de *ninfomanía* (el equivalente femenino de la llamada *satiriasis,* en el hombre... el individuo que nunca queda satisfecho con ninguna compañera de cama y que necesita la actividad sexual constante... el clásico Don Juan).

Las causas de la *ninfomanía* y el tipo de comportamiento de las mujeres que sufren este desequilibrio son muy variadas, como lo son también sus formas de presentarse y su tratamiento. Sin embargo, los siquiatras han comprobado desde hace ya muchos años (lo mismo que los sexólogos) que:

■ En las raíces de la mayoría de los casos de *ninfomanía* existe un verdadero trauma sicológico (ocurrido generalmente en la niñez o durante los años de la adolescencia), el cual una vez identificado y tratado debidamente, puede solucionar definitivamente el desajuste.

310

PREGUNTA: ¿Debe considerarse la ninfomanía como una enfermedad... o como síntoma de algún tipo de trastorno?

RESPUESTA: La *ninfomanía* es considerada más como un síntoma de un trastorno emocional profundo, y no como una enfermedad. La *mujer ninfómana,* casi nunca alcanza su *clímax sexual,* y cuando finalmente lo logra, tampoco se siente realizada... ¡necesita más!

En general, los encuentros sexuales que establecen las mujeres que son *ninfómanas* son transitorios y las incapacitan para poder establecer relaciones afectivas que puedan ser consideradas permanentes. Su conducta sexual va minando progresivamente su capacidad emocional de amar y de ser amada, y sus relaciones con los hombres se convierten en uniones enfermizas en las que ella trata de obtener el placer a toda costa (sin importarle cómo ni con quien).

Hay hombres que –por amor– tratan de estabilizar la relación con *mujeres ninfómanas* y hacen un esfuerzo máximo por proporcionarles esa satisfacción sexual que tanto tratan de alcanzar... pero invariablemente llega el momento en que comprenden que esto es completamente imposible, y entonces la relación queda interrumpida.

A pesar de toda su actividad sexual y aparente vida llena de placeres, la mayoría de las mujeres que padecen de *ninfomanía* son en realidad seres tristes e infelices, desconcertados ante el problema que las afecta... mujeres frustradas que se sienten terriblemente solas, incomprendidas, y por lo general están afectadas por profundos resentimientos.

311

PREGUNTA: ¿Existe una diferencia entre las mujeres que son sexualmente muy activas, y las que son ninfómanas?

RESPUESTA: Bajo ningún concepto se debe confundir a las *ninfómanas* con las mujeres que son completamente normales y que llevan una vida sexual muy activa, o con las que son capaces de alcanzar varios orgasmos durante un mismo encuentro sexual con un hombre (las llamadas *mujeres multi-orgásmicas)*. En estos casos, es posible que estas mujeres lleven un tipo de vida sexual promiscuo porque no acaban de encontrar el hombre que las satisfaga completamente en la intimidad, física y emocionalmente. Asimismo, hay muchas mujeres que –amparadas por la seguridad que proporcionan hoy los anticonceptivos, y en muchos casos por una interpretación muy personal y bastante inadecuada de lo que constituye el *feminismo–* se lanzan a indiscriminadamente a vivir diferentes aventuras sexuales, pensando que en esta actitud de libertad sexual se encuentra realmente la *liberación femenina* que persiguen... cuando lo cierto es que con su comportamiento se están destruyendo como seres humanos.

En todo caso, la *mujer ninfómana* es totalmente diferente a la *mujer hipersexual.* La primera necesita del sexo como de los alimentos, pero no para probar que es moderna y que está liberada como mujer, ni porque esté buscando al compañero ideal que no encuentra. La *mujer ninfómana* se entrega a la actividad sexual desenfrenada porque la necesita desesperadamente, lo mismo que el drogadicto busca la droga. Estas mujeres pueden ser solteras o casadas... sólo que su conducta sexual casi siempre está precedida de trastornos sicológicos que podrían considerarse como un denominador común en la mayoría de las pacientes que sufren de esta condición.

312

PREGUNTA: ¿Puede una mujer ninfómana ser frígida?

RESPUESTA: Por paradójico que pueda parecer, son muy pocas las mujeres que padecen de *ninfomanía* que son capaces de alcanzar el orgasmo durante el encuentro sexual. Las estadísticas hablan por sí solas:

■ No sólo las *ninfómanas* están lejos de ser esos seres multi-orgásmicos que concibe la fantasía masculina más desenfrenada, sino que sólo algunas (muy pocas) son capaces de alcanzar su clímax sexual durante la penetración.

La mayoría requiere de la auto-estimulación, por largos períodos, para lograr un clímax que momentáneamente las satisface, pero que al instante las deja tan vacías y tan necesitadas de más actividad sexual como al principio del encuentro sexual.

Quizás esto se deba –en algunos casos, no en todos– a que su *clítoris* muchas veces se encuentra situado en una posición poco adecuada para ser estimulado debidamente durante el acto sexual en sí. Después que el hombre logra eyacular, como ella no ha alcanzado su *orgasmo,* busca otro encuentro sexual... con el mismo hombre o con otro diferente, tratando siempre de lograr su satisfaccción... inútilmente.

Y así se repite una y otra vez este mismo ciclo inexorable. Quizás por ello –según las investigaciones más recientes sobre la *ninfomanía*– no es raro el caso de *mujeres ninfómanas* que terminan buscando una orientación homosexual ante su incapacidad de experimentar el placer sexual con un hombre debido a estas limitaciones; pero tampoco en el sexo homosexual encuentran satisfacción a sus necesidades, más sicológicas que físicas.

313

PREGUNTA: ¿Cuáles son las motivaciones de la mujer ninfómana?

RESPUESTA: La *mujer ninfómana* por lo general esconde un severo trauma sicológico que es donde en verdad radican las causas de su condición. Puede ser, por ejemplo, un tipo especial de mujer muy sexual, capaz de fingir hasta veinte o más orgasmos en una noche. Hay mujeres que debido a determinados traumas emocionales que arrastran desde la infancia (quizás fueron de pequeñas objeto de algún abuso sexual, y por ello llegaron a detestar a los varones que la rodeaban... hermanos mayores, padres, tíos, padrastros, maestros, etc.) se dedican a fingir *orgasmos* que no han logrado, mientras sus parejas sexuales creen que están disfrutando de un intenso placer íntimo. Así, cuando el hombre ya está físicamente agotado, la mujer mantiene aún toda su vitalidad y sicológicamente se siente "superior" a ese hombre que, sencillamente, "no pudo con ella". ¡Un ajuste sicológico fácil de explicar!

314

PREGUNTA: ¿Debe obtener tratamiento la mujer ninfómana?

RESPUESTA: Es imprescindible.

■ El buscar ayuda profesional debe ser (y por lo general es) iniciativa de la propia *mujer ninfómana,* ya que estas mujeres de voracidad sexual increíble casi siempre están conscientes de su infelicidad y frustración al comprobar que no son capaces de experimentar el placer sexual de una manera igual al de las demás mujeres.

■ Casi siempre consultan inicialmente su situación con su ginecólogo cuando comprenden que su conducta sexual desenfrenada no las lleva a la satisfacción que en vano buscan, y comienzan a sentirse infelices, frustradas, y solas.

■ Si existen desajustes hormonales que determinan un aumento de la actividad sexual, unido a trastornos de origen sicológico, es necesario seguir un tratamiento intensivo en el que también participe un siquiatra, sicólogo o sexólogo.

En general, el especialista rápidamente percibe los síntomas de la *ninfomanía* y refiere a la paciente a un siquiatra o sexólogo, que pueda hurgar en los factores emocionales que están causando el trastorno.

315

PREGUNTA: ¿Hay comprensión en la actualidad hacia la mujer que sufre de este trastorno sico-sexual?

RESPUESTA: Muy poco. Lo triste de toda esta situación es que la mujer que sufre de *ninfomanía* no es comprendida, no sólo por las personas a su alrededor, sino por su propia familia. Cuando la mujer se entrega a un hombre... y a otro... y a otro... en busca del clímax que no se presenta, quienes observan su comportamiento sexual errático inmediatamente la califican de la manera más cruel posible... cuando lo cierto es que se trata de una infeliz mujer que no solamente está engañando a los demás, sino que se está engañando a sí misma.

Hay *mujeres ninfómanas* que viven en un mundo donde están constantemente en busca del hombre ideal que no existe sino solamente en sus fantasías... y muchas llegan a soluciones extremas cuando finalmente comprenden que están enfermas (el suicidio, incluido).

Otras mujeres están orientadas por naturaleza hacia el *homosexualismo,* pero se resisten a admitirlo y tratan de buscar en relaciones múltiples heterosexuales una justificación para su negación, cuando lo cierto es que no pueden disfrutar plenamente sus relaciones sexuales con otros hombres debido, precisamente, a las características de su personalidad y a que sus preferencias sexuales son otras.

En general, las *ninfómanas* son mujeres que se encuentran constantemente bajo un estado de tensión y ansiedad muy fuertes. Aunque aparentemente proyecten una conducta que otros interpreten como "demasiado libre", interiormente se sienten terriblemente frustradas y decepcionadas ante la vida.

316

PREGUNTA: ¿Y qué sucede cuando la mujer ninfómana es casada?

RESPUESTA: Si la *mujer ninfómana* es casada, el tratamiento pudiera ser mucho más fácil porque la detección del problema se produce casi siempre dentro de sus relaciones matrimoniales. Sin embargo, esta situación puede agravarse si la mujer que padece de este trastorno sicosexual se une a un hombre que no comprende exactamente la situación que está afectando a su esposa, a quien califica de "muy apasionada"... hasta que percibe *algo* anormal en la relación y por lo general trata de huir de ella.

Como este tipo de sexo incontrolable algunas parejas lo auto-justifican erróneamente como "amor y pasión", resulta difícil detectar las causas que existen en el fondo, hasta que comienzan a surgir los conflictos reales dentro de la intimidad conyugal: la *mujer ninfómana* siente necesidades (orgánicas o sicológicas, reales o imaginarias) de tener relaciones sexuales al levantarse cada mañana, a media mañana, al mediodía, a la hora del almuerzo, por las tardes, después de cenar, mientras mira un programa de televisión, antes de acostarse, al acostarse... y aun si se despierta de madrugada, exige más sexo. Es evidente que en situaciones de este tipo no cabe aplicar el término *hiperactividad sexual,* sino que se trata de una conducta francamente enfermiza que excede los límites que pudieran considerarse pasionales; la práctica demuestra que son muy pocos hombres los que son capaces de hacerle frente a una situación de este tipo.

317

PREGUNTA: Entonces, ¿qué se puede hacer para ayudar a la mujer

ninfómana? ¿Quién es quien realmente puede ayudar en una situación de este tipo...?

RESPUESTA: El siquiatra es quien mejor puede ayudar a la *mujer ninfómana,* y el sicoanálisis es su mejor arma para el tratamiento. El sicoanálisis puede ayudar considerablemente a la mujer que sufre de *neurosis* o de *trastornos de la personalidad,* factores que por lo general son los que causan la *ninfomanía.*

El tratamiento requiere de una serie de entrevistas (por lo general de una hora de duración), hasta seis veces a la semana, y durante un período indefinido de tiempo... con frecuencia por varios años. Durante estos encuentros con el siquiatra, éste induce a la paciente a hablar abiertamente sobre la historia de su vida y a exponer sus problemas pasados, además de los que puedan estar afectándola en el presente. Con frecuencia, por medio de asociación de ideas, emergen progresivamente los elementos reprimidos que han causado el trauma sicológico... los cuales son analizados por el profesional. Este, asimismo induce a la paciente a identificar sus patrones auto-destructivos y comprender el por qué de los mismos, para que puedan ser debidamente superados, siempre en una forma gradual y progresiva.

También el tratamiento sicoanalítico incluye la interpretación de los sueños de la *mujer ninfómana,* un proceso que con frecuencia permite que las emociones reprimidas emerjan, por lo general en forma de símbolos. No es de extrañar que la paciente se niegue a aceptar inicialmente las interpretaciones del profesional (una actitud que en Siquiatría se conoce como *mecanismos de defensa),* lo que revela la ansiedad generada por la consciencia que la paciente está desarrollando ante los conflictos que la han llevado a su comportamiento sexual actual.

Lamentablemente, sólo en un número limitado de casos, la *ninfomanía* puede ser tratada con efectividad; son pocas las mujeres que una vez enfrentadas a los factores que causaron su condición, logran reanudar una vida sexual completamente normal.

318

PREGUNTA: ¿Hay hombres que también sufren de este trastorno sico-sexual que no les permite encontrar la satisfacción sexual en una forma normal?

RESPUESTA: El término *ninfomanía* no puede ser aplicado al hombre;

en todo caso, el más apropiado sería *satiriasis*. Pero hay un tipo de hombre cuya máxima ambición en la vida es conquistar mujeres, llevarlas a situaciones íntimas, y tener relaciones sexuales con ellas: el *seductor compulsivo*, cuyo comportamiento es muy similar al de la *mujer ninfómana*. Y mientras más triunfos eróticos de este tipo logre, más se empeña en aumentar el número de sus trofeos amorosos.

A este tipo de hombre suele llamársele actualmente *playboy*, pero es un sujeto muy especial que ha existido en todas las épocas (¿no recuerda al *Don Juan Tenorio...* y al temible *Casanova?* ¿Y, más recientemente, a *James Bond...?*). Lo curioso es que el *playboy* no tiene preferencias sexuales. Su sexualidad es excitada lo mismo por rubias que por trigueñas, por jovencitas inexpertas que por mujeres maduras y hábiles en las artes del disfrute sexual. En su colección de mujeres conquistadas –que suele ser tan extensa como los trofeos ganados por artistas famosos– sólo falta un tipo de mujer: la mujer de la calle, la prostituta.

¿Por que el *playboy* no se interesa en las prostitutas? La explicación es sencilla: parte de la atracción que las mujeres ejercen sobre este cazador incansable de aventuras eróticas es justamente la excitación de la cacería en sí; es decir, las dificultades que debe vencer con sus habilidades desarrolladas para ganar un trofeo sexual más para su colección. En todas sus aventuras sexuales existe siempre la posibilidad del fracaso... ¡y el *playboy* sabe muy bien que jamás fracasaría con una mujer tan accesible como la prostituta, la cual vende su amor!

319

PREGUNTA: ¿Cuáles son las características emocionales del hombre que es un seductor compulsivo?

RESPUESTA: Son varias:

■ Su instinto de cazador lo lleva a actuar compulsivamente. El no puede evitar el impulso de perseguir tenazmente a sus víctimas hasta que logra atraparlas en sus redes de seductor incansable.

■ Es inconstante. Apenas consigue llevar a la intimidad a la mujer que en un momento le interesa, se hastía de ella y siente un impulso incontrolable a abandonarla... para buscar otra.

■ ¡Es patológicamente infiel! Para funcionar sexualmente necesita estar involucrado íntimamente con dos o más mujeres a la vez.

■ El peligro le atrae. La posibilidad de que su infidelidad sea descubierta lo excita tanto como un perfume, un cuerpo voluptuoso, o la pericia sexual de la mujer que esté disfrutando en ese momento.

■ La duración de su pasión es variable. Aunque generalmente sus aventuras duran poco tiempo (una noche, una semana, tal vez un mes), hay casos en que está junto a una de sus mujeres durante algunos años. Desde luego, mientras eso sucede, él busca la variedad en dos o tres conquistas paralelas.

■ No busca ni quiere el amor o la ternura de las mujeres de su vida. En cuanto alguna de ellas empieza a manifestar un interés que va más allá de lo estrictamente sexual, él se aleja.

320

PREGUNTA: ¿Hay distintos tipos de hombres que sufren el síndrome de la seducción compulsiva?

RESPUESTA: Sí, y comúnmente reciben diferentes nombres entre los especialistas que los han clasificado de acuerdo con sus características de seducción sexual:

■ El amante de una sola noche. Puesto que el complejo de *playboy* es una deficiencia emocional masculina, este tipo de hombre se encuentra entre los casos más graves. El hombre de estas características raramente regresa a una misma mujer... por mucho que haya disfrutado hacer el amor con ella. Es errático. Si puede, da un nombre falso para ocultar su verdadera identidad. Procura no dejar rastros que le permitan a ella encontrarlo otra vez.

■ El amante a corto plazo. Este individuo puede mantener relaciones sexuales con una mujer durante unas cuantas semanas. En cuanto se disipa el encanto de la novedad, desaparece físicamente. Tampoco deja rastros que permitan dar con su paradero.

■ El enemigo del romance. Las relaciones sexuales de los hombres de este tipo pueden hacerle concebir a la mujer la ilusión de que existe cierta permanencia en la unión, que puede llegar a ser duradera. Sin embargo, él nunca admite que pueda existir algo de carácter romántico o sentimental en la relación. Y en cuanto su compañera le demuestre que se ha formado una ilusión en torno a su unión, él la abandona, y sin contemplaciones.

■ El sedentario. Los hombres de este tipo se comportan de un modo engañoso; sus relaciones pueden durar años. El no se inhibe de mostrarse tierno, sentimental, y hasta romántico durante sus episodios sexuales con la mujer que está seduciendo. De repente, desaparece... dejando a su compañera sorprendida y arrasada por el impacto emocional que le ha provocado su abandono inesperado.

- El malabarista. Este es uno de los tipos de *seductores compulsivos* que más abunda. Un *malabarista emocional* (como los siquiatras lo definen) puede mantener dos o más relaciones íntimas a la vez, empleando en grado sumo su imaginación y habilidades para evitar ser descubierto. En muchos casos, ninguna de las dos o tres mujeres que forman parte de su mundo íntimo sospecha siquiera esa vida doble (o triple) que su hombre lleva, y vienen a enterarse únicamente cuando se produce un accidente o se presenta una situación que él ya no puede controlar y las mujeres coinciden (¡todas!) en un mismo lugar.

- El eterno infiel. También este tipo de *seductor compulsivo* abunda mucho. Son hombres casados que mantienen relaciones matrimoniales felices y parecen amar a sus esposas; forman el pilar de sostén de la familia perfecta. Sin embargo, a espaldas de ellas sostienen incansables y variadas relaciones adúlteras. En casi todos los casos, la esposa llega a descubrir alguna de sus infidelidades y, ante la confrontación, él promete enmendarse. Desde luego, continúa su vida de siempre... hasta que la esposa se ve ante la alternativa de separarse o resignarse a aceptar una situación contra la que no puede luchar más.

Estos tipos sicológicos, desde luego, no son puros. Hay muchas variaciones pues algunos *seductores compulsivos* son más activos sexualmente que otros (o viceversa). Lo mismo sucede con la duración de las uniones; aun en el caso de los amantes de una sola noche, o de los infieles empedernidos (que son situaciones extremas), pueden presentarse variaciones de intensidad o de mezcla de las características sicológicas descritas anteriormente.

321

PREGUNTA: ¿Cuál es el origen del complejo que evidentemente afecta al seductor compulsivo?

RESPUESTA: Indudablemente se trata de una trastorno emocional parecido a las que impulsan a otros hombres a beber o a fumar excesivamente, o a jugar compulsivamente, o a usar drogas... El exagerado erotismo de estos hombres no tiene nada que ver con la práctica normal de las relaciones sexuales. Es cierto que hay hombres que son más activos sexualmente que otros, pero esa actividad no es de carácter compulsivo; por lo tanto, no puede compararse a la promiscuidad.

Tampoco se trata de un problema fisiológico, semejante a la *ninfomanía femenina*. No hay ninguna causa física que impulse al *seductor compulsivo* a estar cambiando de compañera de sexo con frecuencia enfermiza. Sin embargo, no puede decirse lo mismo respecto a los problemas sicológicos. El *complejo de seducción compulsivo* es una deficiencia emocional y sólo puede curarse (a veces) por medio del tratamiento y orientación siquiátrica.

322

PREGUNTA: ¿Cuáles son las causas de este síndrome masculino...?

RESPUESTA: Los sicólogos y siquiatras que han tratado a los *seductores compulsivos* han encontrado una causa común al problema: el miedo. En el fondo, el *seductor compulsivo* es un individuo inseguro, a pesar de que adopta ante la sociedad un aire de confianza y desenvoltura. Sus temores pueden ser de diferentes clases:

- La falta de confianza en sí mismo.
- El temor a ser dominado par otra persona.
- El temor a una posible *impotencia sexual*.
- Un complejo de inferioridad.

323

PREGUNTA: ¿Cómo afecta la falta de confianza en sí mismo el comportamiento sexual del hombre?

RESPUESTA: En la mayoría de estos casos, alguien que tenía autoridad sobre el individuo durante su niñez (madre, padre, tutor, maestro, otro familiar, etc.) sembró en el pequeño la inseguridad acerca de su capacidad y de sus valores propios. El niño fue creciendo con la certeza de que no llegaría a ser tan hábil o inteligente como sus hermanos o compañeros de escuela. Ya de joven adulto intentó algunas cosas pero con timidez, y esa misma inseguridad lo hizo fracasar. Ahora busca en cada mujer que seduce la prueba de que él, a pesar de todo, puede hacer las cosas tan bien como los demás. O, tal vez, mejor... porque sus numerosos episodios amorosos "prueban" ante sí mismo que él es superior en ese campo donde reside el máximo orgullo masculino: el de la virilidad.

324

PREGUNTA: Si un hombre teme ser dominado por la mujer... ¿es esto una invitación a seducirla... y dejarla?

RESPUESTA: Sí, y en este caso el factor causante es el mismo que en la situación de falta de auto-confianza. El padre o la madre, a quien el individuo admiraba por encima de todo cuando era niño, se valía de ese amor para aplastar cualquier manifestación de independencia que éste demostrara. El temor a perder el amor de la madre, por ejemplo, puede convertirse en un sentimiento patológico que en algunos casos siembra un temor profundo a "ser esclavizado" por otro ser querido (ya sea una amante, novia, o esposa). De ahí que el *seductor compulsivo* se niegue a darle cabida a sentimientos de amor, ternura, intimidad, o cualquier otra emoción relacionada con relaciones firmes y duraderas.

325

PREGUNTA: ¿Por qué el temor a una situación de impotencia sexual lleva a determinados hombres a la seducción compulsiva?

RESPUESTA: Posiblemente en su niñez, el individuo fue sorprendido masturbándose en algún momento. Además del castigo, recibió la amenaza terrible (y muy común hasta no hace mucho) de "volverse loco" o de "no llegar a desarrollar del todo su virilidad". También existe la posibilidad de que su primer intento sexual no fuera satisfactorio o completo. Si eso fuese así, y si encima de la vergüenza sufrida la mujer se burló de él cruelmente (una situación más frecuente de lo que pudiéramos imaginar), su sistema emocional pudo dañarse... ¡y seriamente! Por eso busca en cada aventura sexual con una nueva mujer la prueba de su virilidad. Por eso no se queda mucho tiempo al lado de ninguna mujer... por miedo a que ésta se hastíe de él y lo rechace.

326

PREGUNTA: El complejo de inferioridad, ¿puede provocar la seducción compulsiva?

RESPUESTA: En muchos casos, los hombres que sufren de este complejo tratan de disimularlo o compensarlo haciendo alarde de superioridad... un mecanismo que en Sicología se llama *ajuste o compensación*. En el fondo, el *seductor compulsivo* se siente inferior a muchos hombres, y su forma de combatir ese sentimiento de debilidad es hacer algo que le permita sentirse superior. De ahí su constante y frenética cacería de trofeos sexuales.

327

PREGUNTA: ¿Qué puede hacer el especialista para tratar al seductor compulsivo?

RESPUESTA: Por regla general, cuando un *seductor compulsivo* finalmente acude a un sicólogo o siquiatra en busca de ayuda, es porque ya no puede continuar soportando el vacío enorme que existe en su vida. A fin de cuentas, este individuo carece de oportunidades para disfrutar de muchos de los placeres espirituales que la vida ofrece: la ternura, la amistad e intimidad sinceras que puede establecerse entre dos seres que viven juntos; el apoyo moral y espiritual de alguien que comparte sus penas y alegrías; la sublime misión de reproducirse y mecer en brazos a un ser nacido de su carne y su espíritu. El peso de esas soledades llega a abrumar al *seductor compulsivo*. Al llegar a ese punto, muchos buscan ayuda profesional. En la mayoría de los casos, el tratamiento que tiene más éxito es el que le hace comprender al individuo que sus conceptos con respecto al sexo y al amor no tienen base real (a esto se le llama *tratamiento emotivo-realista*).

328

PREGUNTA: ¿Cómo funciona el tratamiento emotivo-realista?

RESPUESTA: La labor del especialista es hacerle comprender al paciente que sus conceptos son erróneos.

El temor a la impotencia sexual. Esta creencia infundada puede ser disipada de dos modos paralelos:

- Un reconocimiento a fondo hecho por un especialista en las trastornos del aparato genético-urinario;
- conversaciones con el sicólogo sobre la presunta situación de impotencia sexual. El especialista basará esas charlas en dos puntos: el certificado de que no hay nada anormal en el sistema sexual del

paciente, y su largo y exitoso historial de triunfos amorosos que ha obtenido sin fallas de sus órganos genitales.

El temor a ser rechazado.

■ E1 sicólogo no insistirá en la negativa absoluta a la posibilidad de un rechazo; ésa es una situación que puede ocurrirle a cualquiera. En lo que sí insistirá es en hacerle comprender al *seductor compulsivo* que por muchos atractivos que tenga una mujer, nunca son tantos que la hagan insustituible.

■ También deberá insistir en la necesidad de no dejarse abrumar ni por la vergüenza ni por la pena. No hay motivos para sentir vergüenza; y la pena puede ser pasajera si el paciente trata de olvidar lo sucedido.

El temor a ser dominado.

■ Ese es otro sentimiento infundado o poco realista. E1 *seductor compulsivo* ha huido antes de que se produjera el intento de dominación. Lo que debe hacer es esperar a que eso ocurra y entonces cortar por lo sano... si no se siente con la intensidad necesaria como para resistir la actitud dominante de su pareja.

El complejo de inferioridad.

E1 sicólogo hará que el *seductor compulsivo* analice sus cualidades, clasificándolas como *buenas, mediocres,* o *malas.* Por medio de ese análisis, el individuo podrá llegar a una apreciación más realista de sus propios valores.

La técnica del *tratamiento emotivo-realista* se basa en ayudar al paciente a dar estos tres pasos importantes:

■ Comprender que muchas de sus suposiciones son falsas.

■ Comprender que su perturbación emocional se debe al hecho de que actúa basado en esas suposiciones falsas.

■ Comprender que él tiene que hacer esfuerzos para modificar sus antiguos hábitos de conducta y pensamiento.

329

PREGUNTA: ¿Puede el especialista lograr la curación completa de un hombre con complejo de seductor compulsivo...?

RESPUESTA: E1 éxito del tratamiento puede compararse con el que se obtiene con otros métodos de modificación de la conducta. Hay fumadores, por ejemplo, que han vivido esclavizados a su vicio y que han conseguido dejar el cigarrillo durante años. En cierto modo, el futuro del *seductor compulsivo* que logra ser curado es muy parecido a la del *fumador compulsivo*. Lo más probable es que sufra de recaídas, pero lo importante es su esfuerzo e intención de curarse, de rectificar su conducta, de convencerse de que sus temores sobre las relaciones íntimas son infundados, y de que no tiene por qué demostrarse a sí mismo –por medio de la promiscuidad sexual– que él es tan viril como la mayoría de los hombres.

330

PREGUNTA: ¿Cuál es el final del seductor compulsivo?

RESPUESTA: El *seductor compulsivo* existe, desde luego... ¡y se mueve en todas partes! Hay quienes tienen la falsa idea de que este tipo de hombre sólo se halla entre los grupos muy afluentes o famosos; esto se debe a que la prensa y la televisión les dan una gran publicidad precisamente porque son ricos y famosos. Pero el *seductor compulsivo* puede desarrollarse en una oficina, en una tienda, en un consultorio médico, en un super-mercado... Puede ser visto en un restaurante de moda o en las gradas de un estadio deportivo. Tampoco tiene que ser apuesto, ni estar bien vestido, ni tener buenos modales, ni gran soltura o conversación amena. Lo único que lo caracteriza –en su afán compulsivo de seducir sexualmente a cuanta mujer pase por su lado– es la lascivia.

Pero a pesar de todo el sufrimiento que causa en tantas vidas, no puede calificársele como un individuo malvado o cruel; es, más bien, un ser digno de compasión, lo mismo que la *mujer ninfómana*. Es decir, un individuo atrapado por las garras de un temor que lo impulsa a probarse a sí mismo su hombría... una vez y otra, y otra más, sin convencerse nunca de que sus temores son infundados. Hasta que llega el día en que su temor al fracaso se hace real. Ese momento se presenta una vez que la vejez toca a su puerta y se presenta con aquello a lo que le huyó durante toda una vida: la impotencia física, la inferioridad de un cuerpo que se niega a obedecer sus impulsos, el rechazo de las mujeres.

ORGASMO FEMENINO:
¡ES FUNDAMENTAL ACLARAR LOS FALSOS CONCEPTOS!

331

PREGUNTA: ¿Qué es el orgasmo femenino?

RESPUESTA: Muchos consideran que el *clímax sexual* es "la máxima expresión de la sexualidad femenina" y la culminación de la pasión y el amor; el *orgasmo* es –en verdad– esa sensación culminante a la que toda mujer aspira cuando tiene una relación sexual o se siente excitada sexualmente.

Sin embargo, a pesar de la liberación sexual que se ha desarrollado gradualmente en las últimas décadas, así como la abundancia de información que se divulga al respecto, todavía en la actualidad persisten muchos mitos y temores sobre un aspecto que debe ser considerado como vital de la sexualidad femenina.

332

PREGUNTA: ¿Por qué existen tantos mitos y temores con respecto al orgasmo de la mujer...?

RESPUESTA: Quizás esta confusión que existe con respecto al *orgasmo femenino* (tanto en hombres, como en las propias mujeres) se deba a que en muchos de los libros y artículos que se publican al respecto, los autores generalizan sobre el *clímax de la mujer* y se refieren invariablemente a una "mujer promedio" que en realidad no existe. ¿Por qué?

■ En primer lugar, hay que tomar en consideración que el *orgasmo* varía según la mujer; es decir, cada mujer es capaz de llegar a su *clímax sexual* de una forma diferente.

■ Además, hay que tener en cuenta la atracción que el compañero de sexo ejerza sobre la mujer en cuestión, así como su experiencia en el amor. El proceso de excitación preliminar, antes de consumar la intimidad, es fundamental para que la mujer pueda llegar a alcanzar un *orgasmo* pleno. Lamentablemente, no todos los hombres tienen la acto sexual a plenitud; por la otra se encuentra que ya ha alcanzado su *clímax sexual* y se siente agotado frente a una mujer que ni siquiera ha comenzado a experimentar el placer sexual... un desbalance grande, casi siempre con consecuencias desastrosas. Además, este trastorno provoca profundos dilemas sicológicos en ambos miembros de la pareja, los cuales pueden dañar permanentemente la relación conyugal.

141

PREGUNTA: ¿Por qué se produce la eyaculación precoz?

RESPUESTA: Son varios los factores que pueden provocar la *eyaculación precoz* en un hombre, y la mayoría de ellos son de índole sicológica, aunque también pueden existir algunos factores orgánicos.

Los especialistas han logrado definir las siguientes causas como las más frecuentes para que se produzca la *eyaculación precoz:*

■ Un sentido de culpa y falsa valoración de su propia sexualidad.

■ Temperamentos ansiosos, hombres muy nerviosos y excitables que desean hacerlo todo en una forma acelerada, incapaces de prolongar un momento de placer o disfrutar con calma algo que les produce satisfacción. En ellos se detecta siempre una tendencia incontrolable a vivir de prisa.

■ Temor –consciente o inconsciente– de no ser aceptado por su pareja, y ser rechazado por la misma en un momento dado, antes de que él alcance el *clímax sexual.*

■ Deseos –inconscientes, desde luego– de castigar a su pareja, dejándola insatisfecha sexualmente, para vengarse de algo (o de alguna situación), real o imaginario.

■ Estar acostumbrado a efectuar sus actos sexuales en lo que pudiéramos calificar como "lugares difíciles", "de alto riesgo", o "prohibidos". Es decir, en sitios donde si se hace el acto sexual es preciso actuar rápidamente, y con el temor constante de ser vistos o descubiertos.

■ Casos de adulterio o situaciones en las cuales no hay tiempo para el amor en sí, sino únicamente para llevar a cabo el *acto sexual.* Debido a ello, el hombre se condiciona a eyacular cuanto antes para experimentar su *clímax sexual,* sin preocuparse mucho de lo que su compañera de intimidad pueda sentir.

142

PREGUNTA: Entonces... ¿son únicamente los conflictos sicológicos en el hombre los que provocan la eyaculación precoz?

RESPUESTA: Por lo general, los *factores sicológicos* casi siempre son los que se encuentran en la raíz del problema de la *eyaculación precoz.* Sin embargo, desde hace algún tiempo se está analizando la situación de la *eyaculación precoz* partiendo de otro enfoque que, sin dejar de considerar los factores de índole sicológica ya mencionados, también están indagando dentro de otro tipo de trastornos que caen dentro del funcionamiento del organismo y la fisiología general del acto sexual.

Recientemente, en la División de Urología del **Hospital Civil de Magenta** (en Milán, Italia), varios especialistas –bajo la Dirección del **Profesor Alberto Zanollo**– efectuaron una serie de estudios simultáneos con dos grupos de hombres:

■ Unos padecían de *eyaculación prematura;* los otros eran completamente normales en sus reacciones sexuales.

■ A los integrantes de ambos grupos se les colocaron electrodos en el cráneo para así determinar el flujo de corriente nerviosa que iba desde el *cerebro* a los órganos genitales; después se produjeron estimulaciones eléctricas en los mismos.

■ Como resultado de estas investigaciones se comprobó que la velocidad en la cual las órdenes nerviosas circulaban de un lugar a otro en aquellos hombres que padecían de *eyaculación precoz* era diferente a la del grupo en los cuales no existía ese problema. En otras palabras: la forma en la que el cerebro estaba recibiendo las sensaciones nerviosas que procedían de los órganos genitales eran mucho más fuertes o intensas en el caso de los hombres que *eyaculaban prematuramente.*

Se trataba, sin duda alguna, de un grado de *hipersensibilidad* (aumento en el nivel de sensibilidad) que no estaba siendo producida solamente por esos *factores sicológicos* que tradicionalmente se han atribuido a la *eyaculación precoz,* sino también por otros *factores orgánicos;* es decir, una alteración neuro-fisiológica.

"Este tipo de estudios y pruebas, unidos a otros *tests* y comprobaciones que estamos efectuando en estos momentos, nos está permitiendo clasificar a los hombres que sufren de *eyaculación precoz* en distintos grupos", no eróticos mientras el hombre está participando en el acto sexual (pensar en temas completamente ajenos a la intimidad sexual que está viviendo en esos instantes). De esta manera, los hombres que sufren de *eyaculación precoz* se habitúan a crear mecanismos reflejos que permiten prolongar la relación sexual antes de que se produzca el *clímax* y la eyaculación.

144

PREGUNTA: De acuerdo con las nuevas comprobaciones con respecto a la eyaculación precoz, y considerando que hay factores orgánicos que también pueden influir en la condición... ¿se están ensayando otros procedimientos de control?

RESPUESTA: Es evidente que todas estas técnicas para controlar la *eyaculación precoz* se basan en la suposición de que todos los problemas de esta deficiencia sexual masculina tengan su origen en la siquis del hombre y que pueden ser resueltos mediante ejercicios de control y terapias sicológicas. Sin embargo, con las comprobaciones recientes realizadas en Italia sobre la *eyaculación prematura,* estas técnicas adquieren un valor secundario si existe un trastorno de tipo orgánico.

"En este caso, cuando el cerebro está estimulado excesivamente, se puede proceder a aplicar varios tipos de tratamiento", explica el Dr. Zanollo (mencionado anteriormente). "Uno es quirúrgico, efectuando una ligera incisión en el *pene,* una técnica similar a la que se emplea para hacer la *circuncisión,* la cual tiene por objeto disminuir ligeramente esa *hipersensibilidad...* algo parecido a la acción que tienen las cremas especiales que se emplean para retardar la eyaculación... Pero, además, se pueden emplear medicamentos, sustancias químicas anti-depresivas y anti-espasmódicas que puedan ayudar a disminuir la velocidad con la que se producen las respuestas sexuales entre la estimulación directa de los genitales y la reacción de eyaculación ordenada por el *cerebro".*

Es decir, al haber comprobado que existe un factor orgánico que también pueda estar provocando que el hombre *eyacule prematuramente,* los científicos están ofreciendo hoy una esperanza adicional que puede resolver este complejo trastorno sexual, definitivamente.

afirma el Doctor Zanollo. "Aquéllos que solamente padecen de problemas sicológicos, y los que confrontan también situaciones de alteraciones orgánicas.

Además de las pruebas con los electrodos, estamos aplicando otras técnicas para determinar exactamente cuáles son las causas orgánicas o fisiológicas que motivan el desajuste sexual y actuar directamente sobre ellas para poder controlarlas en el futuro. De nada nos serviría aplicar un tratamiento exclusivamente sico-terapéutico en pacientes que, por otros motivos, presentan también dentro del funcionamiento nervioso, trastornos que provocan el descontrol en la eyaculación".

143

PREGUNTA: ¿Cuáles son los nuevos tratamientos que se están ensayando para controlar la eyaculación precoz?

RESPUESTA: Hasta el presente, la manera que generalmente se trata el problema de la *eyaculación precoz* en el hombre es con la ayuda principalísima de la mujer en el momento de la intimidad sexual. Hay varias técnicas:

■ Una técnica común consiste en apretar el *glande* del *pene* cuando el hombre siente que va a eyacular; de esta manera queda interrumpida la eyaculación antes de que se presente.

■ Otro procedimiento es la llamada *Técnica Semans,* que consiste en la estimulación manual del hombre hasta que se va a producir la eyaculación, deteniéndose el proceso en ese instante. De esta manera·el hombre comienza a desarrollar los reflejos nerviosos necesarios... y lo hará así sucesivamente –durante varias sesiones en distintos días– hasta que pueda llegar a ejercer un control sobre su *clímax sexual.*

Estas dos técnicas tienen por objeto lograr que el hombre llegue a descubrir por sí mismo las señales que le indican que su eyaculación es inminente y que pueda controlarla (siempre suponiendo que ésa sea la causa de su problema).

■ Existe también la llamada *Técnica de Masters y Johnson,* que es una versión de las dos anteriores (creada por los prestigiosos sexólogos norteamericanos de St. Louis, Missouri). Este sistema también se basa en interrumpir el acto sexual en el momento preciso en que se va a producir la eyaculación, o en desviar la atención hacia estímulos capacidad de estimular debidamente a la mujer durante los llamados *juegos preliminares,* y con frecuencia él llega a su *clímax sexual* sin que ella tenga el tiempo suficiente para alcanzar su *orgasmo.*

■ Igualmente, es preciso considerar las circunstancias en que tiene lugar la intimidad. No todos los seres humanos estamos siempre dispuestos a vibrar de amor intenso todos los días, ni en todos los lugares. El amor implica circunstancias muy especiales para que sea pleno y satisfaga a ambos miembros de la pareja. Cuando estos elementos fundamentales no existen, difícilmente la mujer pueda alcanzar su *orgasmo.*

En otras palabras: es evidente que las dudas con respecto al proceso fisiológico del *orgasmo* abundan. ¿Por qué?

■ Muchas mujeres se sienten avergonzadas en lo que a su sexualidad se refiere, y aceptan las relaciones sexuales con el hombre como una situación a la que deben someterse pasivamente, porque se supone que "él es el que sabe".

■ Otras, no pueden evitar comparar su vida sexual con las experiencias de esa *mujer promedio* a la que se refieren tanto los autores de artículos y libros sobre la sexualidad femenina, con una frialdad estadística impactante; evidentemente, en muchas ocasiones las mujeres se sienten defraudadas al comprobar que no logran en la intimidad la misma intensidad en sus experiencias sexuales que la supuesta *mujer promedio* que se supone que sea ejemplo de "lo normal".

■ Y, por supuesto, no faltan las mujeres que comparan la vida íntima que llevan con su pareja con las historias que le cuentan sus amigas, muchas veces sacadas de toda proporción real.

Pero además hay que tomar en cuenta que "los hombres no siempre están debidamente informados con respecto a la sexualidad femenina"... ¡ni siquiera todos conocen debidamente cómo funcionan ellos mismos en los momentos más íntimos! Pero ésta es una realidad que pocos admiten, desde luego. Peor aún, hacen alardes de su comportamiento sexual, amplificando sus aventuras en la intimidad y provocando más confusión aún entre quienes los escuchan y no pueden evitar el hacer comparaciones. ¿Resultado de este estado de cosas? Existen muchos mitos con respecto a la sexualidad humana, y algunos de los más arraigados se refieren específicamente al *orgasmo femenino.*

333

PREGUNTA: Muchas mujeres consideran que les toma "demasiado tiempo" alcanzar el orgasmo. ¿Qué se considera como "demasiado tiempo"?

RESPUESTA: Todos los especialistas coinciden en que no existe "demasiado tiempo" para alcanzar el *orgasmo;* es decir, cada mujer debe tomarse el tiempo que sea necesario para excitarse debidamente y llegar a la culminación del acto sexual.

Es importante tomar en cuenta, además, que toda mujer es diferente, con necesidades únicas y muy específicas. Asimismo, se considera que –como promedio– la mujer necesita cuatro veces más tiempo que el hombre para llegar al grado de excitación necesario que la lleve a su *clímax sexual.* Los estudios efectuados al respecto indican que:

■ Un hombre, después de tres minutos de intensos *juegos sexuales,* puede llegar fácilmente al *clímax;*
■ en cambio, una mujer necesita trece minutos para alcanzar la estimulación necesaria que la lleve al *orgasmo.*

Lamentablemente, son muchas las mujeres que se preocupan excesivamente mientras están haciendo el amor, y permiten que la ansiedad las invada cuando comprueban que aún no se hallan listas para alcanzar el *orgasmo.* En esos instantes, dejan de pensar en el amor en sí y se preocupan por la posibilidad de que su pareja se aburra, o que llegue a eyacular sin ella tener su *clímax sexual,* poniendo fin al encuentro íntimo. Esa preocupación no solamente crea tensión en la mujer, sino que disminuye el disfrute del placer sexual.

Esto no tiene por qué ocurrir, siempre que la mujer se concentre en disfrutar al máximo las experiencias íntimas que está viviendo, sin preocuparse del momento en que pueda producirse su *clímax sexual.* Cualquier distracción en los momentos más íntimos, disminuirá su nivel de excitación y retardará el *orgasmo.* La mejor manera de obtener un *orgasmo* gratificante consiste en concentrarse totalmente en las sensaciones del momento... ¡exclusivamente!

334

PREGUNTA: ¿Cuántos orgasmos puede alcanzar la mujer en un encuentro sexual? ¿Es normal que la mujer logre su clímax sexual

una sola vez... o debe perseguir ese "orgasmo múltiple", del que tanto se habla...?

RESPUESTA: De nuevo, no se puede considerar que existen patrones establecidos con respecto al número de *orgasmos* que la mujer puede (y debe) alcanzar durante un encuentro sexual, ya que se trata de un proceso que varía mucho según la propia naturaleza e individualidad de la mujer en cuestión.

Hay muchos factores que pueden influir en el grado de excitación femenina durante el encuentro íntimo: desde el nivel de estimulación alcanzado, la disposición de la mujer a disfrutar del sexo, y la atracción que pueda sentir por su hombre, hasta el estado de su salud (en general) y su nivel de energía. Pero, además, es preciso considerar que hay muchas ocasiones en las que una mujer puede disfrutar plenamente del acto sexual con su hombre, sin sentir la necesidad imperiosa de llegar a su *clímax sexual*. Si sus encuentros sexuales resultan satisfactorios, entonces la frecuencia de los *orgasmos* es una cuestión estrictamente personal.

Ahora bien, si la mujer siente frustración después del encuentro sexual con su hombre, es evidente que debe considerar que *algo* está sucediendo en su vida íntima... *algo negativo*. En muchas ocasiones, esta frustración en la intimidad se debe a que el hombre no le proporciona la estimulación preliminar que ella necesita, o no satisface sus fantasías sexuales más personales.

Por ejemplo, las estadísticas compiladas en diferentes encuestas sexuales (realizadas anónimamente, a nivel internacional) revelan que muchas mujeres disfrutan plenamente de la estimulación oral de sus genitales durante el sexo, y que ésta es la forma en que más fácilmente pueden alcanzar su *clímax sexual*. Sin embargo, se abstienen de hacérselo saber a sus compañeros de sexo y, por lo tanto, desarrollan esos estados de ansiedad, frustración, y tensión en la intimidad que luego identifican como *frustración sexual*.

Es importante que la mujer le haga saber a su pareja cuáles son los estímulos que prefiere durante el acto sexual; las inhibiciones y los falsos pudores en la intimidad sólo provocan insatisfacción y frustraciones.

335

PREGUNTA:¿Existe alguna técnica para que una mujer pueda experimentar "orgasmos múltiples" durante un mismo encuentro sexual?

RESPUESTA: Por supuesto que sí; el secreto está en continuar tratando de alcanzar esa meta. Después de lograr el primer *orgasmo,* es evidente que el cuerpo de la mujer se siente invadido por una sensación de plenitud y satisfacción que le indica "haber terminado". Si la mujer desea alcanzar más *orgasmos,* es imprescindible que supere ese sentimiento característico y que se prepare mentalmente para continuar recibiendo y experimentando placer.

En ese camino hacia el *orgasmo múltiple,* puede esperar unos momentos (para disfrutar el *orgasmo* ya obtenido), o continuar haciendo el amor. El segundo *orgasmo* que se obtiene requiere menos estimulación, y para la mayoría de las mujeres es más fácil de alcanzar. Una vez que la mujer logra vencer la barrera mental del concepto de que con su primer *orgasmo* ya culminó el acto sexual, puede continuar alcanzando *orgasmos múltiples.*

Es importante tener presente que el *cerebro* es el órgano sexual más importante, tanto en la mujer como en el hombre. Si los procesos sexuales se continúan activando en la mente, la capacidad para lograr el *orgasmo múltiple* es evidente. En este sentido, una regla de oro:

■ Para alcanzar más de un *orgasmo* en un mismo encuentro sexual, la mujer no debe conformarse con su primer *clímax,* sino permitir que su mente continúe estimulándola hacia emociones íntimas más intensas y continuadas.

336

PREGUNTA: ¿Cuál es la mejor posición que debe adoptar la mujer, al hacer el amor, para llegar al orgasmo...?

RESPUESTA: Muchas mujeres encuentran ciertas posiciones más adecuadas que otras para llegar a su *clímax sexual.* La posición superior de la mujer, por supuesto, le permite más movimiento y contacto cuerpo a cuerpo con su pareja. Además, esta posición permite que el área del *clítoris* sea más accesible a la estimulación manual, algo que muchas mujeres necesitan para alcanzar el *orgasmo* durante el acto sexual.

337

PREGUNTA: ¿Es normal que la mujer siempre alcance el orgasmo durante el encuentro sexual?

RESPUESTA: Según las estadísticas, la realidad es que menos del 50% de las mujeres llegan al *orgasmo* durante el acto sexual. En muchas ocasiones, como el proceso de excitación del hombre es más rápido que el de la mujer, éste eyacula mucho antes de que la mujer alcance su plenitud sexual; como regla general, la pareja termina de hacer el amor una vez que esto ocurre, y son pocos los hombres que comprenden que deben continuar estimulando a la mujer para permitirle el tiempo necesario que la lleve a su *clímax sexual.*

Precisamente por esto muchas parejas prefieren concentrarse en los *juegos amorosos previos,* y en otras formas de gratificación, antes de la penetración. Además, es importante considerar que hay ocasiones en las que el *pene* no produce la estimulación sexual necesaria en la mujer; de ahí la necesidad de ensayar con diferentes posiciones y prolongar al máximo los *juegos preliminares del amor,* para que el nivel de excitación femenino sea el necesario y alcance el *orgasmo* con mayor facilidad.

338

PREGUNTA: ¿Puede afirmarse que hay orgasmos que son más intensos que otros? ¿Existe alguna diferencia entre la intensidad del orgasmo que produce la masturbación y el que se puede alcanzar durante el acto sexual?

RESPUESTA: Sí. Los *orgasmos* provocados por la *masturbación* tienden a ser más intensos y con más sensaciones de contracción y liberación que los que se logran durante la intimidad de la pareja; asimismo, ocurren con más rapidez. Esto se debe –quizás– al hecho de que la mujer sabe mejor cómo auto-estimularse (dónde tocar, la presión que debe ejercer en sus órganos genitales, y las caricias que debe aplicar). Además, no se puede olvidar que la *masturbación* es una actividad que requiere un alto grado de concentración; en los procesos de auto-erotismo, la mente está totalmente involucrada en la meta que se ha propuesto: lograr el *orgasmo,* sin inhibiciones, porque no hay la participación de extraños. Asimismo, algunos especialistas consideran que cuando la mujer alcanza su *clímax sexual* mediante el auto-erotismo, no se limitan las contracciones vaginales, y –por lo tanto– el *orgasmo* puede ser mucho más intenso (aunque no necesariamente más placentero).

339

PREGUNTA: Muchas mujeres hablan de "un orgasmo prolongado";

otras mencionan que, para ellas, es una experiencia breve, aunque explosiva. En realidad, ¿cuánto tiempo debe durar el orgasmo?

RESPUESTA: En las investigaciones clínicas efectuadas al respecto (empleando un instrumento flexible que se introduce en la *vagina* para registrar las contracciones), se ha determinado una duración que oscila entre 19 y 28 segundos, con un promedio de 23 segundos. El *clímax masculino,* por el contrario, solamente dura unos pocos segundos.

Cuando se habla de *orgasmos* que "duran más" en la mujer, casi siempre se trata de *orgasmos múltiples* o períodos extendidos de excitación que la mujer confunde con "un *orgasmo prolongado".* Prestando la debida atención, la mujer puede aprender a identificar el tipo de *orgasmo* que experimenta.

340

PREGUNTA: ¿Existe alguna manera de lograr que los orgasmos sean más intensos?

RESPUESTA: Cuando se produce el *orgasmo,* el *músculo pubococcígeo* (que rodea rodea el tercio inferior de la vagina) se contrae involuntariamente. Muchos terapeutas sexuales opinan que determinados ejercicios (los llamados *ejercicios de Kegel,* entre otros) permiten fortalecer este músculo y, al mismo tiempo, provocar que los *orgasmos* que la mujer alcance sean más intensos.

Los *ejercicios de Kegel* consisten en contraer este músculo (como cuando se reprimen los deseos de orinar), y relajarlo seguidamente. Se deben hacer en repeticiones de diez, unas cuantas veces al día. Con el tiempo estos ejercicios pueden incrementar la capacidad en la mujer de tener *sensaciones orgásmicas* más placenteras.

341

PREGUNTA: ¿Qué siente el hombre cuando la mujer alcanza el orgasmo durante el encuentro sexual?

RESPUESTA: Varias sensaciones. Por ejemplo, el hombre percibe la contracción de los músculos pélvicos de la mujer, así como las contracciones que se producen en el área inferior de la *vagina;* posiblemente también perciba una cierta expansión en la *vagina,* la cual se produce a medida que la mujer se aproxima al momento del *orgasmo.*

Pero igualmente existe la posibilidad de que el hombre no sienta ninguno de estos estímulos, ya que –contrariamente a lo que muchas personas piensan– el *pene* en erección no es tan sensible a las contracciones vaginales como cuando está relajado. Además, el hombre por regla general está muy involucrado en sus propias sensaciones mientras hace el amor, y lo más probable es que no se dé cuenta de lo que está sucediendo en el cuerpo de la mujer. Pobablemente prestará más atención a sus expresiones externas (frases, sonidos de placer, presiones, convulsiones, etc.) que a estos procesos internos.

342

PREGUNTA: ¿Por qué no todos los orgasmos son intensos?

RESPUESTA: Si la mujer considera que el *orgasmo* que ha alcanzado no tiene la intensidad que ella espera, lo que puede estar ocurriendo es que el *preludio amoroso* (la estimulación anterior a la penetración) ha sido tan intenso que en realidad provocó un *orgasmo,* sin que el mismo fuera identificado. Este es el motivo por el cual la mujer siente una sensación tan placentera. Lo que muchas mujeres identifican como "el *clímax*", durante la penetración, es básicamente el final de su *orgasmo.*

Sin embargo, en este sentido no existen reglas que puedan ser consideradas como generales. Un *preámbulo amoroso* intenso, antes de la penetración, puede conducir a lo que se considera "un *orgasmo* ligero"; en otras ocasiones, este *orgasmo* que la mujer casi siempre califica de "prematuro", puede ser intenso y explosivo.

Es importante tener en cuenta que, ocasionalmente, las mujeres experimentan *orgasmos* que no son tan expansivos como ellas quisieran para sentirse plenamente satisfechas. Los hombres son más consistentes con respecto a su *clímax sexual,* pero también la intensidad de la eyaculación puede variar de acuerdo con las circunstancias.

Otra regla de oro:

■ Si la mujer siente que su *orgasmo* no alcanza toda la intensidad que desea, es evidente que necesitará de una mayor estimulación íntima.

Es decir, una vez que sienta que nuevamente está acercándose al momento del *clímax,* es importante que permita que la sensación disminuya... y luego vuelva a aumentar la intensidad, antes de que llegue al *clímax* definitivo. De esta manera el *orgasmo* puede ser más intenso.

343

PREGUNTA: Los pensamientos e imágenes eróticas... ¿constituyen un recurso efectivo para que la mujer alcance el orgasmo?

RESPUESTA: Según las investigaciones sexológicas, los pensamientos e imágenes eróticas que normalmente pasan por la mente de cualquier persona (las llamadas *fantasías sexuales),* constituyen uno de los recursos mejor aprovechados por las mujeres que se encuentran satisfechas con respecto a su vida sexual. Estas mujeres emplean esos pensamientos e imágenes como especie de *aperitivos sexuales,* y nunguna considera que alimentar esas *fantasías* constituya un "pecado", o "un acto sucio o inmoral". Por el contrario, están convencidas de que prepararse para el encuentro sexual es una actitud saludable, y muy natural... además de que facilita la posibilidad de llegar al *orgasmo..*

El objetivo fundamental de las *fantasías sexuales* es lograr la estimu-lación sexual. Estas mujeres consideran que al imaginar y entregarse a sus *fantasías* más íntimas con respecto a un encuentro amoroso, están garan-tizando que el amor sea luego tan estimulante y excitante como ellas lo desean.

Tercera regla de oro:

■ Para que la mujer logre su *orgasmo,* es importante que le dé rienda suelta a sus *fantasías sexuales,* y estimule las de su hombre.

Muchas mujeres admiten que cuando saben que una determinada *fantasía sexual* excita a su pareja, la realizan de manera espontánea. Esto produce un efecto maravilloso en la intimidad.

344

PREGUNTA: ¿Existe determinada hora, o día del mes, en la que alcanzar el orgasmo sea más fácil...?

RESPUESTA: La hora del día no debe facilitar ni afectar la intensidad del *orgasmo,* si la mujer se encuentra en la disposición apropiada para hacer el amor. Sin embargo, muchos hombres prefieren tener la relación sexual por la mañana, ya que es la hora en que sus niveles de *testosterona* (la hormona sexual masculina) están más altos, además de que su capaci-dad energética es mayor (después del sueño reparador).

Con respecto al día del mes, muchas mujeres identifican que su deseo sexual varía de acuerdo con su ciclo menstrual. Algunas son más propicias a la excitación sexual en los días antes (o durante) sus períodos; otras a mediados de la menstruación.

La intensidad del *orgasmo* también se ve afectada por la fase del ciclo menstrual en que sea alcanzado; hay diferentes sensaciones en los genitales femeninos que dependen del volumen de sangre en el *útero*. Justamente antes de la menstruación, el *orgasmo* suele ser más intenso porque el área pélvica está saturada de sangre.

345

PREGUNTA: El sexo programado, ¿influye en la capacidad de la mujer para lograr el orgasmo?

RESPUESTA: La mayoría de las mujeres coinciden en que no sólo es importante la *calidad* del acto sexual, sino también la *frecuencia* con el que éste se realiza. Desde luego, consideran que "programar" sus encuentros sexuales resulta algo demasiado frío y mecánico, que es lo que sucede con esas parejas que marcan en sus calendarios los días en que está establecido de antemano que harán el amor, como si se tratara de la agenda de un ejecutivo.

Sin embargo, sí se pueden propiciar deliberadamente los momentos para hacer el amor: por ejemplo, planificar salidas a cenar, pasar fines de semana en determinados lugares... Lo más probable es que esas situaciones lleven a un apasionado encuentro sexual satisfactorio para ambos miembros de la pareja. Asimismo, las investigaciones permiten comprobar que cuando existe el ambiente propicio para el amor, a la mujer le es más fácil alcanzar el *clímax sexual,* porque mentalmente está preparada para ello.

346

PREGUNTA: Además de la estimulación adecuada, y el tiempo que se dedica a los juegos preliminares, ¿qué otros factores facilitan la posibilidad de que la mujer alcance su orgasmo?

RESPUESTA: Todos los sexólogos estamos de acuerdo en que es muy importante la existencia de una atmósfera adecuada y propicia para garantizar el éxito del encuentro sexual. Las luces suaves de la habitación, la ropa de cama de materiales sensuales, un toque perfumado en el ambiente... todos estos detalles crean una intimidad (una especie de magia especial) que prepara favorablemente a ambos miembros de la pareja para la actividad sexual. Asimismo, la ropa interior también debe ser atractiva y provocativa. El objetivo de estos elementos eróticos es sorprender, halagar, complacer en los momentos más íntimos de la pareja.

Aunque la mujer se prepare sicológicamente durante el día para el encuentro amoroso, a veces tropieza con una cruda realidad: es necesario ocuparse de las tareas domésticas, de los niños... y la aglomeración de todas estas situaciones atenta contra la plenitud sexual que se pueda haber concebido. ¿Qué hacer? Con un baño (o una ducha tibia) se logran efectos sorprendentes, ya que se eliminan las tensiones del día y se produce un relajamiento físico y mental que ayuda a evitar que el peso de las responsabilidades interfiera con el encuentro sexual y con la capacidad de alcanzar el *orgasmo*. ¡Esto contribuye a crear el estado de ánimo que es esencial para tener éxito al hacer el amor!

347

PREGUNTA: Las mujeres no pueden cerrar los ojos a los diferentes recursos que hoy existen para la estimulación sexual, y entre ellos es preciso mencionar el vibrador electrónico, que hasta se vende por correos. ¿Es posible extralimitarse en el uso de un vibrador?

RESPUESTA: Sí. Inclusive, si el vibrador se usa en exceso, puede llegar a desensibilizar temporalmente las terminaciones nerviosas de la vagina de la mujer. Además, se corre el peligro de depender mucho de este implemento mecánico, y entonces no experimentar el mismo placer sexual con la pareja (hay que considerar que el *pene* del hombre no es un vibrador y, por lo tanto, no proporciona vibraciones eléctricas). La estimulación con la mano y el cuerpo es más lenta; en cambio, la estimulación con el vibrador es más intensa, y –con el tiempo– pudiera llegar a preferirse si se utiliza excesivamente. La opinión de la inmensa mayoría de los sexólogos: prescinda de estos "juguetes" eróticos.

348

PREGUNTA: ¿En qué etapa de su vida son más intensos los orgasmos de la mujer?

RESPUESTA: Nuevamente, éste es un factor que depende de la naturaleza de cada mujer. Es evidente que algunas mujeres desarrollan una mayor *capacidad orgásmica* a medida que avanzan en años (especialmente después de haber pasado la etapa de la menopausia), y esto se debe a numerosas razones:

- No tienen que preocuparse por la posibilidad de que se presente un embarazo no deseado.
- Su nivel de auto-confianza y seguridad personal es mayor.
- El flujo sanguíneo en el área pélvica es mayor (debido a los partos anteriores).

Otras, sin embargo, necesitan más estimulación de sus órganos genitales, o un tiempo mayor de excitación durante los *juegos preliminares del amor* para alcanzar el *orgasmo.* ¡Ambas son respuestas normales del organismo femenino!

349

PREGUNTA: Hay mujeres que nunca alcanzan el orgasmo precisamente porque temen que los mismos provoquen dolor. ¿Pueden presentarse orgasmos dolorosos...?

RESPUESTA: El dolor durante el acto sexual casi siempre se asocia al acto en sí, y no al *orgasmo.* Algunas mujeres describen confusamente su *clímax sexual* como "una sensación tan placentera, que produce dolor". En realidad, la sensación es placentera en sí, pero existe en ellas el temor a experimentar dolor, y por ello asocian este elemento con el *clímax.* Precisamente por temor al dolor es que algunas mujeres se inhiben en sus momentos sexuales culminantes, y frustran la posibilidad de que se produzca el *orgasmo.* No obstante, si el *orgasmo* en sí provocara algún dolor (o molestia), es evidente que la mujer debe consultar inmediatamente a su ginecólogo.

350

PREGUNTA: ¿Es necesaria la estimulación del clítoris para que se produzca el orgasmo?

RESPUESTA: En realidad se trata de una situación rara, pero no hay duda de que puede ocurrir: hay mujeres que alcanzan el *orgasmo* cuando sus *pezones* son estimulados; otras llegan al *clímax sexual* sólo con mentalizar sus fantasías sexuales; y muchas mujeres logran mientras duermen (aproximadamente el 40%).

SINCRONIZACION SEXUAL
¿QUE SUCEDE SI LA ARMONIA INTIMA QUEDA INTERRUMPIDA?

351

PREGUNTA: ¿A qué pudiéramos llamar "sincronización sexual"?

RESPUESTA: La *sincronización sexual* (o *armonía sexual*) se define como "la capacidad de poder realizar el acto sexual plena y satisfactoriamente, en un momento determinado, por los dos miembros de la pareja".

352

PREGUNTA: ¿No se supone que ante los estímulos adecuados, y con una actitud positiva, la pareja siempre esté dispuesta para hacer el amor...?

RESPUESTA: No, ése es uno de los tantos mitos que aún circulan con respecto a la sexualidad del ser humano.

■ Los hombres, por lo general, constantemente aseguran que "siempre están dispuestos para el amor" y hacen alarde de una potencia sexual que en la práctica pocas veces existe.

■ Las mujeres, quizás calladamente, también consideran que siempre están listas para hacer el amor con el hombre que aman.

Pero prueba de estos falsos alardes de ambos sexos son las estadísticas compiladas por los siquiatras y sexólogos, a quienes acuden verdaderas legiones de mujeres y hombres que se quejan de que "cuando yo quiero, él no tiene ganas" o "si se lo pido, siempre recurre a un pretexto para enfriarme"... o, sencillamente, "¡hace seis meses que no tenemos relaciones íntimas!". Son éstas situaciones que provocan conflictos conyugales de todo tipo, y muchas veces representan el inicio del deterioro de la relación matrimonial, especialmente si existen otros factores ajenos a la intimidad que también puedan estar afectando la armonía de la pareja (dificultades económicas, situaciones difíciles en el trabajo, conflictos familiares, problemas con los niños, etc.).

353

PREGUNTA: ¿Qué factores pueden provocar la falta de sincronización sexual en la pareja?

RESPUESTA: Aunque pocas veces se habla de ello, está comprobado que los factores que con mayor frecuencia provocan la falta de *sincronización sexual* son de índole personal y laboral. Consideremos algunos ejemplos para ilustrar mejor esta escabrosa cuestión de la que muchas mujeres protestan... y de la cual pocos hombres quieren hablar:

■ A veces las obligaciones son enemigas del sexo. El hombre llega tan cansado del trabajo, y con un proyecto importante (y, desde luego, muy urgente) que debe dterminar esa misma noche, a cualquier hora. La mujer, en cambio, desea tener relaciones íntimas con él... mientras lo espera en la cama, ansiosa, él continúa enfrascado con sus papeles y sus números. Cuando finalmente él se acuesta junto a ella, la mujer ya está dormida; él también, se siente agotado. El hecho de que "las cosas" se hayan producido de esta manera es una especie de bendición para él, quien se siente relevado temporalmente de sus obligaciones conyugales... por esa noche. Para ella, evidentemente, es una gran frustración.

■ Los horarios de trabajo no son compatibles... Se trata de una situación frecuente en este mundo dinámico en que vivimos, en el cual los horarios de trabajo son cada vez más caprichosos, y en el que por lo general ambos miembros de la pareja se ven precisados a trabajar. Por ejemplo, consideremos un matrimonio promedio: ella tiene un trabajo con un horario normal... en una oficina de 8.30 a.m. a 5.30 p.m. El comienza a trabajar a las 3 p.m. y regresa a su hogar pasada la medianoche. En ese instante, el apetito sexual de él se halla en toda su intensidad... pero ella apenas se despierta para darle un beso de bienvenida y otro de buenas noches. Si él insiste en sus insinuaciones, sexuales, ella no vacila en decirle "ahora no, mi amor... ¿no ves que estoy dormida?". A la mañana siguiente, es él quien duerme plácidamente y ella quien se consume de pasión sexual. Ni siquiera el café que ella le lleva a la cama logra hacerlo reaccionar... "después mi amor... ¿no ves que ahora estoy completamente dormido?".

■ Ella quiere amar de día... pero a él no se le despierta la pasión hasta por la noche. Los hábitos de esta pareja, nuevamente, muestran su falta de *sincronización sexual*... entre ambos cónyuges se interponen las realidades del biorritmo, y ninguno de los cónyuges logra ponerse de acuerdo para que el hacer el amor sea una situación que se produzca espontáneamente (a cualquier hora) y que resulte placentera para ambos.

■ Cada vez que uno de los dos miembros de la pareja quiere hacer el amor, la otra parte está cansada... o "le duele la cabeza". En estos casos, el sexo ha dejado de interesar parcialmente a ambos cónyuges (no vamos a analizar el motivo que ha llevado a esta situación), pero uno o ambos miembros de la pareja busca un pretexto tras otro para evitar las relaciones íntimas.

354

PREGUNTA: Si un miembro de la pareja no está de acuerdo con una manifestación sexual del otro... ¿puede este factor interrumpir la sincronización sexual?

RESPUESTA: En efecto. En ocasiones, la interrupción de la *armonía sexual* en la pareja se produce porque uno de los cónyuges no está de acuerdo con las manifestaciones de creatividad sexual del otro y, sin embargo, se somete resignadamente a ellas... por vergüenza, por obligación, o porque no encuentra otra alternativa. En estos casos, más tarde o más temprano, la situación de desequilibrio sexual hará crisis.

Muchas personas aceptan hacer lo que no quieren en la intimidad porque piensan que una negativa puede provocar el resentimiento en el cónyuge rechazado y dar lugar a malas interpretaciones. Así, para evitar una negativa a sostener relaciones sexuales, la cual pudiera considerarse ofensiva, muchos cónyuges (hombres y mujeres por igual) recurren a las llamadas *técnicas evasivas* para ignorar los avances sexuales de sus compañeros: o bien se hacen los dormidos, o inventan dolores de cabeza o de espalda, o se involucran en el trabajo en forma obsesiva, o se quejan de que no tienen tiempo para hacer el amor. En ocasiones extremas, hay cónyuges que inclusive prefieren tener una confrontación agresiva con tal de escapar del encuentro sexual... ya esto es síntoma de una interrupción de la *armonía sexual* que casi podría ser considerada como definitiva.

Es evidente que las *tácticas evasivas* afectan negativamente las relaciones de la pareja, e inclusive puede llevar fácilmente a los cónyuges a la violencia. Sin embargo, hay muchas formas de superar situaciones sexuales con las que no se está de acuerdo. La más adecuada –y las que más resultados positivos genera– es manifestar la verdad de los sentimientos al cónyuge, a la misma vez, asegurándole que esto no significa en forma alguna que el amor o el deseo sexual hayan variado. Simplemente, al igual que hay que colores que rechazamos o ritmos musicales que no nos gustan tanto, o platos que pasamos por alto, en la vida sexual de la pareja hay elementos que se prefieren a otros. Un cónyuge inteligente sabrá comprender... ¡y aceptar!

355

PREGUNTA: ¿Qué sucede cuando la sincronización sexual no vuelve a ser lograda?

RESPUESTA: La relación conyugal se convierte en una simple asociación entre dos individuos, en la que falta todo... desde el amor, la ternura, y la preocupación afectiva, hasta la pasión y el deseo sexual en sí. Poco a poco, los cónyuges se van convirtiendo en compañeros de habitación, el interés físico entre ambos se va neutralizado (o llega a desaparecer). Y el sexo, cuando finalmente se produce, resulta insatisfactorio para ambos; es rápido, de rutina, y se cumple como "una obligación más" en la complicada agenda del día.

356

PREGUNTA: ¿Es frecuente en las parejas actuales la falta de sincronización sexual?

RESPUESTA: La falta de *sincronización sexual* está más generalizada de lo que a veces pudiéramos pensar. Y cuando se produce este conflicto de horarios para hacer el amor, no hay duda de que la felicidad de la unión conyugal peligra y que es importantísimo tomar medidas de emergencia.

■ A veces, la solución es sencilla y sólo requiere un ajuste menor y la consciencia de ambos cónyuges de lo que está sucediendo en su vida conyugal.

■ En otras ocasiones, es preciso hacer un esfuerzo –por ambas partes– para volver a sincronizar los relojes sexuales y que las relaciones íntimas adquieran los niveles de pasión de los primeros tiempos.

357

PREGUNTA: ¿Cómo es posible lograr el ajuste sexual?

RESPUESTA: Para lograr el ajuste perfecto y la espontaneidad del acto sexual, primeramente hay que analizar varios factores de suma importancia. El principal de ellos es la necesidad que existe de que la pareja comprenda que la *sincronización sexual* es una cuestión que les atañe a ambos y no empiecen a inculparse mutuamente por lo que está sucediendo entre ellos.

Un método un tanto controversial, pero que se ha comprobado que ofrece resultados positivos, es el de la llamada *agenda sexual*. Se trata de escribir en un calendario cuáles son los días y las horas en los que se va a hacer el amor y cuáles no (es decir, señalar una serie de días prohibidos). Aunque al principio esta idea pueda resultar algo fría, calculada y hasta chocante a algunos (¿incluir el amor íntimo en la vida conyugal como si fuera un trabajo... similar a escribir una carta o reparar el automóvil?), los resultados demuestran ser sumamente efectivos. Primeramente, el hecho de que se incluyan "días prohibidos" en la agenda despierta el deseo de romper esa prohibición y la pasión comienza a inflamarse... y ése es, precisamente el propósito de la técnica.

Esta técnica es empleada en diferentes *clínicas del sexo* en los Estados Unidos y Europa, generalmente con gran éxito. Una vez que la pareja logra sincronizar de nuevo sus relojes sexuales, las relaciones íntimas vuelven a la normalidad. Desde luego, nunca se puede esperar que esa *sincronización sexual* sea perfecta y que funcione con la precisión de un reloj suizo; es posible que en algún momento la pareja no coincida en sus deseos sexuales, y en situaciones de este tipo, es conveniente que los cónyuges hagan los ajustes debidos, y que muestren la comprensión que debe existir siempre entre dos personas que se aman profundamente.

358

PREGUNTA: ¿En qué consiste la llamada "técnica de sugerir y esperar"?

RESPUESTA: Independientemente de las condiciones específicas que existen en una relación, la experiencia demuestra que cuando tanto el hombre como la mujer desean compartir la intimidad, lo más adecuado es no involucrarse directamente en el hecho en sí de hacerse el amor. Es preferible insinuar, dejar pasar un rato, y esperar a que en la mente de la otra persona comiencen a surgir ideas creativas y realmente excitantes de lo que puede ser un encuentro íntimo placentero.

Veamos cómo funciona esta técnica en la práctica:

■ El hombre acaba de llegar del trabajo, y ella está ansiosa por hacer el amor... durante el día ella ha tenido mil *fantasías sexuales* diferentes que ahora quiere poner en práctica.

■ El le da un beso junto a la puerta, y ella se lo devuelve agregando que "hoy, especialmente, te he necesitado... mucho". La sugerencia está planteada implícitamente, pero no hay insistencia de su parte.

■ Seguidamente, es apropiado elegir un tema de conversación que despierte emociones intensas en su hombre. Por ejemplo, si se trata de un fanático del fútbol, es posible hablarle sobre determinado partido o jugador. El propósito de esto es llevarlo a un estado de excitación y alerta, un requisito indispensable para mover las reservas y energías del organismo hacia una actividad superior: el amor, en este caso.

■ Una vez que logre que su pareja esté alegre y entusiasmada, vuelva a plantear el asunto inicial (el deseo de hacer el amor)... y no insista. Paulatinamente, la idea irá cobrando forma y fuerza, hasta que se produzca la relación íntima esperada.

359

PREGUNTA: ¿Es posible que la falta de sincronización sexual se deba a la diferencia de edad que pueda existir entre los miembros de la pareja que ha perdido la armonía sexual...?

RESPUESTA: No siempre. Muchas personas se preguntan con qué frecuencia es normal hacer el amor... y hay preguntas que no tienen respuestas exactas... ¡ésta es una de ellas! Cada persona es diferente; cada pareja forma un todo distinto. Los estudios realizados por sexólogos de gran prestigio internacional sí demuestran que:

■ El apetito sexual del hombre es más intenso entre las edades de 16 a 25 años,

■ mientras que las mujeres se hallan en su plenitud sexual entre los 35 y los 43 años (aproximadamente).

Pero es preciso insistir: cada persona es diferente en lo que respecta a sus niveles de energía sexual, y es posible que estas estadísticas (obtenidas generalmente en una forma fría e impersonal en los consultorios de los siquiatras y sexólogos) puedan variar de un individuo a otro.

360

PREGUNTA: ¿Hay soluciones para tratar la falta de sincronización sexual? En otras palabras, ¿es posible encontrar una solución al desbalance sexual que se pueda producir en una pareja?

RESPUESTA: Digamos que el hombre insiste en hacer el amor constantemente; la mujer, en cambio, no tiene su apetito sexual tan desarrollado. A veces acepta sus intentos de seducción y se enfrasca en una actividad sexual para la que en verdad no estaba debidamente preparado. Sí, la realidad es que disfruta de esos momentos íntimos... pero no con la intensidad de otras veces.

¿Qué hacer en estos casos? Los sicólogos están de acuerdo en que la comunicación entre los miembros de la pareja es la mejor manera de solucionar una situación de falta de *sincronización sexual*. A veces es hasta preciso hacer uso de habilidades diplomáticas y llegar a un tipo de negociación en la que ambos cónyuges se sientan complacidos y no limitados en su vida sexual. Pero también es muy importante que los miembros de la pareja estén conscientes de la diferencia que existe entre los términos *frecuencia sexual* y *buen sexo*. Es decir, la mecánica del acto sexual en sí no tiene secretos. En cambio, *hacer el amor en una forma plena,* es una actividad mucho más compleja y requiere el involucramiento físico y emocional de los participantes.

Por ello, cuando se percibe que la intimidad se está volviendo un acto mecánico y sin emociones, esto es una advertencia que debe preocupar. ¿Qué está provocando esa situación de desequilibrio sexual? ¿Puede ser superada? Y, sobre todo... ¿cómo? Afortunadamente, en una inmensa mayoría de los casos, la solución es muy simple: hablar abiertamente sobre la situación que se está manifestando, comprender los problemas de ambos, y mostrar una actitud abierta que conduzca a la superación del conflicto. Si por el contrario los miembros de la pareja cierran los ojos a las verdades de su vida romántica, entonces los problemas aumentarán rápidamente y será muy difícil recuperar el balance y la *sincronización sexual.*

361

PREGUNTA: ¿Qué se puede hacer en el caso en que la energía sexual de la mujer es superior a la del hombre...?

RESPUESTA: Puede darse la situación en que la mujer tiene una mayor energía sexual que la de su hombre... y éste es el factor que provoca la falta de *sincronización sexual* en la pareja. En estos casos, los especialistas recomendamos que la mujer exponga a su compañero sexual (sin evasiones de ningún tipo) cuáles son sus preferencias íntimas, incluyendo las más inquietantes. En algunas situaciones, hasta se recomienda que la mujer exponga tres elementos en la técnica de amar de su compañero que ella quisiera modificar. El –por su parte– debe escuchar y analizar estas sugerencias (por lo general constituyen un estímulo erótico poderoso) e implementarlas, si es posible.

362

PREGUNTA: A veces la falta de sincronización sexual es provocada porque las fantasías sexuales no coinciden... ¿Qué se puede hacer en estos casos?

RESPUESTA: Está comprobado en infinidad de estudios siquiátricos que todos los seres humanos –aunque no lo reconozcan o admitan abiertamente– recurren a las *fantasías sexuales* como un medio de estimulación sexual (un hecho absolutamente normal que no debe preocupar ni avergonzar a nadie). Y estas imágenes que se forman involuntariamente en nuestro *cerebro* a veces pueden ser la solución a las situaciones de la falta de *sincronización sexual* en una pareja.

Lamentablemente, no todas las mujeres ni los hombres tienen la sinceridad y la confianza que se requieren para manifestar abiertamente estos deseos sexuales inhibidos. Sin embargo, en casos de desbalance y falta de *armonía sexual* es recomendable que se propicien las confesiones íntimas para equilibrar sexualmente a los cónyuges y devolverles el dinamismo a una pareja que hasta cierto punto pueda estar hastiada en la intimidad (por diferentes factores).

Los cónyuges deben definir: ¿Han identificado cuáles son sus *fantasías sexuales* más íntimas? ¿Desean hacer el amor en una posición diferente... en otro lugar... a otra hora? ¿Qué les estimula realmente en su vida íntima? Es importante que definan –sin temor o auto-censura de ningún tipo– cuáles son sus necesidades más íntimas... y que de alguna manera traten de implementarlas. Es lo que comúnmente se conoce como *mantenerse sexualmente creativo,* y la técnica constituye un verdadero antídoto infalible para evitar (o corregir) la falta de *sincronización sexual.*

Pero, igualmente, si los cónyuges están verdaderamente interesados en recuperar la *sincronización sexual* en su vida íntima, es importante que

¿HACER EL AMOR UNICAMENTE EL SABADO POR LA NOCHE?

Al comenzar un nuevo milenio, aún existen infinidad de mitos y falsos conceptos alrededor de los temas sexuales, sobre todo en nuestros países hispanoamericanos, donde la palabra *sexo* ha sido un tabú al que se le ha dado más importancia de la que en realidad tiene. Entre estos mitos se halla el de la periodicidad y frecuencia que debe existir en la vida íntima de la pareja, algo que ha llevado al fracaso a más de un matrimonio feliz que, sencillamente, no han logrado la *sincronización sexual* en este sentido.

¿En realidad debe establecerse la periodicidad para las relaciones sexuales? ¿Debilita –en el aspecto físico– la intimidad al hombre y a la mujer? La respuesta es un NO, y un NO muy enfático. La rutina es siempre negativa, y el encuentro sexual no debilita el interés de los cónyuges, ni fatiga físicamente a la pareja. Es más, la abstención sexual sí puede ser más perjudicial (para el cuerpo y para la mente) que la relación sexual frecuente.

Por el contrario a lo que algunos puedan pensar, todas las investigaciones científicas realizadas a nivel internacional demuestran que el acto del amor no disminuye la reserva de energías de que dispone el ser humano, ni en el hombre ni en la mujer. Si algunos sienten cierto agotamiento físico después de hacer el amor en determinados períodos de sus vidas, el mismo no debe ser atribuido a las relaciones sexuales frecuentes, sino a causas completamente ajenas (pueden ser investigadas y tratadas con efectividad).

¿POR QUE HAY PAREJAS QUE ESTABLECEN UNA SINCRONIZACION SEXUAL ARBITRARIA?

Muchos hombres sólo sienten el deseo sexual un día determinado a la semana; por lo general el sábado por la noche, según las encuestas internacionales. Lamentablemente, pocas parejas hablan abiertamente de estos problemas tan íntimos y hacen poco esfuerzo por resolverlos satisfactoriamente. Hay hombres que confiesan que propician la intimidad exclusivamente el sábado por la noche porque así pueden descansar dos noches y un día antes de comenzar nuevamente la rutina y el trabajo de la semana. Y esto no es común solamente en los hombres de ya cierta edad, en quienes pudiera considerarse que el deseo sexual no es tan intenso. Los jóvenes también llegan a caer en este ciclo semanal inexorable después de superada esa primera etapa de la vida conyugal en que la pasión supera a toda racionalización.

Pero es posible que la preocupación por la pérdida de energías no sea el único motivo por el cual un hombre sólo sienta deseos sexuales la noche del sábado. A veces el matrimonio cae en esa rutina sexual semanal debido a la indolencia. La posibilidad de dormir hasta más tarde la mañana del domingo puede que tenga una importancia decisiva para que muchos cónyuges sólo busquen la intimidad sexual el sábado en la noche. O el hecho de que el marido llega más temprano a la casa ese día puede influir para que esa pareja tenga relaciones sexuales exclusivamente esa noche. Para un hombre que está dedicado a realizar una actividad intensa, el descanso tiene una importancia vital. Al sentirse descansado, siente el deseo con más intensidad. Después del acto sexual, considera que es más libre, y que ha alcanzado la felicidad plena. No obstante, eso no justifica en forma alguna el caer en la rutina y el convertir la *sincronización sexual* en un hecho forzado arbitrariamente. Es evidente que la armonía sexual no puede ser impuesta al otro miembro de la pareja.

O el amor se hace entre dos, o... no es amor. Esta es una verdad ineludible que todos debemos aceptar. El problema debe tener dos dimensiones y los dos protagonistas deberán estar siempre en un plano de absoluta igualdad. El deseo sexual no puede ser constante, ni en el caso del hombre y en el de la mujer. Por ello, fijar un día determinado a la semana para hacer el amor significa –en primer lugar– negar esta igualdad. Porque aunque a veces ambos cónyuges coincidan en su disposición para amar, es poco frecuente que los dos protagonistas de la relación sexual se sientan con el mismo deseo un día determinado programado tan fríamente, y con tanta anticipación.

escuchen cuáles son las *fantasías sexuales* de su cónyuge, y que –asimismo– traten de implementar aquéllas con las que puedan estar de acuerdo. Estas confesiones íntimas constituyen un poderoso afrodisíaco y una cura natural para parejas que por un motivo u otro han perdido la *sincronización* de su apetito sexual.

363

PREGUNTA: ¿Qué es la llamada "técnica del amor instantáneo"?

RESPUESTA: Un sistema que ofrece resultados positivos a los sexólogos en el tratamiento de parejas que han perdido la *sincronización sexual* consiste en amarse en un instante. Cuando la pareja sabe que sólo dispone de unos minutos para hacer el amor, esto por lo general provoca un estado de excitación en ambos que los lleva a romper el límite de tiempo establecido. Así, poco a poco se va derritiendo el hielo que pueda haber provocado la falta de *sincronización sexual,* y la pareja vuelve a ajustar sus relojes sexuales.

Por supuesto, estos métodos no son infalibles, ni universales. La pareja debe, primeramente, analizar qué es lo que realmente está sucediendo en su relación conyugal; es decir, determinar por qué factores se ha perdido la *sincronización sexual.* Hay hombres y mujeres tan obsesionados con la idea del éxito en su trabajo, de alcanzar las metas que se han impuesto, o en la manera de triunfar socialmente y hacer dinero, que prácticamente han estrechado sus horizontes de tal forma que ya no son capaces de disfrutar aquello por lo que están luchando en una forma tan denodada. En todos estos casos, el asesoramiento profesional (un siquiatra o consejero conyugal) es lo más recomendable para que la *armonía sexual* vuelva a ajustar a ambos cónyuges en su vida íntima.

364

PREGUNTA: ¿Cuáles son las excusas más socorridas entre los cónyuges para no hacer el amor?

RESPUESTA: Varias; la creatividad del ser humano para rechazar el contacto sexual es francamente sorprendente. Las más frecuentes –de acuerdo a encuestas anónimas internacionales– son las siguientes:

■ Esta noche no... mañana tengo que levantarme muy temprano.
■ Ahora no puedo... Estoy muy preocupado con el trabajo que tengo.

- ¿Acaso piensas que hacer el amor es la única ocupación que yo tengo?
- El dolor de cabeza me está matando...
- ¡No tengo anticonceptivos... No podemos correr el riesgo!

En estos casos de rechazo debido a la falta de *sincronización sexual,* lo más recomendable es seleccionar una actividad grata que les proporcione placer a ambos cónyuges, sin la necesidad de insistir en llegar a la intimidad sexual. Pueden bañarse juntos, invitarle a que tome un baño mientras usted le da un buen masaje corporal, o sencillamente, pueden acostarse juntos y acariciarse mutuamente... sin llegar al amor pleno.

A veces una mujer o un hombre están ansiosos por tener relaciones íntimas pero –por ciertas razones– se inhiben en sus deseos. Y en este punto debe aclararse que es muy importante que nunca se utilice el sexo como un arma de "premio" o de "castigo"... porque ello sería fatal para las relaciones conyugales. Cuando una relación entre dos personas ha llegado a ese extremo, la realidad es que *todo* se ha estropeado. Además, es importante comprender que hay casos en los cuales, verdaderamente, uno de los cónyuges está cansado, le duele la cabeza, está preocupado o no tiene anticonceptivos... En situaciones de este tipo, entonces es conveniente comprender y aceptar.

Pero no nos referimos en este caso a situaciones casuales o esporádicas que se puedan presentar en un momento dado, porque la falta de *sincronización sexual* no es un fenómeno que ocurre solamente una o dos veces en el mes. Se trata de un patrón que se repite con mucha frecuencia y que, cuando ocurre, indica la presencia evidente de un conflicto conyugal que debe ser analizado muy bien por ambos cónyuges... si no se quiere estropear una buena relación por una simple falta de entendimiento y ajuste.

Si el hombre y la mujer saben llenar su vida en común basada en el afecto y el amor sincero, la unión sexual surge casi siempre espontáneamente, como una culminación a todo lo bello que existe en el amor. Ahora bien, si lo único que une a dos personas es en realidad el sexo (el amor físico), entonces no se puede hablar de amor sino de una especie de "contrato pasional" que está basado en el egoísmo llevado a su más alta expresión.

365

PREGUNTA: ¿Cómo se puede recuperar la sincronización sexual?

VIDA SEXUAL DE LA PAREJA

RESPUESTA: La pareja sexual humana está integrada por dos individuos que tienen una constitución física diferente, con una capacidad emotiva distinta, y condicionados por estímulos muy diversos. Además, sobre ella están influyendo constantemente una serie de factores externos con mayor o menor intensidad. Esperar que todos estos elementos funcionen sincronizadamente, en todo momento, es tonto. En muchos casos, la pareja llega a adaptarse y a hacer concesiones con tal de mantener la *sincronización sexual*. En otros, este ajuste no es posible... y es entonces que se provoca el *desequilibrio sexual*.

Cuando se presenta una situación de este tipo, la pareja puede hacer una serie de ajustes e incorporar a sus hábitos íntimos técnicas estimulantes de siempre, aunque pocas veces implementadas, que contribuyan a devolverle la *sincronización sexual* perdida (o nunca alcanzada). Entre estas técnicas se encuentran:

- Saber decir NO (honestamente) cuando no se tiene el deseo sexual necesario para hacer el amor, evitando disculpas tontas que puedan provocar resentimiento en el otro cónyuge. Es preciso evitar, por todos los medios, el amor-por-compromiso.
- Es preciso aceptar la negativa del cónyuge a hacer el amor en un momento dado, sin censurarlo ni recriminarlo. Recordemos que el nivel de energía sexual de cada persona es casi siempre diferente.
- Si se prefiere no evadir el amor, hay maneras de desviar la sugerencia sexual hacia otros estímulos... y permitir el tiempo necesario para que el nivel de entusiasmo sexual llegue a ser el adecuado.
- Un estímulo sexual grande para recuperar la *sincronización sexual* es confesarle a su compañero de intimidad lo que desea al hacer el amor; igualmente, escuchar las necesidades de su pareja.
- Las *fantasías sexuales* pueden ser estímulos poderosos en la intimidad. Confíe las suyas... escuche cuáles son las de su cónyuge. Complázcanse el uno al otro, siempre que ambos estén de acuerdo en la creatividad sexual empleada.
- Cuando no haya un acuerdo mutuo en este aspecto, vuelve a provocarse la falta de *sincronización sexual*. En estos casos, la aceptación y el respeto de un cónyuge hacia el otro devuelven el equilibrio a la relación.
- El acto sexual no puede ser una cuestión mecánica automática. Para que sea pleno, se requiere del involucramiento físico y emotivo totales de ambos miembros de la pareja.